凝煉知識品味閱讀

凝煉知識品味閱讀

超圖解

- 人氣最高的日本圖解書【図解 世界史】
- 圖文並茂更好讀，一點就通的世界史就在這裡～
- 讀了這本書，你怎麼可能還會説歷史好無聊！

世界史

馬養雅子、堀洋子 著
林巍翰 譯

原來歷史這麼有趣，我想重新再學一次！

五南圖書出版公司 印行

超圖解世界史

目　次

伊斯蘭・東亞世界的展開

第4章 歐洲世界的形成與擴張 113～154

第5章 歐洲的近代化與美洲獨立 155～188

第
6
章

第
7
章

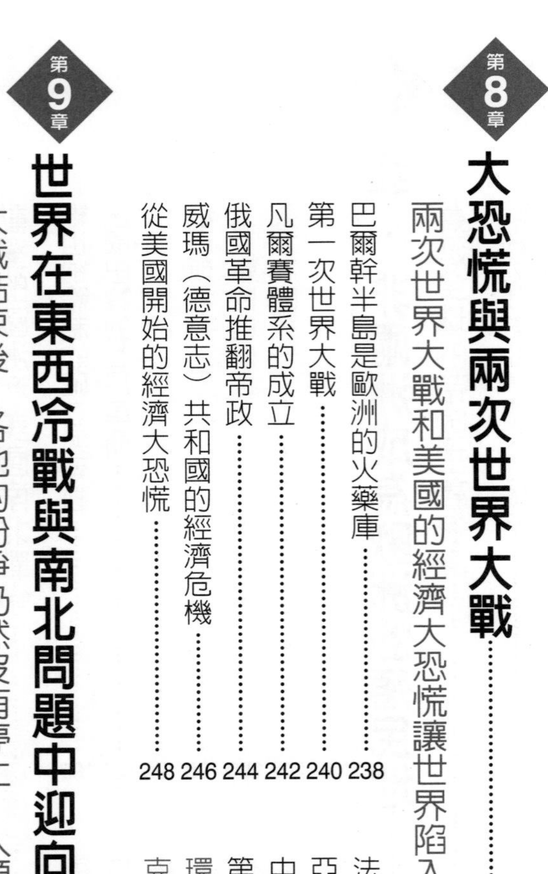

第8章 大恐慌與兩次世界大戰……235～258

第9章 世界在東西冷戰與南北問題中迎向新的21世紀……259～299

第 1 章

文明的興起與發展 1

非洲・西亞・歐洲

第1章

美索不達米亞・埃及・希臘的文明和羅馬帝國的發展

美索不達米亞和埃及文明

400萬年前人類就已經出現在地球上，從那之後經歷了漫長的歲月，人類不斷進化，發展出多樣的文明。

美索不達米亞平原位於底格里斯河和幼發拉底河之間，幾個城邦在此地興衰輪替，到了阿契美尼德王朝（或稱波斯第一帝國）時完成統一。

沿著尼羅河，統一的國家政權在埃及發展起來，埃及雖有王朝的更迭，歷史卻持續了3000年之久。

愛琴海文明和希臘文明

克里特島和邁錫尼文明誕生於愛琴海，這兩個文明後來為希臘人所滅。希臘人建立起城邦（polis），在眾多城邦中影響力最大的就是著名的雅典。希臘的城邦之間曾經攜手合作，擊潰了來自波斯的侵略，然而卻在彼此的爭鬥中走向衰敗。

繼之而起的亞歷山大大帝征服了愛琴海，建立起一個北起非洲北部、東到印度的大帝國。然而帝國卻在亞歷山大大帝死後迅速土崩瓦解。

羅馬帝國和基督教

羅馬帝國興起於義大利半島，它藉由擊敗周邊政權不斷擴大領地，發展成統治英格蘭、伊比利半島、非洲北部，沿著地中海東岸到達黑海的大帝國。然而幅員遼闊造成了統治上的困難，最終導致帝國分裂為東西兩部。

耶穌誕生於羅馬帝國統治下的巴勒斯坦地區，以他的教導為基礎形成的宗教就是基督教。

羅馬帝國將基督教定為國教後，大大促進了基督教的發展。

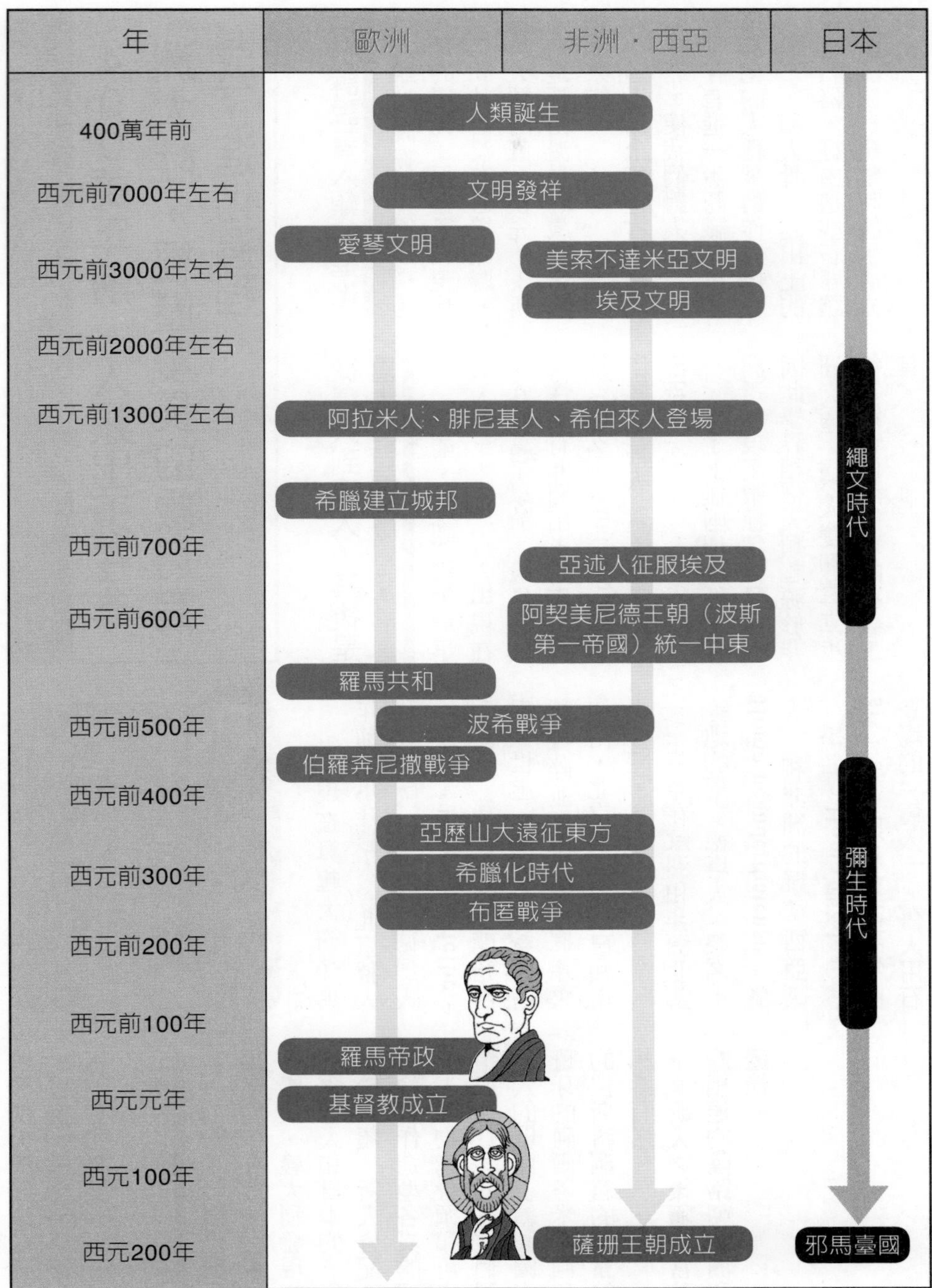

年	歐洲	非洲・西亞	日本
400萬年前	人類誕生		
西元前7000年左右	文明發祥		
西元前3000年左右	愛琴文明	美索不達米亞文明 埃及文明	
西元前2000年左右			
西元前1300年左右	阿拉米人、腓尼基人、希伯來人登場		繩文時代
	希臘建立城邦		
西元前700年		亞述人征服埃及	
西元前600年		阿契美尼德王朝（波斯第一帝國）統一中東	
	羅馬共和		
西元前500年	波希戰爭		
	伯羅奔尼撒戰爭		
西元前400年			彌生時代
西元前300年	亞歷山大遠征東方 希臘化時代 布匿戰爭		
西元前200年			
西元前100年			
	羅馬帝政		
西元元年	基督教成立		
西元100年			
西元200年		薩珊王朝成立	邪馬臺國

400萬年前，人類出現在非洲大陸，經歷漫長的歲月完成了進化過程

Point

- 人類誕生於非洲，而後向世界各地擴散
- 人類進化的順序：猿人→原人→舊人→新人
- 進化程度越高，石器製作越精良

化石訴說著人類的進化

雖然說猴子被認為是人類的祖先，但猴子和現代人之間其實沒有直接關聯。現代人類的直系祖先——新人，是經由漫長的歲月所演化而來的。

透過出土的遠古人類骨頭化石，使我們對人類祖先的存在有進一步認識。這些化石化的人種被稱作「化石人類」。和人骨一起出土的還有石器，經由這些石器讓我們能夠一窺當時的生活方式。

從猿人到原人，其後是舊人的登場

目前，被認為是最早的人類——猿人，出現在400萬年以前。最具有代表性的有非洲出土的南方古猿（學名：Australopithecus）和巧人（學名：Homo habilis）。

除了上述兩種之外，非洲還發現了數種猿人骨頭，因此學界相信人類起源於非洲大陸。猿人雙腳直立步行，還會使用簡單的石製工具。

從現在算起大約50萬年前，爪哇猿人、北京猿人和在德國發現的海德堡人（學名：Homo heidelbergensis）等「原人」開始出現在世上。他們不但會將石頭打碎並加工製成握斧來使用，北京猿人還「已知用火」呢。

分布在歐洲和非洲北部等地的尼安德塔人（學名：Homo neanderthalensis，智人）和非洲的羅德西亞人（學名：Homo rhodesiensis）等，則是在20萬年前登場的「舊人」。舊人用石頭製作刃物，埋葬死者並獻上貢物，顯示出精神生活已有一定的發展。

我們的祖先——新人

「新人」出現於4～1萬年前，在南法發現的克羅馬儂人、義大利發現的格立馬爾地人和日本的三日人都屬於此類。新人會配合不同用途製作造型各異的石器，加工動物的骨頭和角來製成槍或釣針。此外他們還會在洞穴的壁面上繪製圖畫。西班牙的阿爾塔米拉洞和法國的拉斯科洞窟的洞窟繪畫都相當有名。

新人之後隨著當時大陸間相連的陸路朝美洲和澳洲遷徙。

人類的進化與各階段的特徵

出現年代

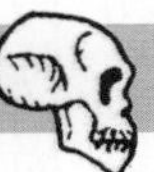

特徵

猿人	原人	舊人	新人
直立，能夠雙腳步行，使用簡單的打製石器。	發展出手斧，能使用簡單的語言和火。	使用石片器，穿著毛皮製成的衣服，有埋葬的風俗，運用咒術。	能製作精巧的石器、骨角器，繪製洞窟壁畫，身上配有裝飾品。

學更多，長知識 世界史ABC

非洲單一起源說

雖然人類是由進化而來，但至今為止猿人、原人、舊人和新人之間的關聯性仍有許多待解之謎。最近透過DNA分析發現，所有人類的祖先都可溯源自20萬年前非洲的一名女性。這種「非洲單一起源說」的提出顛覆了既存的學說，吹皺學界一池春水。

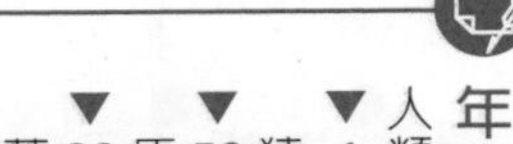

年表

人類的誕生與進化

▼400萬年前 猿人出現於非洲大陸
▼50萬年前 原人出現
▼20萬年前 舊人出現
▼4～1萬年前 新人出現

四大文明的發祥

從自己生產糧食產生聚落，進而朝著都市國家發展

從狩獵採集到農耕

人類在很長一段時間裡，使用打造石器和骨角器來捕捉野獸和魚類，並食用採集而來的植物種子。

這種生產型態稱爲獲得經濟，這個時期被稱爲舊石器時代。

冰河期結束後氣候變暖，人類開始撒下植物的種子進行農耕，飼養動物從事畜牧。這段時期約在西元前10000～前8000年之間，這樣的生產型態稱作生產經濟。

農耕改變了生產工具

透過農耕與畜牧，人類放棄了爲獲得糧食而追捕獵物，四海爲家的移動式生活改爲定居，進而發展成村莊聚落。

爲了要切斷植物，人類發展出打磨石材的技術，開始使用磨製石器。此外，爲了碾碎穀物而研發了石臼，開墾土地則少不了石斧。穀物的貯藏和烹飪都需要製作土器。

到了這個時候，已經進入了新石器時代。

Point

- 從獲得經濟轉為生產經濟
- 透過農耕人類開始定居生活，進而發展為聚落。發展灌溉系統促進聚落的發展
- 農耕帶來了身分階級、職業和貧富的差距

初始階段的農耕仰賴雨水，人類製造水路引水灌溉後形成灌溉農業，收穫量開始增加。透過灌溉這樣的共同作業，小村莊發展爲大聚落，到了西元前3000年左右，誕生出都市聚落。這一時期，人們使用青銅器作爲祭祀道具。

隨著時間的推移，將生產道具和收穫的穀物作爲私有財產的想法萌芽，加大了人與人之間的貧富差距。部族的領導者和貴族等的身分衍生出階級概念。

●何謂語系

歷史學中，將擁有共通起源的語言，依不同的使用族群進行分類，形成語系。

●印歐語系
日耳曼語（英語、德語等）
羅曼語（法語、義大利語等）
凱爾特語（愛爾蘭語等）
希臘語
斯拉夫語（俄語等）
波羅的語
印度．伊朗語（波斯語、印度語等）

●閃米語系
腓尼基語
希伯來語等

●哈姆語系
埃及語

四大文明+2

西元前4000～前2000年之間，尼羅河、底格里斯河、幼發拉底河、印度河及黃河流域等地發展出都市國家，形成四種文明型態，這就是著名的「四大文明」。

近年來也有學者提倡，加進中美的馬雅・阿茲特克文明和南美的印加文明，形成「六大文明」的想法。

四大文明發祥地

美索不達米亞文明
底格里斯・幼發拉底河流域
楔形文字
幼發拉底河
底格里斯河
黃河文明
黃河流域
殷王朝
黃河
印度河
印度河流域文明
印度河流域
使用磚瓦建造都市國家
尼羅河
埃及文明
尼羅河流域
金字塔

四大文明的發祥地皆位於氣候溫暖乾燥的大河流域，從河裡引水灌溉肥沃的土地，農業發達。

學更多，長知識 世界史ABC

文明的成立

農耕讓食物產量增加，產生出執行宗教儀式的神官、從事文書工作的書記和經營貿易的商人等不需以務農維生的人，同時也孕育出階級和貧富差距。此外，都市國家通常以神殿為中心發展起來，祭祀活動促進了文字的發展。文明就這樣逐步發展起來。

●烏拉語系
匈牙利語等
●阿爾泰語系
土耳其語
蒙古語等
●漢藏語系
漢語（中文）等
●南島語系
印尼語等
●南亞語系
越南語等
●達羅毗荼語系
坦米爾語等
●美洲原住民語言（或稱印地安語）
●非洲語言

位於今日伊拉克的美索不達米亞文明

在兩河之間，誕生出多采多姿的都市國家

都市國家的建立者——蘇美人

美索不達米亞的意思是「位於兩條河川之間的土地」，亦即底格里斯河和幼發拉底河之間的區域。

西元前3000～前2700年之間，居住於此的蘇美人創建了許多都市國家，其中以烏爾、烏魯克和拉格什最具代表性。

這些都市國家常因土地和權力的糾紛發動戰爭，在這個過程中產生出強權型的都市國家。

蘇美人擁有自己的文字——楔形文字，並將它刻在黏土板上。還發明了六十進位法及使用太陰曆。

從阿卡德帝國到巴比倫帝國的發展

蘇美人的都市國家被阿卡德族的薩爾貢王所征服，薩爾貢王將領土從美索不達米亞的下游和中游地區，擴展到西北方。

阿卡德帝國遭古提人入侵滅亡後，蘇美人建立的王朝雖然再度復甦，但隨後又敗於游牧民族的亞摩利人而覆滅。

古巴比倫王國（巴比倫第一王朝）是由雅摩利人所建立的其中一個都市國家。大約在西元前1700年時，第六代國王漢摩拉比統一了美索不達米亞地區，著名的《漢摩拉比法典》就完成於他在位期間。

古巴比倫王國亡於善用鐵製武器的西臺人和加喜特人。此後，美索不達米亞的北部成立了米坦尼王國，埃及勢力也入侵此地，直到西元前700年前後亞述人統一了這個區域為止，美索不

Point

- 蘇美人都市國家的起源地
- 遭受到不同游牧民族的入侵
- 楔形文字在東方世界被廣泛使用

●《漢摩拉比法典》

《漢摩拉比法典》由280多條條文所構成，最大的特色在於「以牙還牙」的復仇法，以及因身分地位不同所負刑責輕重也不一樣的身分差別刑責。除了刑法之外，在離婚、繼承和借款方面也

達米亞一直是處於分裂的狀態。

美索不達米亞的都市國家

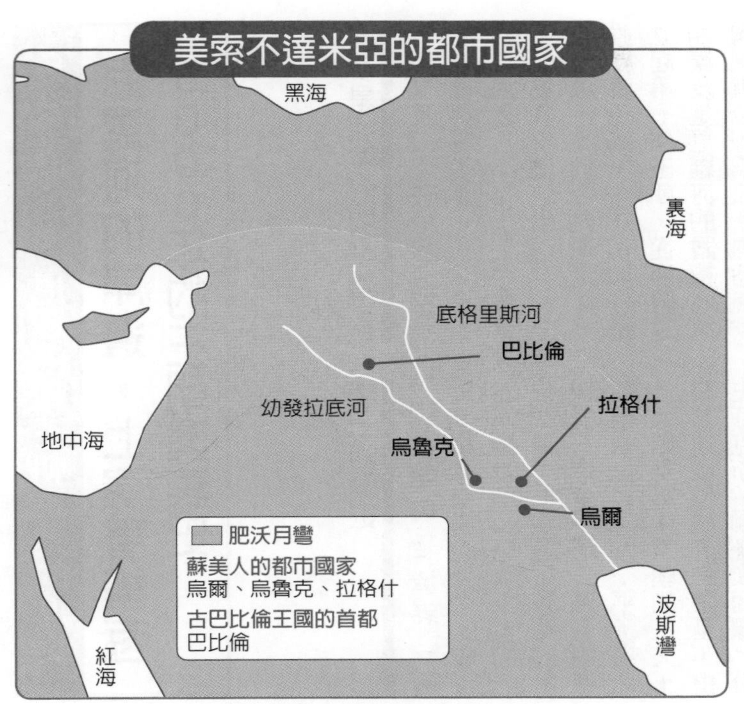

學更多，長知識 世界史ABC

楔形文字

楔形文字經巴比倫、亞述傳至阿契美尼德王朝（或稱波斯第一帝國）。在蘇美人殘留的黏土板上，我們可以看到類似諾亞方舟的故事。此外，巴別塔似乎是以蘇美人所建立的金字形神塔為原型。也有研究指出《舊約聖經》的內容藍本乃源自蘇美人的神話。

美索不達米亞的楔形文字

（船）

有詳細規定，我們可以從法典中了解當時的生活樣態。

年表

美索不達米亞的興亡

▼西元前3000～前2700年左右
蘇美人建立都市國家

▼西元前2500年左右
烏爾第一王朝成立

▼西元前2350年左右
蘇美人建立的都市國家被阿卡德族的薩爾貢王征服

▼西元前1830年左右
古巴比倫王國興起

▼西元前1700年前後
漢摩拉比王即位

▼西元前1650年左右
西臺古王國興起
加喜特人入侵

埃及文明——尼羅河和王朝更迭的歷史

尼羅河的岸邊，上演著橫亙3000年的王朝興衰史

Point

●周邊的沙漠起到了防禦外敵入侵的功用

●巨大的金字塔是王權的象徵

●對於死後世界的信仰孕育出木乃伊和《死者之書》

埃及是尼羅河的贈禮

埃及文明在尼羅河狹長的岸邊興盛了3000年。

尼羅河的定期氾濫為農作物栽培創造出適合的肥沃土壤。人們於此地定居，並於西元前3000年時建立起第一個王朝，從那時起「埃及是尼羅河的贈禮」這句話就已經為人所熟悉。埃及人為了掌握氾濫的時間而創造出太陽曆，並發展出優秀的測量技術以丈量氾濫後的土地。

諸王的歷史

金字塔是法老（國王）和其家族的巨大陵寢。左塞爾是埃及第3王朝的一位法老，他建造了最初的階梯式石造金字塔。著名的吉薩金字塔（三大金字塔之一）則是第4王朝的古夫王和其他兩位法老的陵墓，由史芬克斯（獅身人面像）扮演門神的角色。

從第7到第11王朝之間中央集權崩壞，加上來自亞洲游牧民族西克索人的侵襲造成統治的混亂。西元前1600年左右，雅赫摩斯一世驅逐了西克索人，並構築了第18王朝。到了第三代國王圖特摩斯一世時，將統治版圖擴大至西亞，從那之後的一個多世紀是埃及歷史上幅員最遼闊的時期。

西元前1370年左右，阿蒙霍特普四世（後改名阿肯那頓）的宗教改革雖然催生出自由而寫實的阿瑪納藝術，卻導致了國家的衰敗。在他死後，著名的圖坦卡門恢復了原來的宗教信仰。

第19王朝的拉美西斯二

年表

埃及的興亡

▼西元前3000年左右
美尼斯王統一埃及（第1、2王朝）

▼西元前2700～前2200年左右
古王國時期（第3～6王朝），建都於孟菲斯。此時期製作了大量的金字塔

▼西元前2200～前2000年左右
遭受到異民族入侵的混亂期

▼西元前2000～前1800年左右
中王國（第11、12王朝）時期，建都於底比斯

▼西元前1800～前1570年左右
受西克索人統治

▼西元前1567～前1085年左右
新王國時期（第18～20王朝），建都於底比斯
圖特摩斯三世（西元前1504～前1450年左右）時領土最為遼闊

世透過營建阿布辛貝神殿等巨大建築彰顯了王權，但他過世後國家步向衰退，西元前525年埃及成爲波斯的領土，埃及人的王朝走入歷史。

古代埃及的首都

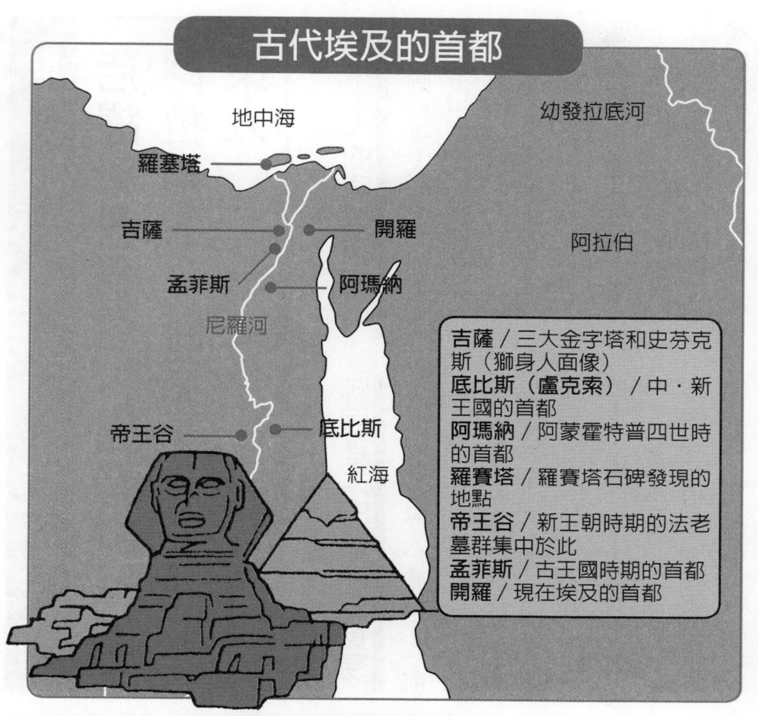

地中海
幼發拉底河
羅塞塔
吉薩
開羅
阿拉伯
孟菲斯
阿瑪納
尼羅河
帝王谷
底比斯
紅海
吉薩／三大金字塔和史芬克斯（獅身人面像）
底比斯（盧克索）／中·新王國的首都
阿瑪納／阿蒙霍特普四世時的首都
羅賽塔／羅賽塔石碑發現的地點
帝王谷／新王朝時期的法老墓群集中於此
孟菲斯／古王國時期的首都
開羅／現在埃及的首都

學更多，長知識 ▶ 世界史ABC

三種埃及文字

埃及共有三種文字系統。最早出現的聖書體是象形文字，它被鐫刻在神殿和陵墓上。將神聖文字簡化之後形成僧侶體，謄寫在莎草紙上用於記錄事情或寫信。再經過進一步簡化以便書寫的是世俗體。西元1799年發現的羅塞塔石碑有上中下三段文字，從上而下分別以聖書體、世俗體和希臘文書寫。法國的埃及研究者商博良以希臘文為線索，於西元1822年成功解讀出聖書體。

阿蒙霍特普四世（西元前1379~前1362年左右）進行宗教改革

▼西元前1286年左右
卡迭石戰役：拉美西斯二世和西臺人之間的戰爭，以不分勝負收場

▼西元前1100~前525年
第21~26王朝，國力開始衰退

▼西元前525年
被波斯征服

●木乃伊

埃及人認為人死亡之後若能留下肉身，靈魂就能在另一個世界繼續生存，因此才將死去的人做成木乃伊。金字塔也不單只是陵墓，還是死去國王的居所。《死者之書》是一本通往死亡世界的導覽手冊，被安置在墓室裡。

活躍於敘利亞·巴勒斯坦的阿拉米人、腓尼基人和希伯來人

Point

- 阿拉米人在敘利亞進行陸上貿易
- 腓尼基人憑藉優秀的航海技術獨占地中海的海上貿易
- 希伯來人從苦難的歷史中提煉出猶太教

阿拉米人的貿易商隊

阿拉米人從西元前12～前8世紀，在敘利亞建立了許多都市國家。

阿拉米人沒有建立一個統一的國家，而是騎在駱駝背上進行商業貿易，以大馬士革等地作為商業的據點。

透過經商，阿拉米語成為當時國際上的商業通用語，亞述和波斯的阿契美尼德王朝都使用過。阿拉米文字也成為阿拉伯文和希伯來文的起源。

腓尼基人的地中海貿易

腓尼基人於西元前1300年左右，活躍於敘利亞和巴勒斯坦等地中海東部沿岸地區，建立了賽達（又名西頓）和泰爾等都市國家，進行地中海貿易。

此外腓尼基人還在北非的迦太基和地中海沿岸建立殖民地，通過紅海聯絡西南阿拉伯區域，並和非洲進行貿易活動。

腓尼基人進行商業活動時，為了追求便利而創造出擁有22個子音的腓尼基文字，該文字流通於希臘地區，成為拼音文字字母系統的起源。

拼音字母系統的變遷

希伯來人的苦難

希伯來人又稱為以色列人，西元前1500年前後定居於巴勒斯坦一帶。其中有一部分遷徙至埃及，但於西元前1230年左右因為受到政治迫害，由摩西領導逃出了埃及，經由西奈半島回到巴勒斯坦。

西元前11世紀左右掃羅王建立了希伯來王國，在第二代國王大衛和第三代所羅門王時期，因為貿易，國力盛極一時。但隨著所羅門王的過世，國家分裂為南方的猶大和北方的以色列。

之後，以色列為亞述所征服，猶大則敗於新巴比倫，國王和居民都被強制送往巴比倫城，「巴比倫之囚」的稱號即來自於此。新巴比倫滅亡後，希伯來人雖然獲得解放，卻沒有建立一個統一國家，而是分散在世界各地。

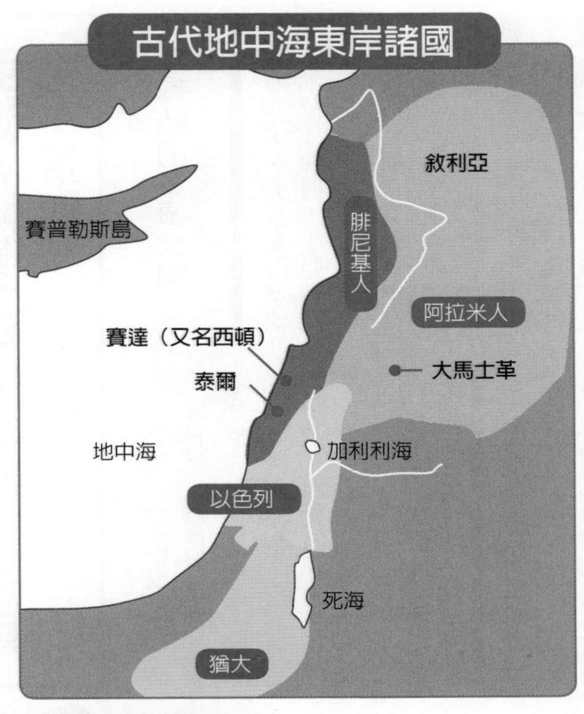

學更多，長知識 世界史ABC

希伯來人與猶太教

率領希伯來人逃離埃及的摩西，在西奈山上受到神啓獲得「十誡」，得知神的名字是耶和華，以上的故事即為猶太教的起源。猶太教為一神教，禁止偶像崇拜。希伯來人相信自己是被上帝揀選的特別民族，這種「選民思想」為該信仰的一大特色，並奉《舊約聖經》為圭臬。其後，從猶太教又衍生出基督教和伊斯蘭教。

年表

多民族的變遷

- ▼西元前12～前8世紀 阿拉米人進行陸上貿易
- ▼西元前1300年左右 腓尼基人活躍於地中海
- ▼西元前1230年左右 摩西帶領希伯來人逃離埃及
- ▼西元前1000年左右 希伯來王國成立
- ▼西元前1004～前965年 大衛王時代
- ▼西元前965年～前932年 所羅門王時代
- ▼西元前922年 以色列王國分裂為以色列和猶大
- ▼西元前800年左右 腓尼基人建立迦太基
- ▼西元前722年 亞述征服以色列
- ▼西元前625年 新巴比倫帝國成立
- ▼西元前586年 猶大被新巴比倫所滅，巴比倫之囚（～西元前538年）

兩個世界帝國——亞述和阿契美尼德王朝（波斯第一帝國）

亡於暴政的軍事大國亞述

在東方（指涵蓋了美索不達米亞、西亞、小亞細亞和埃及等地的區域），亞述人於西元前２０００年初在底格里斯河中流建立了亞述古城（或音譯爲阿舒爾城）。

亞述人擅長使用鐵製武器和馬車，軍事力量強大。

西元前7世紀前葉，亞述巴尼拔王征服埃及，統一了整個東方。並在首都尼尼微城建立了宏偉的圖書館。

然而，亞述人在戰爭時大肆殺戮，戰後又將被征服的民族強制移居他處，並於領地內課以重稅，引發各地的叛亂。西元前６１２年亞述滅亡。

幅員遼闊的阿契美尼德王朝（波斯第一帝國）

亞述滅亡後，東方呈現埃及、新巴比倫（迦勒底）、利底亞和米底四國林立的態勢。執行著名的「巴比倫之囚」的正是新巴比倫的尼布甲尼撒二世。

西元前５５０年左右，波斯人建立了阿契美尼德王朝（波斯第一帝國）。居魯士二世時征服了米底、新巴比倫和利底亞。

到了岡比西斯二世，進一步將埃及及納入帝國的領土，統一了東方。

到了第三代皇帝大流士一世時更遠征印度，建立了東起印度河、西抵埃及的大帝國。

大流士一世將國家分爲20個州，每州設置總督一職，總督受到監察官（被稱作「國王的耳目」）的監視。他還建設「波斯御道」

Point

- 擁有強大軍事力量的亞述人統一了東方
- 亞述亡於被征服民族的反抗運動
- 阿契美尼德王朝（波斯第一帝國）的領土東達印度，成為世界性的大帝國

年表

到古代中東統一為止

▼西元前１４５０年左右
亞述從米坦尼獨立出來

▼西元前６７０年
亞述征服埃及

▼西元前６６８～前６２７年
亞述巴尼拔王時期

▼西元前６１２年
亞述滅亡

▼西元前５５０年左右
阿契美尼德王朝（波斯第一帝國）建立

▼西元前５５０年
阿契美尼德王朝征服米底王國

▼西元前５４６年
阿契美尼德王朝征服利底亞

▼西元前５３８年
阿契美尼德王朝征服新巴比倫

▼西元前５２５年
阿契美尼德王朝將埃及納入領地，統一了東方

▼西元前５２２～前４８６年
大流士一世時代

整頓了驛傳制度，並於領土內發行金銀貨幣，於被征服的民族採取寬容的治理政策。

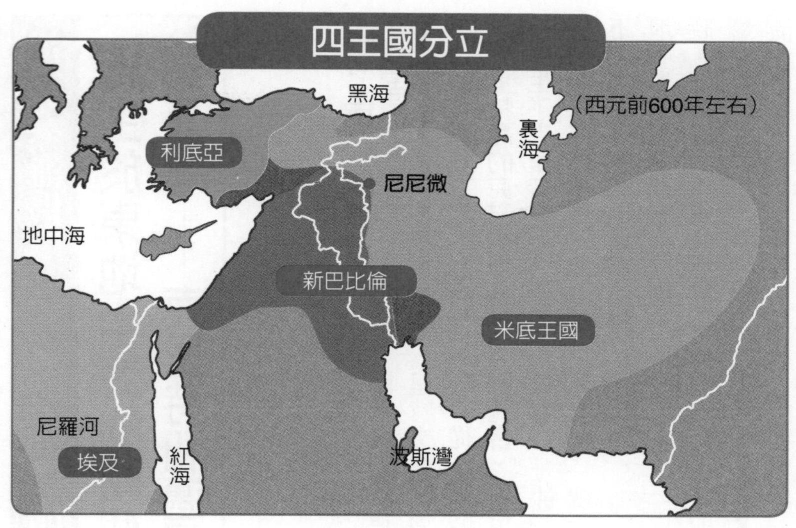

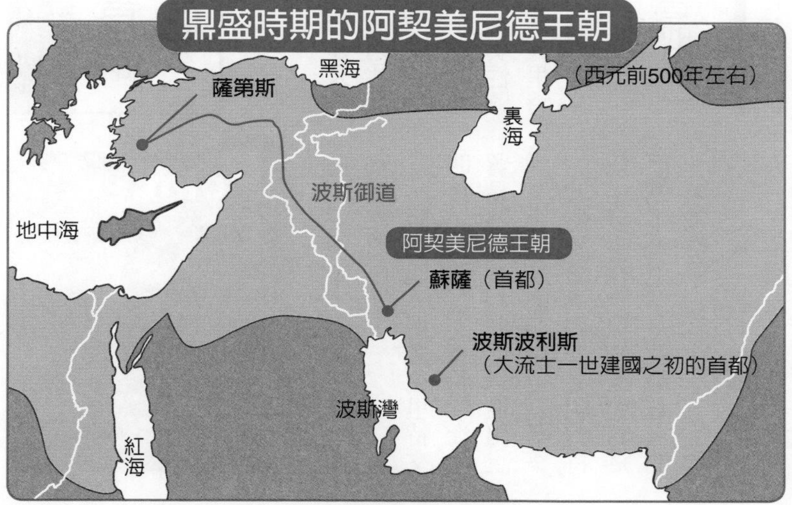

波斯御道：這條國道連接起從首都蘇薩到薩第斯之間的重要都市。

學更多，長知識　世界史ABC

瑣羅亞斯德教

阿契美尼德王朝時期的宗教，或稱作拜火教。教義為這個世界由光明之神馬茲達和黑暗之神阿里曼進行永無休止的戰鬥。戰鬥最終由馬茲達獲勝，死去的人將會復活並接受最後的審判，決定亡者是上天堂還是下地獄。這種教義對猶太教和基督教帶來了深遠的影響。

以愛琴海為中心興盛的愛琴文明

誕生於東地中海的兩個青銅器文明——克里特和邁錫尼

Point

- 愛琴海上興起的文明成為歐洲文化的源流
- 海洋民族創造了開放的克里特文明
- 邁錫尼文明和特洛伊之間發生過戰爭

由海上民族所締造的克里特文明

西元前20世紀左右，以克里特島的克諾索斯為中心誕生了克里特文明。克里特文明的締造者是一個出處不明的海洋民族，他們透過地中海的貿易活動而盛極一時。他們受到中東文明的影響，和埃及似乎也有過交流。

從克諾索斯挖掘出來的王宮建築宏偉壯麗，擁有許多的小房間，結構複雜。從那時起，希臘神話中就有米諾斯王的城堡是修建來禁閉妖怪的迷宮之說，因此克里特文明又被稱作米諾斯文明。從王宮的牆壁上繪有色彩豐富、風格寫實的女性圖像和海洋生物來看，克里特應該是一個較為開放的文明。

由希臘人所創造的第一個文明

同樣在西元前1600年左右，希臘人（亞該亞人）從大陸南下，在希臘地區建立了幾個小王國。其核心為位於伯羅奔尼撒半島的邁錫尼地區，因此被稱為邁錫尼文明。

亞該亞人摧毀克里特文明後，承繼了克里特的海上貿易路線。我們可以從出土的黃金裝飾品和用巨石構築的城堡認識邁錫尼文明的特色。發生在小亞細亞的特洛伊戰爭是這個時期最著名的一場戰役。

之後，擁有鐵器文明的另一支希臘人——多利安人南下至此，導致邁錫尼文明的覆亡。

以愛琴海為中心興起的克里特和邁錫尼皆為青銅器文明，也稱作愛琴文明。

●線形文字

挖掘出克諾索斯迷宮的是英國人阿瑟·埃文斯（西元1851～1941年）。在迷宮裡找到的大量黏土板上都刻有線形文字，透過破譯線形文字才能讓我們窺見愛琴文明的堂奧。

愛琴文明中心地

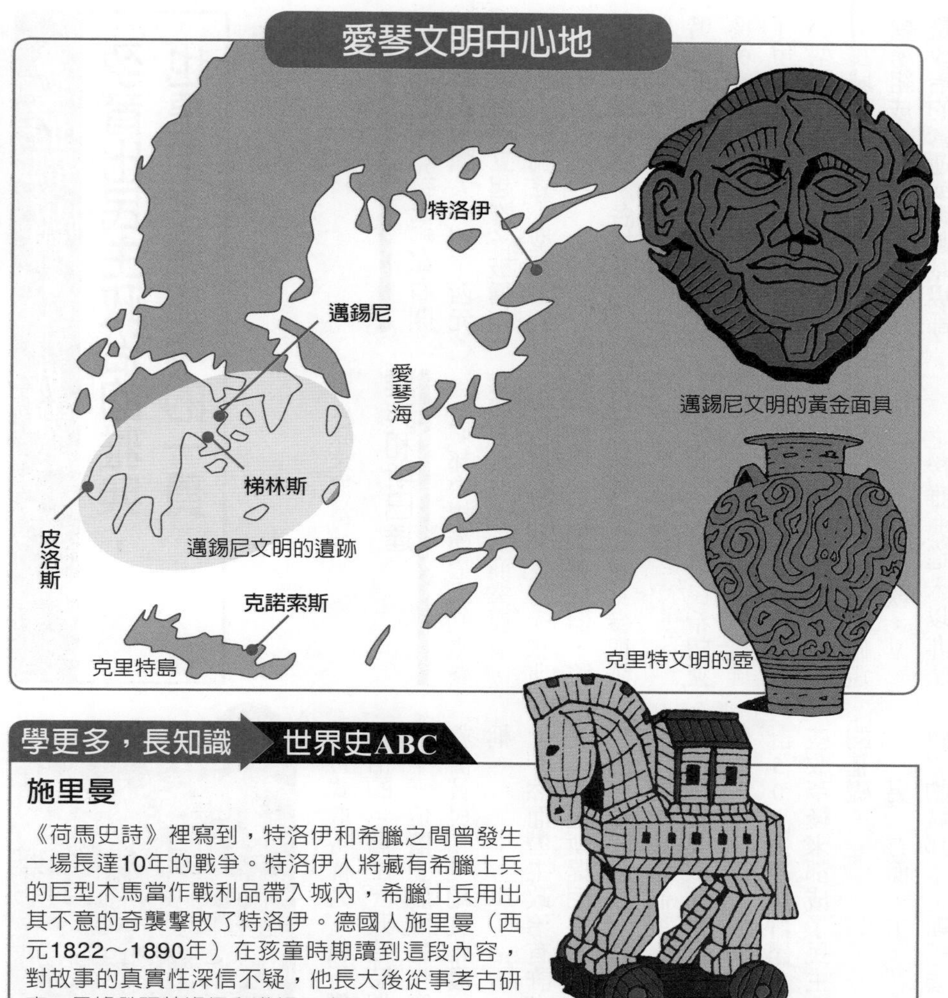

學更多，長知識　世界史ABC

施里曼

《荷馬史詩》裡寫到，特洛伊和希臘之間曾發生一場長達10年的戰爭。特洛伊人將藏有希臘士兵的巨型木馬當作戰利品帶入城內，希臘士兵用出其不意的奇襲擊敗了特洛伊。德國人施里曼（西元1822～1890年）在孩童時期讀到這段內容，對故事的真實性深信不疑，他長大後從事考古研究，最終發現特洛伊和邁錫尼遺跡。

年表

愛琴海興起的文明

- ▼西元前20世紀左右　克里特文明興起
- ▼西元前1600年左右　邁錫尼文明興起
- ▼西元前1400年左右　克里特文明的全盛期
- ▼西元前1300～前1200年　邁錫尼文明的全盛期
- ▼西元前1200年左右　邁錫尼和特洛伊交戰
- ▼西元前1100年左右　邁錫尼文明的覆亡

希臘的都市國家——城邦

孕育出民主政治的雅典，也是衆多城邦中的一員

城邦的成立

西元前20世紀左右開始南下的希臘人，到了西元前8世紀建立起許多被稱作「城邦」的獨立小型都市國家。

希臘地狹，各城邦在人口增加後開始沿著地中海和黑海建立殖民城市，進而成爲新的城邦。各城邦之間爲了爭奪土地，時常發動許多小型戰爭。

城邦由貴族、平民和奴隸所組成，初始的城邦不論是政治的營運或奔赴戰場都由貴族來擔當。

雅典和斯巴達

城邦中規模最大的當屬雅典，雅典因爲商業發達，平民也擁有經濟實力。雅典的平民會自己購買武器，將自己武裝成重裝步兵參與戰爭。

如此一來，平民希望獲得參政權的呼聲日高，梭倫將參政權賦予擁有財產的平民，這就是財產政治。爲了防止平民淪爲奴隸，梭倫還一筆勾銷平民的借款。

之後雅典進入以非法的方式取得權力，執行獨裁政治的「僭主」政治時期。其中一位僭主庇西特拉圖以救濟貧民和獎勵文化發展著稱。

然而僭主政治有許多弊病，克里斯提尼爲了防止僭主的出現設計了「陶片放逐制」這種投票制度。另外，他還將雅典依區域分爲10個部族，各部族推派50人，合計５００人組成評議會。這些改革後來都成了民主政治的基礎。

另一方面，由多利安人建立的城邦——斯巴達，則

Point

- 城邦由貴族、平民和奴隸所組成
- 興盛的商業讓平民獲得權力
- 雅典政治的演變：貴族政治→財產政治→僭主政治→民主政治

認識當代的一句話

「認識你自己。」（梭倫）

這句話常被認為是蘇格拉底的名言，但其實應該是雅典七賢人之一的梭倫所說。

●奧林匹克

雖然城邦之間的衝突不斷，但希臘人的民族意識卻很深厚，並蔑稱異族為「野蠻人（Berber people）」。希臘人信仰的最高神祇宙斯神殿位於奧林匹亞，從西元前７７６年開始，每隔四年會舉行奧林匹克運動會。奧林匹克不但是希臘民族的

是由少數擁有參政權的市民統治大多數沒有參政權的市民（perioeci）和奴隸。

斯巴達爲了培育出優秀的戰士採取嚴格的教育，經濟以農業爲主並採取鎖國主義是城邦斯巴達的特色。

城邦的構造

神殿
衛城（丘）
裁判所（衙門）
造幣所（鑄造錢幣之處）
阿哥拉（廣場／市集）
評議場（舉行會議之處）
城壁（城牆）

城邦會在丘陵（小高地）上建造城塞或神殿，山腳下有廣場，廣場周邊有住宅區，然後是展開的農園。廣場是政治和商業的舞臺，也是打官司和市民休息之處。

學更多，長知識 世界史ABC

重裝步兵

重裝步兵身著鎧甲、鐵製頭盔、盾牌和護脛，並握有一把長槍。參與戰爭是名譽的事，平民也會自掏腰包購買武器參與戰事。士兵會組成方陣這樣密集的陣勢，拿出長槍和敵軍正面交戰。

盛事，還會在運動會期間舉行宗教儀式，因此這一段時間內嚴格遵守休戰的規定。

年表

希臘的政治

▼西元前8世紀左右
城邦成立

▼西元前8世紀
從王制過渡到貴族制

▼西元前594年
梭倫的改革

▼西元前561年
庇西特拉圖成為僭主

▼西元前508～前507年
克里斯提尼的政治改革

波希戰爭和伯羅奔尼撒戰爭

波希戰爭中勝出的城邦，在伯羅奔尼撒戰爭之後也步向衰亡

由城邦聯軍對上波斯的波希戰爭

西元前500年，波斯的阿契美尼德王朝（參閱古代中東的統一）統治下的愛奧尼亞城邦米利都發生叛亂。雅典因為支援米利都，導致波斯三次入侵希臘，城邦之間更是煙硝四起。

在馬拉松戰役裡，雅典的重步兵擊敗了波斯的弓兵。為了將這一勝利的消息送到雅典，從馬拉松到雅典的這段路成為馬拉松賽跑的起源。

波斯的薛西斯一世御駕親征，在溫泉關殲滅了斯巴達的列奧尼達一世所率領的軍隊，並占領雅典。然而在薩拉米斯灣地，米斯托克利率領的雅典海軍擊敗了波斯的軍隊。

隨後的普拉提亞戰役中，波斯又遭雅典斯巴達聯軍擊潰，至此確定了希臘陣營的勝利。

波希戰爭被視為是自由獨立的希臘戰勝了實施亞洲式專制的東方帝國。

提洛同盟

波希戰爭後，以雅典為盟主的大約200個城邦，為了預防波斯的再度入侵而締結成提洛同盟。

戰後，曾為軍艦水手，身無恆產的市民發言權日漸增強，伯里克里斯賦予成年男子參政權。由他們參與的雅典公民大會成為城邦的最高決策中心。由此雅典的民主政治漸趨完整，並迎來發展的全盛期。

Point

- 波希戰爭由希臘方勝出
- 雅典的民主政治完備時，勢力也達到頂峰
- 雅典和斯巴達之間的戰爭由斯巴達獲勝，隨後城邦走向衰敗

●雅典的民主政治

雖然說是民主政治，在雅典握有參政權的只有成年男性。女性和占人口三分之一的奴隸並不能參與政治。

伯羅奔尼撒戰爭後城邦開始衰退

提洛同盟事實上形成雅典對其他城邦的支配。反對雅典的城邦集結在斯巴達之下，另組伯羅奔尼撒同盟。最後兩個同盟間爆發了伯羅奔尼撒戰爭。

雅典在伯里克里斯過世後，因陷入煽動家的衆愚政治而在戰爭中敗北了。然而戰勝的斯巴達也在和底比斯的戰爭中敗下陣來。在連年的戰亂中，希臘的農業遭到嚴重打擊，城邦開始衰退。

波希戰爭

波斯的進軍路線
第1次（西元前492年）
第2次（西元前490年）
第3次（西元前480年）
希臘的反波斯聯盟
希臘的中立區域
波斯領地和勢力範圍

亞得里亞海
愛奧尼亞海
底比斯
溫泉關
愛琴海
馬拉松
普拉提亞
薩拉米斯
雅典
阿契美尼德王朝
斯巴達
地中海
克里特島
米利都

伯里克里斯

年表

▼西元前５００年
希臘地區的戰亂
愛奧尼亞地區的城邦發生動亂

▼西元前４９０年
馬拉松戰役：雅典勝利

▼西元前４８０年
溫泉關戰役：斯巴達軍隊全滅

▼西元前４７９年
薩拉米斯海戰：雅典勝利
普拉提亞戰役：雅典斯巴達聯軍勝利

▼西元前４７８年左右
締結提洛同盟

▼西元前４４３～前４２９年
伯里克里斯時代，雅典進入全盛期

▼西元前４３１～前４０４年
伯羅奔尼撒戰爭

▼西元前３７１年
留克特拉戰役：底比斯打敗斯巴達

城邦的自由風氣和充滿人性的世界造就了希臘文明，並成為西洋文明的源流

以人為中心的藝術

對希臘人來說，神和人有著一樣的樣貌，和人類一樣會生氣、忌妒。這樣的宗教觀和城邦裡自由的生活型態，產生了以人爲中心的絢爛藝術和文化。

希臘的文學、美術和建築

文學方面，史詩有荷馬和赫西俄德，抒情詩有莎芙等名家。埃斯庫羅斯、索福克勒斯和歐里庇得斯並稱爲三大悲劇詩人。阿里斯托芬則以喜劇詩人風靡一時。

希羅多德以故事型態記錄了波希戰爭的始末，修昔底德則對伯羅奔尼撒戰爭做出了批判。

美術方面，菲迪亞斯用雕刻作品展現人類的肉體之美。

建築以巴特農神殿爲代表，神殿建築散發著均衡協調之美。

西洋哲學的源流

西元前6世紀，以泰勒斯爲首，愛奧尼亞地區產生了探究萬物根源的自然哲學，泰勒斯認爲「水」是萬物的根源。而數學家畢達哥拉斯認爲「數」才是萬物的

巴特農神殿

Point

- 充滿人性的希臘奧林帕斯12神
- 文學、美術和建築等藝術開花結果
- 希臘的哲學成為日後西方哲學的基礎

認識當代的一句話

「勞動並不可恥，怠惰才令人蒙羞。」

（赫西俄德）

在《工作與時日》一書中，作者盛讚勞動的德行。

希臘文化一覽

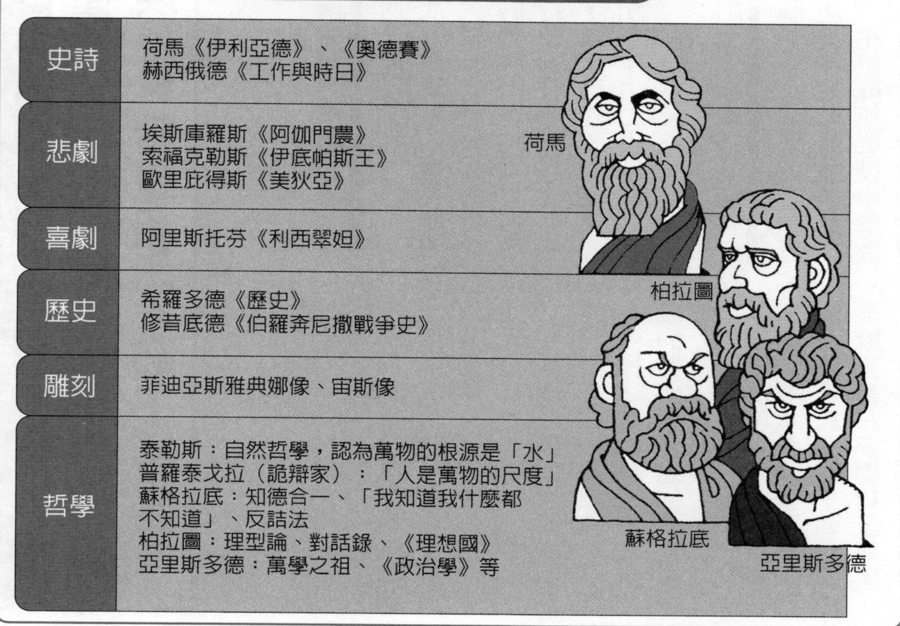

史詩	荷馬《伊利亞德》、《奧德賽》 赫西俄德《工作與時日》
悲劇	埃斯庫羅斯《阿伽門農》 索福克勒斯《伊底帕斯王》 歐里庇得斯《美狄亞》
喜劇	阿里斯托芬《利西翠妲》
歷史	希羅多德《歷史》 修昔底德《伯羅奔尼撒戰爭史》
雕刻	菲迪亞斯雅典娜像、宙斯像
哲學	泰勒斯：自然哲學，認為萬物的根源是「水」 普羅泰戈拉（詭辯家）：「人是萬物的尺度」 蘇格拉底：知德合一、「我知道我什麼都不知道」、反詰法 柏拉圖：理型論、對話錄、《理想國》 亞里斯多德：萬學之祖、《政治學》等

根源。

隨著雅典民主政治的發展，也產生出教導辯論術的詭辯家。

蘇格拉底批評這些詭辯家，認爲他們對於不符事實的事，只要能用辯論打敗對手就好的想法是誤謬的。蘇格拉底的哲學探討人應該如何而活，以及什麼是善等問題。

蘇格拉底的弟子柏拉圖提倡「理型論」，透過《理想國》闡述何爲理想的國家型態。柏拉圖的弟子亞里斯多德認爲現實存在的事物即爲它的本質，這個想法成爲西方哲學的基礎。此外，亞里斯多德因爲在科學全體上做出重大貢獻，而被尊爲「萬學之祖」。

學更多，長知識　世界史ABC

希臘神話

希臘信仰多神教，其中以住在奧林匹斯山的主神宙斯、音樂和醫術之神阿波羅、愛與美的女神阿芙羅黛蒂等12神為核心。希臘神話對西洋文明有著莫大的影響力，時至今日仍為人所親炙。

波賽頓

長達300年的希臘化時代

僅僅10年的時間，誕生了橫跨埃及、希臘和印度的大帝國

馬其頓征服希臘

西元前4世紀後半，希臘北方馬其頓的國王腓力二世入侵了處於城邦對立爭戰中的希臘，在喀羅尼亞戰役中打敗了雅典和底比斯的聯軍。城邦雖然受到馬其頓的支配，腓力二世卻遭到暗殺。

亞歷山大的東方遠征

腓力二世的兒子亞歷山大隨後征服了希臘並遠征波斯，在伊蘇斯戰役中擊敗了大流士三世所帶領的波斯軍。隨後征服腓尼基後，進而拿下埃及。

高加米拉戰役是馬其頓和波斯的最後一戰，由亞歷山大獲勝。阿契美尼德王朝走入歷史。

其後亞歷山大渡過印度河遠征印度，構築起一個超大帝國。然而亞歷山大以33歲的英年，在返回的途中過世。

亞歷山大死後，帝國旋即落入繼承者的爭奪戰，帝國分裂爲托勒密王朝、塞流卡斯王朝和安提柯王朝。

希臘化文化

亞歷山大在他所征服的土地上建立了許多亞歷山卓城，透過將希臘人移住於這些都市，讓希臘文化和東方文化產生融合，產生了希臘化文化。

希臘化文化打開了城邦狹隘的視界，強調世界主義（cosmopolitanism）和個人主義。

位於埃及的亞歷山卓城，自然科學的研究突飛猛進。藝術上創造出「米洛的

Point

- 馬其頓的腓力二世征服希臘
- 亞歷山大大帝建立大帝國
- 從亞歷山大的東方遠征開始算起的300年間稱為希臘化時代

年表

大帝國的成立

▼西元前338年
奇羅尼亞戰役

▼西元前334年
亞歷山大開始東方遠征

▼西元前333年
伊蘇斯戰役

▼西元前331年
高加米拉戰役

▼西元前327年
亞歷山大進軍印度

▼西元前323年
亞歷山大大帝過世

▼西元前301年
伊普蘇斯戰役（繼承者戰爭）

維納斯」和「拉奧孔與兒子們」等傳世雕刻傑作。

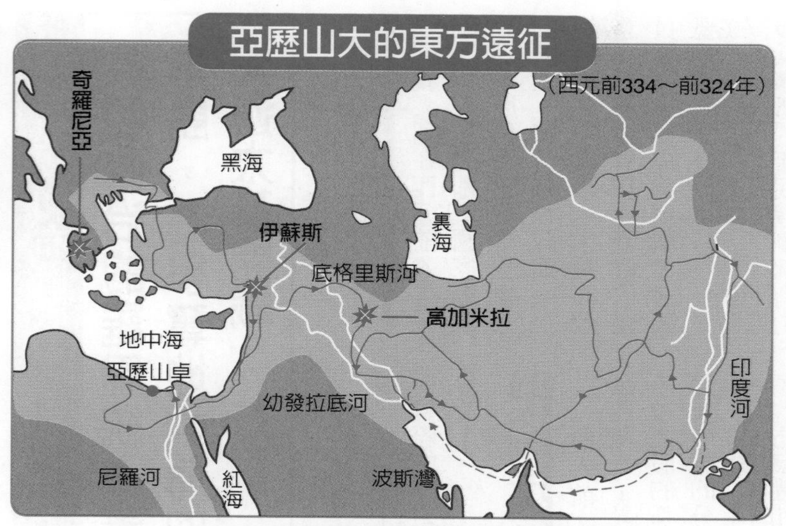

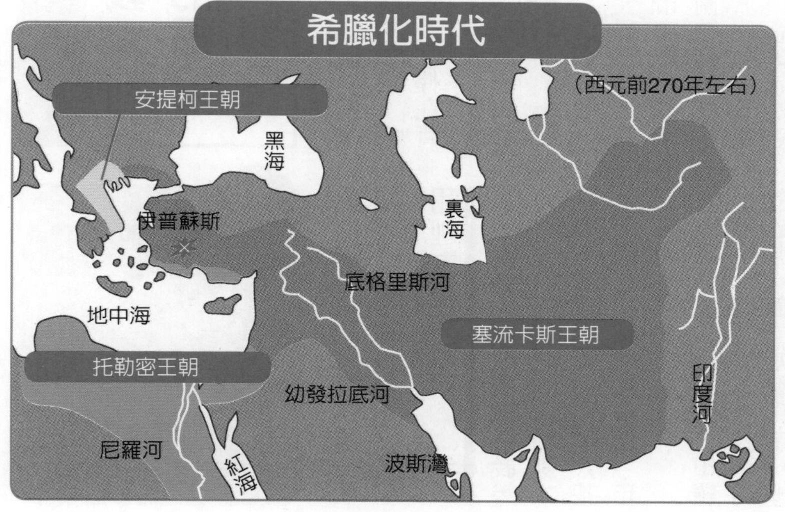

●希臘化時代的自然科學與哲學

自然科學的研究以埃及亞歷山卓的「博學園」（Mu-saeum）為中心。幾何學的集大成者歐幾里得和發現浮力及槓桿原理的阿基米德，以及測量出地球直徑的埃拉托斯特尼都是當時著名的學者。

哲學方面，這個時期重視個人內心的平安，誕生了提倡禁慾的斯多葛學派和追求享樂的伊比鳩魯學派。

共和政治的羅馬統一義大利半島，為爭奪地中海的霸權與迦太基開戰

Point

- 從貴族獨享到平民參與的共和政治
- 統一義大利半島，進行分割統治
- 經歷三次布匿戰爭終於打敗迦太基，稱霸地中海

共和政治的變遷

義大利在西元前6世紀時，拉丁人的都市國家羅馬放逐了原住民伊特魯里亞人的國王，實行共和政治。但初期的共和政治是由最高政務官的執政官和元老院的議員執行，要成爲這兩者必須要是貴族身分。

和雅典一樣，以重裝步兵參戰的平民逐漸擁有力量，渴望參與政治，於是開設了平民會議。平民會議選出的護民官有權否決元老院所做出的決議。

其後隨著法條的增設，加強了平民的權力，然而實際的權力還是掌握在貴族手上。

義大利半島的統一

西元前3世紀後半，羅馬統一了義大利半島，對於被征服的都市實施分割統治。所謂的分割統治是指根據都市的不同，分爲給予完整的市民權和不完整的市民權（例如沒有參政權）分而治之的作法。此外還有沒有納稅義務，卻需要參加戰爭的同盟市。

羅馬透過這套組織，使國力逐漸增強。

和迦太基的戰爭

當羅馬向地中海擴展勢力時，無可避免的會和迦太基發生衝突。羅馬和迦太基之間的三次戰爭被稱爲「布匿戰爭」。

第一次布匿戰爭由羅馬獲勝，西西里島成爲羅馬的屬地。第二次戰爭時，迦太基的漢尼拔雖然越過阿爾卑斯山直逼羅馬，然而卻在札馬戰役爲羅馬的將軍大西庇阿所敗。第三次布匿戰爭

年表

共和政治羅馬的擴張

▼西元前753年
傳說中的羅馬建國元年

▼西元前509年左右
流放伊特魯里亞人的國王，開始實施共和

▼西元前5世紀前半
設置平民會議

▼西元前494年左右
設置護民官

▼西元前450年左右
制定十二銅表法

▼西元前367年
制定奇尼亞・塞克斯提亞法

▼西元前287年
制定霍爾騰西亞法

▼西元前264～前241年
第一次布匿戰爭：羅馬勝

後，羅馬消滅了迦太基勢力。的地中海已是羅馬的囊中物了。

布匿戰爭後，羅馬相繼征服了希臘和馬其頓，此時

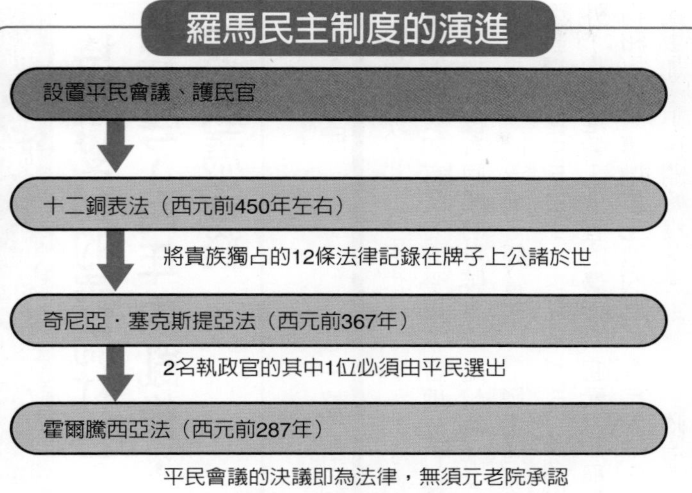

羅馬民主制度的演進
設置平民會議、護民官
十二銅表法（西元前450年左右）
將貴族獨占的12條法律記錄在牌子上公諸於世
奇尼亞・塞克斯提亞法（西元前367年）
2名執政官的其中1位必須由平民選出
霍爾騰西亞法（西元前287年）
平民會議的決議即為法律，無須元老院承認

大西庇阿

▼西元前218～前201年第二次布匿戰爭
▼西元前216年坎尼會戰：迦太基勝
▼西元前202年札馬戰役：羅馬勝
▼西元前149～前146年第三次布匿戰爭：羅馬勝

羅馬帝國——混亂的時代

持續變動的羅馬社會經歷了百年內亂後，共和政治於焉告終

Point

- 持續的戰爭讓平民階層沒落。貧富差距的擴大使軍人掌握權力
- 羅馬內外都有持續的動亂
- 凱撒成為終身獨裁官，羅馬共和政治結束

沒落的平民

第二次布匿戰爭後，羅馬的貴族和有勢力的平民買下那些沒有回鄉的重裝步兵（平民）的土地，經營大型農場（latifundium）。此外，從屬地輸入便宜的農作物和奴隸，讓拋售土地的農民增加，平民開始沒落。

格拉古兄弟試圖限制大規模的土地擁有，給予貧民土地使其成爲自耕農，然而因哥哥被人暗殺以及弟弟的自殺，讓改革無法實現。

一整個世紀的內亂

到了西元前1世紀，各地反對羅馬統治的叛亂此起彼落。在義大利半島上發生同盟者戰爭（Social War）和角鬥士斯巴達克斯起義（或稱作第三次奴隸戰爭）。

政治上，元老院中心主義的貴人派（Optimates）和平民派（Populares）對立。平民派的馬利烏斯和貴人派的蘇拉各自招募沒落平民爲私兵相互征伐，混亂不止。

三頭政治

西元前60年，龐培、克拉蘇和凱撒三位軍人・政治家掌握政治大權，稱爲第一次三頭政治。隨著克拉蘇的過世，龐培和凱撒對立而結束。

凱撒在遠征高盧成功後得到羅馬市民的愛戴，

凱撒

認識當代的一句話

「骰子已被擲下。」（凱撒）

從高盧遠征返回的途中，凱撒來到了羅馬國境的盧比孔河邊。如果率領軍隊渡過此河會被視作對羅馬的反叛行為，但決心和政敵龐培一決雌雄的凱撒，在說完這句話後率著軍隊渡河了。

被元老院任命為大元帥（Imperator）和終身獨裁官（Dictator）。然而凱撒的獨裁引起共和派的恐懼，因而到布魯圖暗殺身亡。其後，凱撒的養子屋大維、安東尼及雷必達掌權，實行了第二次三頭政治。但和埃及女王克利奧帕特拉七世（世稱埃及豔后）結婚的安東尼，在亞克興角戰役中被屋大維擊敗。從此羅馬併吞了埃及，統一了地中海。

布匿戰爭後的羅馬

西元前135～前132年	西西里島奴隸的反叛
西元前133～前130年	帕加馬王國的叛亂
西元前133～前121年	格拉古兄弟的改革 哥哥於西元前133年，弟弟於西元前123年成為護民官。希望藉由將大地主的土地分配給無產的市民來達到改革，最後以失敗告終
西元前111～前105年	和努米底亞之間發生朱古達戰爭
西元前91～前88年	義大利半島內的同盟市希望獲得市民權而掀起叛亂
西元前88～前63年	和朋土斯王米特里達梯發生戰爭
西元前73～前71年	斯巴達克斯起義

奧古斯都（屋大維）

年表

▼西元前88～前82年 羅馬的混亂 馬利烏斯和蘇拉的鬥爭
▼西元前60年 第一次三頭政治：龐培、克拉蘇和凱撒
▼西元前58～前51年 凱撒的高盧遠征
▼西元前48年 法薩盧斯戰役：凱撒擊敗龐培
▼西元前44年 凱撒被暗殺
▼西元前43年 第二次三頭政治：屋大維、安東尼和雷必達
▼西元前34年左右 安東尼和克利奧帕特拉七世結婚
▼西元前31年 亞克興角戰役：屋大維擊敗安東尼

200年的「羅馬和平」之後帝國紛亂，最終分裂為東西兩邊

Point

- 奧古斯都成為實質上的皇帝，羅馬進入帝政時代
- 長期和平的五賢帝時代
- 維持廣闊的領土並非易事，帝國一分為二

帝國的全盛期

屋大維成爲第一公民，並由元老院賦予奧古斯都的尊號後，成爲名正言順的獨裁統治者，從他以後羅馬開始進入帝政時期。

從涅爾瓦開到奧里略，羅馬進入五位優秀的皇帝先後執政的五賢帝時代，這一時期被稱作羅馬和平（Pax Romana），帝國的國勢也進入全盛期。

這時羅馬帝國的疆域達到最大，道路完善，還有統一的貨幣。

此外，帝國的境內建立起許多羅馬風格的都市，貿易盛行。

從混亂到分裂

進入3世紀，軍人相繼被擁立爲皇帝，造成政治混亂。卡拉卡拉帝時雖然給予所有領地內的自由公民享有羅馬的公民權，卻造成市民和不同都市間爲了維持軍力被課以重稅。此外羅馬的領地還遭到日耳曼人和來自波斯的入侵，帝國內外開始現出敗象。

戴克里先當皇帝時，強化皇權以求穩定國家，進行了專制君主制。他除了加強軍備外，還將帝國分做4個區域來統治。

這個時期使用佃戶的租佃制度盛行，大型農場被取代。君士坦丁大帝禁止佃戶自由移動，使其身分固定化。他還承認基督教的合法地位，並將首都遷至君士坦丁堡。狄奧多西一世時將基督教定爲國教。

日耳曼人持續入侵造成國勢衰退，狄奧多西一世過世後，羅馬帝國正式分裂爲東羅馬帝國和西羅馬帝國。

年表

帝政時期的羅馬

▼西元前27年
屋大維得到奧古斯都的稱號，帝政開始

▼西元96～180年
五賢帝時代
●涅爾瓦（西元96～98年）
●圖拉真（西元98～117年）
此時羅馬帝國的領土最大
●哈德良（西元117～138年）
●安敦寧．畢尤（西元138～161年）
●馬可．奧里略（西元161～180年）

▼西元212年
卡拉卡拉帝給予羅馬境內

羅馬帝國的領土擴張

學更多，長知識　世界史ABC

羅馬文化

羅馬文化的特徵可分為歷史、法律、建築來認識。

●**羅馬的歷史**

李維的《羅馬史》、凱撒親自撰寫的《高盧戰記》、塔西陀的《日耳曼尼亞志》和《編年史》都是名作。普魯塔克的《比較列傳》（或稱作《希臘羅馬名人傳》）記載了希臘羅馬的英雄事蹟。

●**羅馬的法律**

發展的方向從市民法到涵蓋行省，以公民為對象的萬民法。《民法大全》（或稱《查士丁尼法典》）編纂於西元534年。

●**羅馬的建築**

羅馬人擅長建築，並留下像萬神廟、凱旋門、羅馬競技場、上水道和公共浴場等大型建築物。至今我們仍能看到許多當時的遺跡。

●**羅馬曆**

凱撒所制定的儒略曆一直使用到西元1582年為止。

▼公民擁有羅馬市民權

▼西元235～284年 軍人相繼被擁立為帝

▼西元284～305年 戴克里先帝實行專制君主制

▼西元306～337年 君士坦丁大帝的時代

▼西元313年 米蘭敕令：承認基督教的合法地位

▼西元379～395年 狄奧多西一世的時代

▼西元395年 東西羅馬分裂

基督教出現後雖然受到羅馬皇帝鎮壓，最終卻成為國教

耶穌的傳道和基督教的成立

猶太人居住的巴勒斯坦在西元前6世紀成爲羅馬的行省。耶穌於西元前4年誕生於這個地區。

耶穌曾經是一名猶太教徒，批判當時的戒律主義和形式主義作風。提倡在神之下人人平等，要像愛自己一樣去愛他人。他的說法得到了貧民階層民眾的支持。

猶太人的領導階層和猶太教的指導者將耶穌視爲叛徒，將他交到羅馬總督本丟‧彼拉多手上，之後耶穌被處以釘在十字架上的酷刑。

然而，耶穌死後復活的信仰勃興，將耶穌視爲救世主的基督教從此誕生。透過耶穌的弟子們將基督教的教義傳播到羅馬帝國境內。

羅馬對基督教的迫害

基督教的信仰一開始在貧民間流傳，信徒否定羅馬的多神教信仰，甚至拒絕崇拜皇帝而遭受迫害。

Point

- 誕生於巴勒斯坦的耶穌及其傳道活動
- 遭受極刑的耶穌在他復活後基督教正式成立
- 基督教雖然遭受羅馬的嚴重迫害，最終成為國教

儘管如此，信眾仍然不斷增加，其數量使羅馬皇帝無法忽視他們的存在。君士坦丁大帝承認了基督教的合法性，狄奧多西一世時甚至將基督教定爲國教。

信眾的集會所——教會在各地廣設，神職人員和一般信徒間逐漸產生了隔閡。這時出現了像奧古斯丁這樣的神學家，爲基督教教義的發展傾注心力。隨著信眾的增加，對於耶穌神性的解釋產生分歧，因此召開了宗教會議（尼西亞會議）。會議中，亞他那修認爲耶穌是神之子的說法被視爲正統，此後形成神、耶穌和聖靈是同質的三位一體之說。

基督教的歷史

西元前4年左右	耶穌誕生
西元30年左右	耶穌遭到處刑後，弟子們開始傳道活動
西元64年	尼祿迫害基督徒，迫害活動之後仍持續
西元303年	戴克里先掌權時對基督教的迫害最甚
西元313年	**米蘭敕令**：君士坦丁大帝承認基督教的合法性
西元325年	**第一次尼西亞公會議**：認為耶穌具「人性」的阿里烏教派被視為異端
西元392年	**基督教成為羅馬帝國國教**：狄奧多西一世禁止基督教以外的信仰
西元413～427年	奧古斯丁創作《上帝之城》
西元431年	**以弗所公會議**：強調耶穌人性面的聶斯脫利派被視為異端
西元451年	**迦克墩公會議**：只承認耶穌神性的單性論（基督一性派）被視為異端

耶穌

學更多，長知識　世界史ABC

保羅的傳道

生於小亞細亞的保羅，本來是一名迫害基督教的猶太教徒，之後回心轉意成為一名基督教徒。他因為擁有羅馬的公民權，因此可以在帝國內自由旅行。從西元48年起的數十年間，他行腳小亞細亞、馬其頓和希臘，對猶太人以外的「異邦人」傳道。保羅於西元61年在羅馬遭到處刑。

● **《新約聖經》**

內容分為耶穌生平傳記的《福音書》和弟子們行動紀錄的《使徒行傳》和信件等的整理。和猶太教的聖典《舊約聖經》並列，在西元2世紀時成為基督教的經典。我們現在看到的《新約聖經》約成書於西元4世紀左右。

西亞的動態

和羅馬帝國互別苗頭的東西文化橋樑——安息帝國和薩珊王朝

Point

- 在西亞成立了巴克特里亞王國和安息帝國
- 波斯的薩珊王朝興起並入侵羅馬
- 波斯的文物經由絲路進入日本

巴克特里亞王國和安息帝國

亞歷山大大帝過世後，塞流卡斯王朝支配了伊朗高原和中亞細亞。然而廣大的領土不易統治，中亞細亞的希臘人建立了巴克特里亞王國（中國歷史上稱爲大夏）。伊朗高原上則建立起安息帝國。

安息帝國在西元前2世紀時，成爲一個從美索不達米亞平原到阿富汗，包含西北印度的大帝國。

安息帝國在西元前1世紀到西元3世紀之間，多次和羅馬帝國發生衝突。

波斯的薩珊王朝

安息帝國後亡於阿爾達希爾一世所建立的薩珊王朝。

薩珊王朝和羅馬帝國之間的紛爭持續不斷，羅馬皇帝瓦勒良甚至被薩珊王朝的沙普爾一世擒獲，最後在幽閉中死於波斯。

薩珊王朝的疆域從印度河到美索不達米亞平原，並對東羅馬的拜占庭進行攻擊。西元6世紀霍斯勞一世在位時國力達到鼎盛。西元7世紀受到阿拉伯人的攻擊而滅亡。

東西方的交流

安息帝國和薩珊王朝統治下的領域包含了絲路的西半部，此一時期東西方的文化交流興盛。

拜占庭帝國透過薩珊王朝獲得絲綢和香料。當薩珊王朝優秀的美術工藝品流入西方的歐洲時，也經由東邊的中亞細亞和中國傳入日本，成爲奈良正倉院的鎮館之寶。

年表

西亞的諸國

- ▼西元前312年 塞流卡斯王朝成立
- ▼西元前255年左右 巴克特里亞王國獨立
- ▼西元前248年左右 安息帝國建國
- ▼西元前139年 巴克特里亞王國滅亡
- ▼西元前64年 敘利亞成為羅馬的行省
- ▼西元226年 薩珊王朝消滅安息帝國
- ▼西元260年 羅馬皇帝瓦勒良遭波斯軍擒獲後死亡
- ▼西元399年 薩珊王朝迫害基督教徒

薩珊王朝的文化擴張

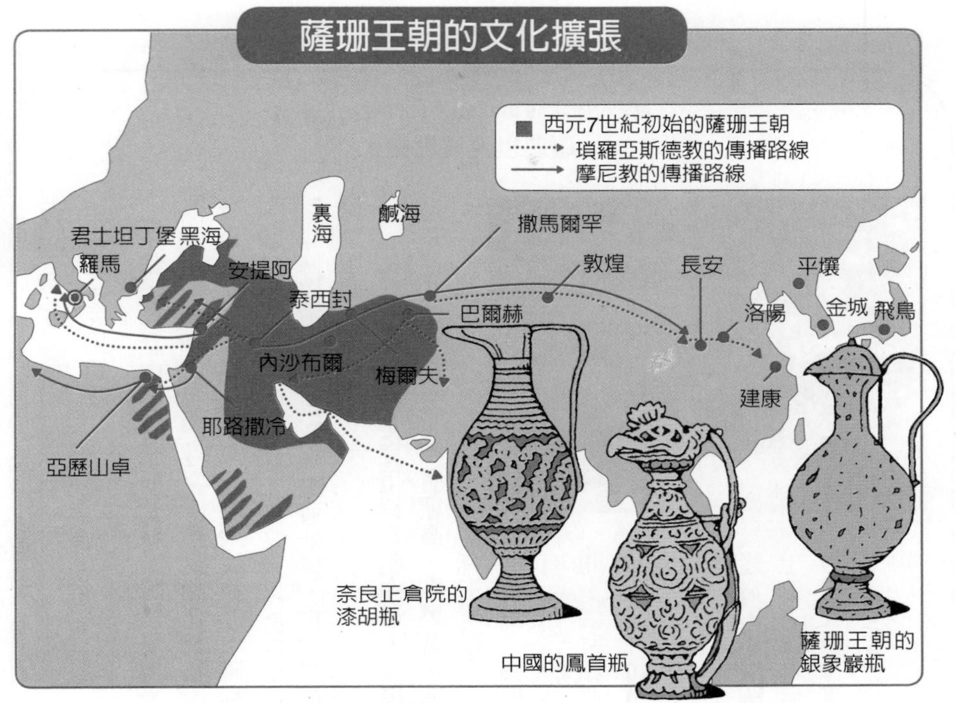

學更多，長知識 世界史ABC

瑣羅亞斯德教和摩尼教

薩珊王朝將瑣羅亞斯德教定為國教，並在當時編纂了該教經典《阿維斯陀》（或稱《波斯古經》）。西元3世紀時，興起了融合瑣羅亞斯德教、基督教和佛教元素的摩尼教。摩尼教在薩珊王朝內雖遭到迫害，卻從義大利、西班牙、敘利亞、美索不達米亞傳到中亞細亞、印度和中國。

▼西元550年左右 薩珊王朝的全盛期

▼西元642年 納哈萬德戰役（Battle of Nahavand）

▼西元651年 阿拉伯人征服薩珊王朝

Let's go to see the history of the world!

環遊世界看歷史

克諾索斯宮殿遺址

（希臘・克里特島）

希臘神話中，米諾斯王爲了囚禁怪物米諾陶洛斯而興建了這座迷宮，然而這座建築物本身是否存在，長久以來一直衆說紛紜。直到進入20世紀，英國的阿瑟・埃文斯（Arthur Evans）挖掘出克諾索斯宮殿遺址後，它的存在才得到證明。

克諾索斯宮殿是克里特文明中最大規模的遺跡。其中一部分有四層樓高，圍繞著中庭的有王座廳等公用的廳室，其他還有起居用的房間、浴室和倉庫等超過1000間以上的房間所構成，結構有如迷宮。從遺跡出土的文物，目前展示在伊拉克利翁考古博物館中。

古羅馬廣場

（義大利・羅馬）

古羅馬廣場（Forum Romanum）的意思爲「羅馬的公共廣場」，是英文forum（公共集會場所）的語源。

古代羅馬的政治、經濟和宗教生活的中心即在於此，現今還留有神殿和巴西利卡（Basilica，從事商業買賣和法律裁判的會堂）的遺跡。

元老院、提圖斯和塞普蒂米烏斯・塞維魯兩帝興建的凱旋門，和其他當時的建築物都呈現出昔日的風采，讓我們能夠對繁榮的羅馬帝國一發思古之幽情。

古羅馬廣場的附近還有羅馬競技場和君士坦丁大帝的凱旋門，不容錯過。

第 2 章

文明的興起與發展❷

印度．中國

第2章 印度的文明與宗教 中國的古代王朝

印度文明與雅利安人的宗教

印度的印度河流域，興起過擁有許多計畫性修建城市的印度文明。為何這個文明會毀滅，現在仍讓研究者莫衷一是。

隨後進入印度的雅利安人創制了規定身分地位的種姓制度（Caste system），最高位的婆羅門執掌婆羅門教的儀式。

之後耆那教和佛教兩大新宗教登場。佛教受到印度各王朝的保護，當佛教遇到了希臘化文化後，產生了佛教藝術。

其後受到婆羅門教和佛教影響的印度教，受到民衆的擁戴，成為直到今日印度的主要宗教。

中國的歷史源於黃河

中國在黃河流域興起了黃河文明。從考古遺跡可以確認殷王朝的存在。自殷之後興起的周朝滅亡後，進入諸侯爭霸的混亂時代。

亂世孕育出許多有能力的人物，被稱作諸子百家的思想家們相繼躍上歷史舞臺。

從統一走向分裂

秦始皇統一中國後，秦朝卻迅速滅亡了。隨後興起的漢朝將領土擴展到被稱為西域的中亞一帶。

漢朝滅亡後，經過了魏、蜀、吳爭霸的三國時期，黃河南北岸幾個王朝興衰交替，持續著分裂的狀態。

這一時期完成的《史記》和《三國志》等作品，至今仍為現代人們所熟悉。

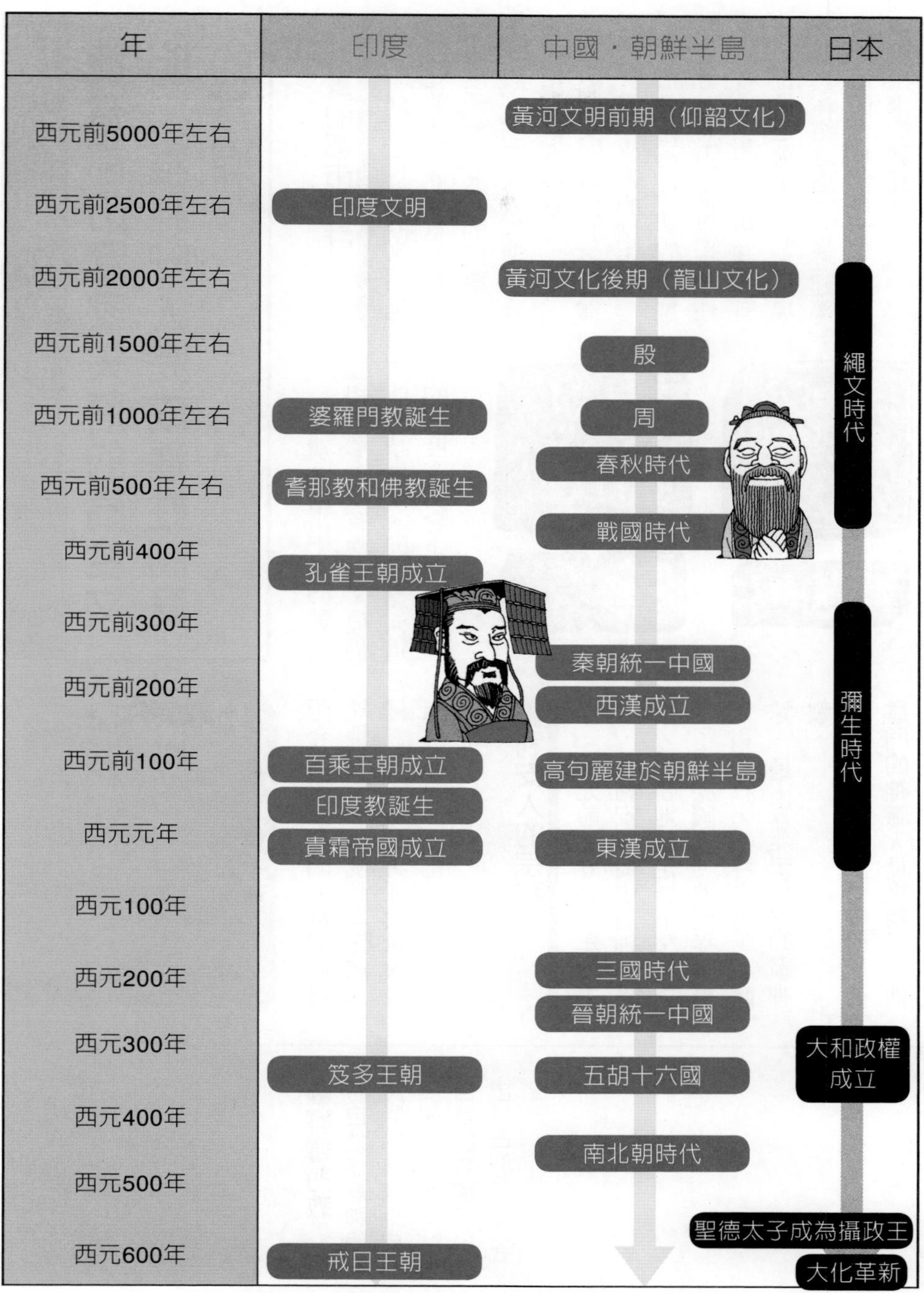

年	印度	中國・朝鮮半島	日本
西元前5000年左右		黃河文明前期（仰韶文化）	
西元前2500年左右	印度文明		
西元前2000年左右		黃河文化後期（龍山文化）	繩文時代
西元前1500年左右		殷	
西元前1000年左右	婆羅門教誕生	周	
西元前500年左右	耆那教和佛教誕生	春秋時代	
西元前400年	孔雀王朝成立	戰國時代	
西元前300年			
西元前200年		秦朝統一中國 西漢成立	彌生時代
西元前100年	百乘王朝成立 印度教誕生	高句麗建於朝鮮半島	
西元元年	貴霜帝國成立	東漢成立	
西元100年			
西元200年		三國時代 晉朝統一中國	
西元300年	笈多王朝	五胡十六國	大和政權成立
西元400年		南北朝時代	
西元500年			
西元600年	戒日王朝		聖德太子成為攝政王 大化革新

擁有都市國家失落的高度文明，雅利安人完成種姓制度的基礎

有計畫的都市設計

印度最古老的文明是於西元前2300年左右，在印度河流域興起的印度文明。該文明的代表性遺跡為哈拉帕和摩亨卓達羅。

印度文明最大的特色為經過計畫性修建的城市。沿著棋盤格狀的平整路面旁，有下水道設施的住家，倉庫和工作坊井然有序，位於遺跡中心的大浴場推測為沐浴之處。這些建築所使用的建材都為統一規格燒製出來的磚瓦。

從遺跡中出土的黏土板和印章上雖有文字，但仍未能解讀出來。因此為何這樣的高度文明會走向滅亡，至今仍原因不明。推測的可能性如下：遭受到異民族入侵、為了煉製磚瓦大量砍伐森林導致沙漠化以及河川氾濫等。

出土的印章

雅利安人的宗教

西元前2000年前左右，雅利安人從中亞細亞來到旁遮普地區定居下來，成立了部族國家。他們從事農耕和畜牧，崇拜自然。「吠陀」是由梵語寫成的讚神歌。

宗教祭典由被稱作婆羅門的神職人員來舉行，他

Point

- 印度河流域曾經出現擁有都市計畫的高度文明
- 雅利安人入侵印度直抵恆河流域
- 確立了種姓制度的身分排序

●婆羅門教

將自然作為神明來崇拜，將吠陀作為經典的宗教。婆羅門（祭司）為了維護自身的特權和地位，創造出獨占的繁複儀式。

們位於社會階層的最上位。隨著雅利安人的勢力擴展至恆河流域，他們發展出3種社會位階，這就是種姓制度的起源。隨著時代推移，身分的區別越來越細分化，演變爲複雜的種姓分類制度（Jati）。

在種姓之外，還有許多被稱作「賤民」（Untouchable）的人存在。身分制度帶來的歧視仍然存在於現代的印度社會之中。

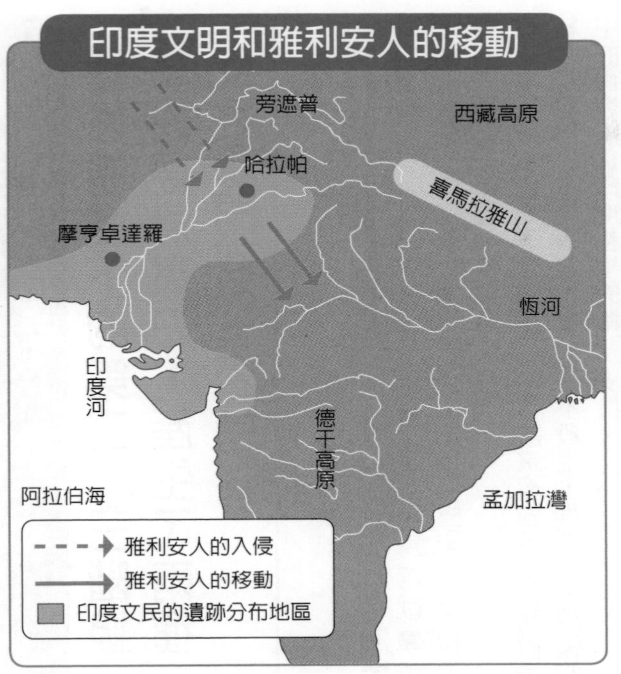

種姓（種姓制度）

婆羅門＝祭司，第一階級
刹帝利＝王公貴族、武士，第二階級
吠舍＝農民、牧民和商人，第三階級
首陀羅＝下位的農民、牧民和一般庶民，從屬於其他三個種姓
賤民＝不在種姓的體制內，不可觸民（Untouchable）

迦提（Jati，身分）是世襲的，不同迦提的人不能通婚。現在的印度雖然已經廢止了這樣的身分制度，但它的影響力仍然根深柢固。

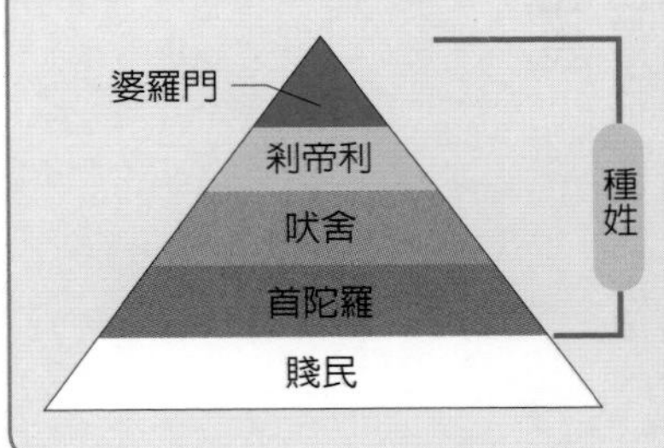

年表

印度文明的興起

▼西元前2500～前1800年左右
印度文明

▼西元前1500年左右
雅利安人定居印度

▼西元前1200～前1000年左右
最古老的吠陀《梨俱吠陀》完成

▼西元前1000年左右
雅利安人進入恆河流域

▼西元前10～前7世紀
種姓的分類制度「迦提（Jati）」形成

種姓制度下的第二、三階級掌握經濟實力，產生了兩種反婆羅門教的宗教

哲學書和耆那教

婆羅門教曾經是一種以儀式爲核心的宗教，但也有人不滿足於此繼續探索眞理的奧祕，他們的思想被集結起來成爲《奧義書》，書中的內容成爲印度哲學的源頭。

到了西元前600～前500年左右，恆河流域產生許多都市國家，這些國家相互的征伐和從事商業行爲。剎帝利和吠舍階級成爲社會和經濟上的主導力量。

這一時期也產生了否定種姓的新宗教。

其中之一即爲耆那教，教主爲筏馱摩那（Vardhamana，又稱大雄）。

該宗教強調苦行和徹底的不殺生，得到吠舍階級的支持。

筏馱摩那

佛教的誕生

另一個宗教爲佛教。釋迦族的王子喬達摩・悉達多（Siddhartha Gautama，被稱爲佛陀）爲創始者。

佛陀認爲世上的事物每時每刻都在變化——無常觀，若我們能捨棄自己的慾望達到無我的境界，就能獲得心中的平安。若能依「八正道」而行，就能從人生的四苦（生、老、病、死）中獲得解放。開悟之道對每一個人平等開放。

Point

- 《奧義書》為婆羅門教的哲學書
- 耆那教否定種姓（Varna）
- 佛教認為人類平等

年表

印度古典文明的形成

- ▼西元前700年左右　出現《奧義書》哲學
- ▼西元前600～前500年左右　恆河流域出現都市國家
- ▼西元前563年左右（或西元前463年左右）　喬達摩・悉達多誕生
- ▼西元前549年左右（或西元前468年左右）　筏馱摩那誕生

佛教的思想
四苦
生
老
病
死
從四苦解脫的
八種路徑
八正道
正見
正思惟
正語
正業
正命
正精進
正念
正定
佛陀

佛教在刹帝利和吠舍間廣爲流傳。

耆那教與佛教

	耆那教	佛教
開創者	筏馱摩那	喬達摩・悉達多
特徵	認為人生即苦，提倡禁慾、苦行和徹底的不殺生主義	世間無常，若能依八正道而行就能脫離生、老、病、死四苦，開悟之道對任何人平等開放
信眾	主要為吠舍	主要為吠舍和刹帝利

學更多，長知識　世界史ABC

《奧義書》的思想

《奧義書》認為，生物死後的轉生會永遠持續下去，若想從這個輪迴中解脫就必須經過修行，達到梵（Brahman，宇宙的根本原理）我（Atman，自我）合一的境界。輪迴和解脫成為印度思想的原點，佛教也繼承了這個說法。

孔雀王朝的阿育王

透過統一印度的國家推廣佛教

孔雀王朝的成立

在恆河流域為數眾多的雅利安人都市國家中，以拘薩羅和摩揭陀國的勢力最強大，最後由摩揭陀國併吞了拘薩羅國。摩揭陀國對於耆那教和佛教採取保護的態度。

西元前4世紀時，亞歷山大大帝的軍隊入侵印度，但士兵們因不願再繼續深入，因此在印度河折返。

當時迎戰亞歷山大軍隊的是旃陀羅笈多，他趁著這個機會一舉拿下摩揭陀國等恆河流域的都市國家，並將希臘人逐出印度，構築了大一統的國家——孔雀王朝。

旃陀羅笈多還擊退入侵的塞流卡斯王朝，將領土擴大到印度河流域。

阿育王保護佛教

孔雀王朝在西元前3世紀阿育王在位時國力最盛。阿育王以深厚的佛教信仰著稱，在他任內除了召集第三次佛典集結，為了推廣佛教據說甚至將王子送到斯里蘭卡。

阿育王以佛法（Dhar-

Point

- 摩揭陀國保護耆那教和佛教
- 孔雀王朝統一印度
- 阿育王保護佛教

阿育王的政治

以佛法（Dharma）為基礎的政治理念

- 佛典集結
- 向斯里蘭卡傳播佛教
- 建立石柱碑等建築
- 整建病院、道路和灌溉設施

●佛典的集結

釋迦牟尼過世後，為了正確傳達他的教誨，佛陀的弟子們集結起來確認教導的內容視為第一次集結。其後佛教廣傳四方，在教義和解釋上都出現分歧。第二次以後的佛典集結是為了統一教義和用文字保留教理而舉行。

ma）做爲施政的基礎，並在各地建立磨崖碑和石柱碑。

阿育王過世後國勢衰退，孔雀王朝走向分裂。

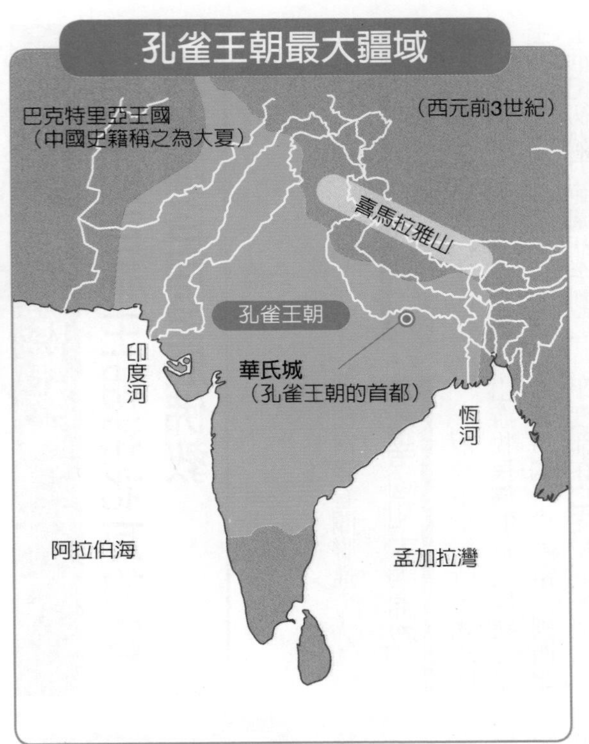

阿育王石柱

學更多，長知識 世界史ABC

旃陀羅笈多的足跡

古代印度並不重視記錄歷史，因此連釋迦摩尼的生卒年都無法確認。其中只有旃陀羅笈多是什麼時候的人可以清楚地追溯。因為旃陀羅笈多和塞流卡斯王朝交戰後締結和平條約等事項，都被記錄在希臘人麥加斯梯尼的《印度史》中。

年表

佛典集結和印度最初的統一國家

▼西元前6～前5世紀
摩揭陀國的興起

▼西元前477年左右
第一次佛典集結

▼西元前377年左右
第二次佛典集結

▼西元前317年左右
旃陀羅笈多建立孔雀王朝

▼西元前268～前232年左右
阿育王時代

▼西元前244年
第三次佛典集結

▼西元前180年左右
孔雀王朝滅亡

南方的百乘王朝和北方的貴霜帝國各自發展佛教

南印度的百乘王朝

孔雀王朝滅亡後，北印度陷入混亂的時代，南印度則由達羅毗荼人建立了百乘王朝（案達羅王朝）。西元1世紀初勢力範圍甚至到達北印度。

百乘王朝和利用印度季風的羅馬進行商貿而繁榮。從印度輸出寶石、棉花和香料，從羅馬輸入玻璃、金幣和銀幣。

百乘王朝信奉佛教留下許多佛教遺跡，婆羅門教也在此時復興，並和之後成立的印度教有關聯性。

貴霜帝國和大乘佛教

西元1世紀時，北印度由游牧民族的月氏族建立了貴霜帝國，從阿富汗到西北印度都在它支配下。

貴霜帝國在第三代國王迦膩色迦王時期達到全盛。迦膩色迦王是一位信仰深厚的佛教徒，並號召了佛經的第四次集結。

這個時期，相較於過去以出家、修行爲目標，尋求自我解脫的佛教（小乘佛教），誕生了相信佛法可以救渡一切衆生的大乘佛教。

出身於南印度的龍樹（Nagarjuna），是一位確立大乘佛教理論基礎的人物。菩薩是成爲佛陀前的修行者，對菩薩的信仰是大乘佛教的特色之一。

犍陀羅藝術的誕生

從阿富汗到中亞細亞皆爲貴霜帝國的領地，這一區域在亞歷山大大帝東征後，深受希臘文化的影響。當佛教傳入後，兩個文化融合而誕生出佛像藝術。這種充滿希臘風格的雕刻藝術被稱作

Point

- 百乘王朝統一南印度
- 貴霜帝國在迦膩色迦王時達到全盛期
- 希臘文化和佛教融合後產生了犍陀羅藝術

●月氏族

曾活躍在蒙古高原西南部到中亞細亞的民族。族群的來源有人稱是土耳其系或伊朗系，詳細情形仍不清楚。

年表

印度南北的兩個王朝
- ▼西元前100年左右　百乘王朝的全盛期
- ▼西元45年左右　貴霜帝國成立
- ▼西元130～170年?　迦膩色迦王時期
- ▼西元150年左右　第四次佛典集結

犍陀羅藝術。

隨著大乘佛教的散布，製作出許多佛像和菩薩像，然後傳入了中國和日本。

百乘王朝和貴霜帝國

迦膩色迦王的金幣

大乘佛教的擴張

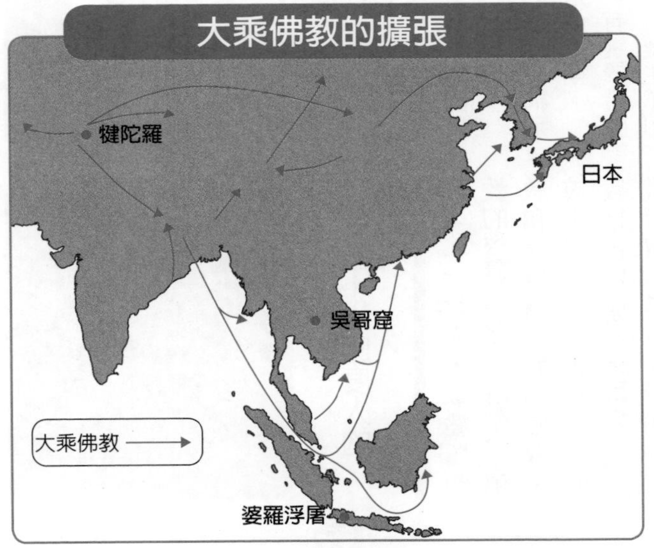

犍陀羅佛像

▼西元180～240年左右
龍樹生存的年代

學更多，長知識　世界史ABC

佛像

佛教起初並沒有製作釋迦牟尼佛（佛陀）的塑像作為崇拜對象的想法。佛像是佛教文化和希臘文化接觸後孕育出來的產物。犍陀羅藝術的佛像有著衣褶的服飾、鬈毛和高鼻等希臘人風格的容貌特徵。當佛像成為肉眼可見的信仰對象後，大大地推進了佛教在印度以外地區的傳教活動。

印度文化的復興產生了笈多美術和印度教

Point

- 印度文化在笈多王朝開花結果
- 印度風的笈多美術誕生
- 印度教確立後成為印度人的主要宗教

印度文化的復興

貴霜王朝在迦膩色迦王過世後分裂，取而代之的是旃陀羅・笈多一世所建立的笈多王朝。到了王朝第三代統治者旃陀羅・笈多二世時統一了北印度，疆域面積達到最大。

笈多王朝時印度人的民族意識高漲，印度文化得以復興。

以梵語書寫的印度文學在此時進入全盛期，這一時期的代表作有史詩《摩訶婆羅多》和《羅摩衍那》。迦梨陀娑完成了劇作《沙恭達羅》。

數學和天文學也有長足的進展，十進位法和0的概念也被創出。

此外佛教的研究機構那爛陀寺也建於這個時期。

美術方面，有別於希臘風的犍陀羅藝術，誕生了印度風格的笈多樣式。目前我們可以在阿旃陀石窟寺院的壁畫和埃洛拉石窟寺院的佛像中，領略昔日的風采。

印度教——印度人的宗教

此一時期，以婆羅門教的教義爲基礎，融入了佛教和民族信仰的印度教，被推廣到印度各地。印度教是以濕婆（Shiva）、毗濕奴（Vishnu）和梵天（Brahma）三神爲主神的多神教，並無教主和教義。

西元2世紀時完成的《摩奴法典》強調了婆羅門的優越性，整理了以種姓爲基礎的生活規範。

印度教作爲印度人的

年表

印度王朝的變遷

- ▼西元230年左右　百乘王朝滅亡
- ▼西元250年左右　貴霜帝國滅亡
- ▼西元320年左右　笈多王朝成立
- ▼西元376～415年左右　旃陀羅・笈多二世時代
- ▼西元550年左右　笈多王朝分裂
- ▼西元606年　戒日王朝成立
- ▼西元612年　戒日王統一北印度
- ▼西元629～645年左右　玄奘的印度旅程

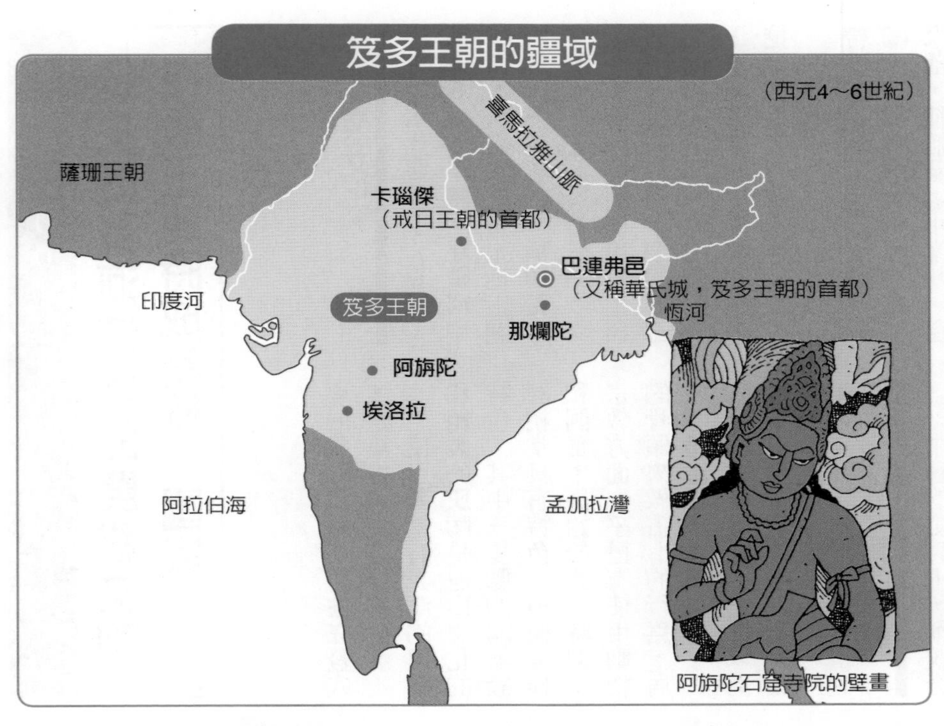

阿旃陀石窟寺院的壁畫

宗教，現在仍深受印度人信仰。另一方面，佛教從這時走出印度，向周邊的區域傳布。

從戒日王朝開始走向分裂

笈多王朝受到中亞細亞的游牧騎馬民族嚈噠（Hephthalites）的侵襲，國勢日衰，取而代之的是由戒日王（Harsha Vardhana）建立的戒日王朝。

著名的唐三藏法師玄奘，就曾在戒日王朝時期造訪印度，並在那爛陀寺學習。

戒日王過世後王朝隨即毀滅，印度進入長期的分裂時代。

犍陀羅和笈多藝術的比較	
犍陀羅藝術	犍陀羅地區發達的佛教藝術形式，深受希臘文化影響，製作佛像是其藝術表現的特徵。
笈多藝術	笈多王朝時代的佛教藝術，完成了純印度式的佛教美學。

誕生於黃河流域的農耕文明 在殷王朝時成為統一國家

兩種土器文化

中國在西元前5000～前4000年時，在黃河中下游流域肥沃的黃土地上開始進行農耕活動，稱作黃河文明。

依黃河文明使用的土器類別，可分爲前半期的仰韶文化和後半期的龍山文化。這兩個名字的由來都和遺跡挖掘的地名有關。

仰韶文化所使用的是帶有紋樣的彩色陶器（彩陶）。那時的人們建立起小聚落，種植粟（小米）。還會飼養狗和豬，居住在豎穴式建築中。

使用薄壁有光澤的黑陶和粗製的灰陶是龍山文化的特色，其中三隻腳的陶器設計相當具有特色。種植稻作和飼養牛馬始於此一時期，宗教方面似乎已有使用動物的骨頭來做占卜的行爲。居住型態爲高床式建築。

小聚落隨後發展成周邊築有牆壁稱作「邑」的集落，再發展爲都市國家。

從夏朝到殷朝的發展

中國的史書上，稱統合這些都市國家的「夏」爲最初的王朝。夏朝是否眞實存在，現在仍爭論不休，因此有「傳說中的王朝」之稱。但近年來被視爲夏朝首都遺址的挖掘工作已在進行。夏朝後亡於殷（或稱商）。

Point

- 彩陶和黑陶的兩個時代
- 「夏」被認為是中國最初的王朝
- 透過殷墟的挖掘，讓人了解當時的社會結構

●河姆渡遺跡

這是一個在長江下游浙江省挖掘出土的新石器時代遺跡。被視為和仰韶文化處於同一時期發展的文明。

年表

中國文明的興起

▼西元前5000～前4000年左右

仰韶文化

▼西元前2000～前1500年左右

龍山文化

▼西元前2000年中期左右

殷朝成立

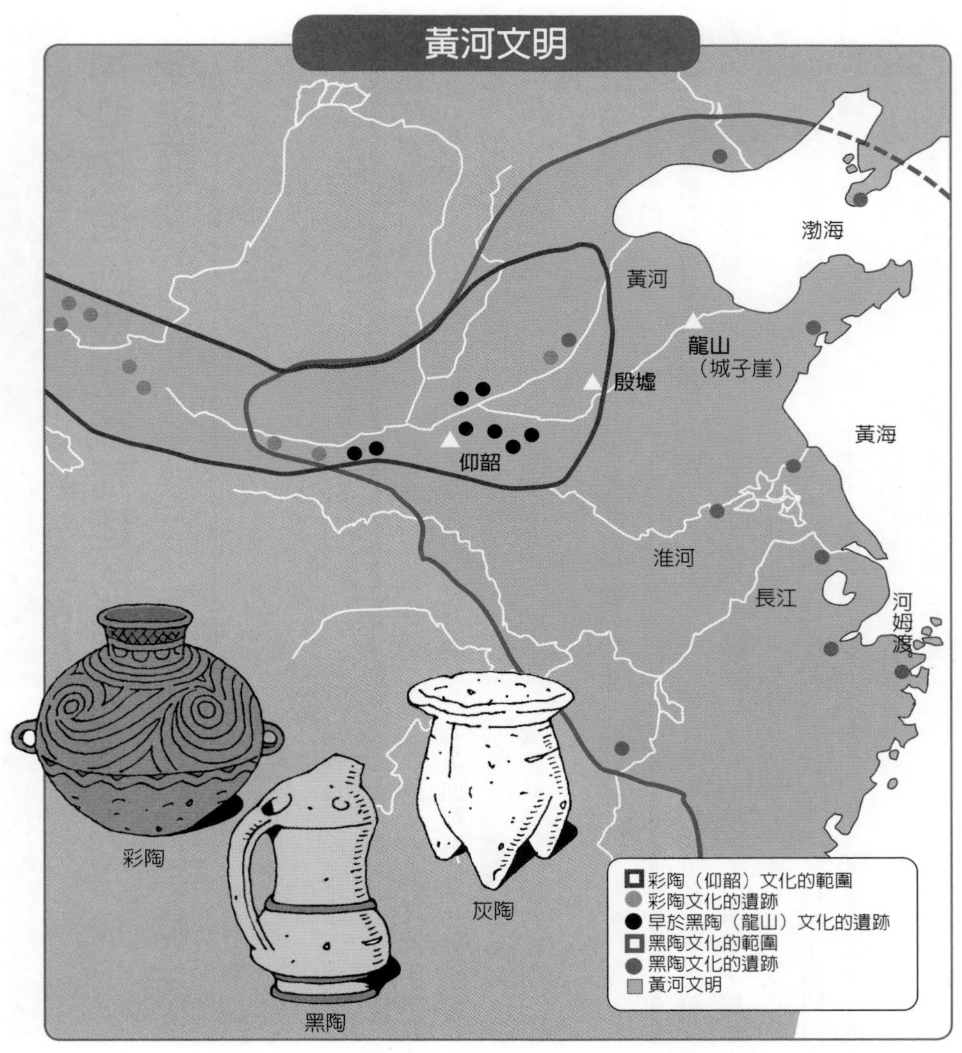

學更多，長知識 世界史ABC

傳說中的王

史書上記載，在夏朝之前曾有堯、舜、禹三位王存在。三人之間雖然沒有血緣關係，但堯將權位讓給舜，舜再將權位讓給禹。這種和平的政權交接稱作「禪讓」，是儒教的理想，堯、舜、禹也被尊為聖王。禹開啓了夏朝，最後滅於殷的湯王。

殷・周王朝時代

神權政治的殷朝被封建的周朝推翻

殷的政治與文化

殷朝興起於西元前2000年中期左右的中國，殷朝的首都遺址被稱作殷墟，遺址中發現住宅的遺跡和國王的墳墓。除了青銅器之外，還出土爲數衆多的龜甲及動物的骨頭。

龜甲上雕刻的甲骨文被認爲用於占卜，而且是漢字的原型。

殷朝時，占卜是國王的工作，國王以占卜的結果作爲施政依據。這種祭政一體的政治形態稱作神權政治。

周朝的時期

周朝興起於現在的西安附近，當勢力還不成氣候時，曾向殷納貢維持外交關係。等到羽翼漸豐，便和殷朝產生對立。

周在文王時向殷發動攻擊，到了其子武王時終於推翻了殷朝。

周朝將土地分給諸侯統治，這種土地稱作「封土」。諸侯再將封土分配給卿、大夫、士等家臣治理。

諸侯對於周王雖有兵役和納稅的義務，但各自獨立治理自己的領地，這種制度稱作封建制度。

周王和諸侯及家臣間有著血緣關係，分爲本家和分家，這就是「宗族」。宗族應該遵守的規範稱作「宗法」。

周的東遷

周朝的首都原來在鎬京（今天的西安附近），鎬京後來落入了來自西方入侵的異民族手中。周平王時將首都遷到東邊的洛邑（現在的洛陽）。

Point

- 從殷墟挖掘出的甲骨文是漢字的起源
- 殷朝使用占卜進行神權統治
- 滅掉殷的周實施封建制度

●宗法

規範宗族的宗法重視孝與悌。其內容具有宗教性，對於祖先的祭祀、繼承和結婚等都有相關的規定。

年表

▼從殷朝到周朝

▼西元前2000年中期左右
殷朝成立

▼西元前1027年左右
周朝推翻殷朝定都鎬京

▼西元前770年
周朝將首都遷至洛邑

以鎬京為首都的周朝稱作西周，遷都到洛邑以後的周朝稱作東周。

學更多，長知識　世界史ABC

酒池肉林

殷朝最後的國王紂是一位暴君。他向人民課重稅，自己宮殿的池子裡卻裝滿美酒，樹上還掛著肉，過著極度奢華的生活。「酒池肉林」這句成語便是出自於此。

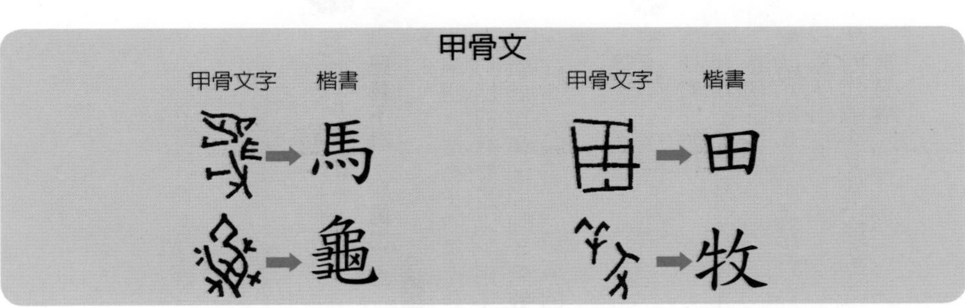

周朝衰落諸侯爭霸，混亂的時代持續了５５０年

諸侯爭霸的時代

周朝將首都遷至洛邑後國力衰退，有實力的諸侯開始相互爭戰不已。

但是這個時期宗法的約束力還在，周王還是被尊爲王，有實力的諸侯則被稱爲「霸者」。這個時期就是春秋時代。

被稱作霸者的有齊桓公、晉文公、越王勾踐、吳王夫差、楚莊王、秦穆公和宋襄公等。

之後晉國分裂爲韓、趙、魏三國（三家分晉），若再加上秦、楚、齊、燕國則合稱爲戰國七雄，七國間仍是爭戰不休。這一時期稱作戰國時代。

進入戰國時代，周王朝的權威已蕩然無存。諸侯們擅自爲自己冠上「王」的稱號。

生產力的提升和諸子百家

進入戰國時代，由牛來拉動鐵製犁具的牛耕農法已經普及，農業的生產有著飛躍式的成長。各國因爲採取富國強兵的政策，商業和工業的發展更是突飛猛進，並且已經開始使用青銅貨幣。

春秋戰國這樣的亂世中，時代冀求有能力的人才和符合潮流的思想。誕生出被稱作諸子百家的眾多思想和學派。

尊孔子爲祖師的儒家思想認爲，應該用對待親人的「孝」和對待手足的「悌」爲根本的「仁」來維持社會秩序。孟子和荀子將這樣的思想發揚光大。

Point

- 周朝將首都東遷後國力衰落
- 春秋時代有實力的諸侯相互爭伐
- 三家分晉後進入戰國時代

認識當代的一句話

「見義不為，無勇也。」 **《論語》**

《論語》是孔子的言行錄。這句話的意思是「見到了合於義的事情，卻袖手旁觀無所作為，是沒有勇氣的行為。」

年表

春秋戰國時代

▼西元前７７０～前４０３年
春秋時代

▼西元前５５１年左右
孔子出生

▼西元前４０３～前２２１年
戰國時代

諸子百家的思想

孔子（儒家）	將「孝」與「悌」（對待雙親和手足應有的情感）擴展到更廣泛的人際關係中就是「仁」。君主應以「仁」來治理天下。
孟子（儒家）	主張性善說。理想是以「德」來治國的王道政治。
荀子（儒家）	主張性惡說。主張應該用「禮」來維持社會的秩序。
墨子（墨家）	提倡無差別的愛人「兼愛」，和反對戰爭的「非攻」。
老子・莊子（老莊思想・道家）	提倡捨掉慾望和紅塵俗事的干擾，唯有自然無為才能為心帶來平安。
商鞅・李斯・韓非（法家）	提倡以法治國。對於不遵守法律的人應處以嚴刑。

孔子　孟子　荀子　老子　莊子

從春秋到戰國

春秋五霸（西元前770～前403年）

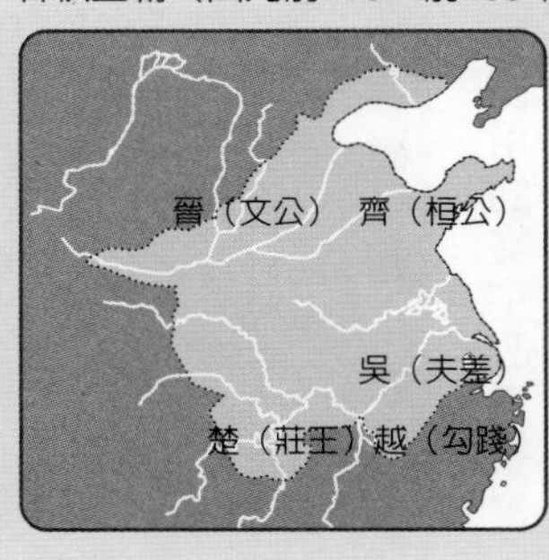

※五霸的另一說為，扣除吳、越，加入秦穆公和宋襄公

戰國七雄（西元前403～前221年）

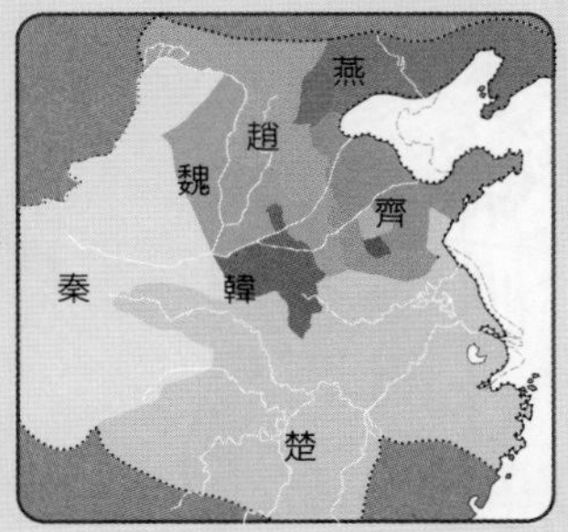

學更多，長知識　世界史ABC

諸子百家及其後

儒家思想又被稱作儒學或儒教，是中國思想的骨幹，並傳至朝鮮和日本。到了南宋時期發展為朱子學，日本的江戶時代受到幕府和各藩國之間的重視。
老莊思想結合了民間信仰形成道教，道教作為中國的民間信仰流傳至今。

統一王朝——秦朝

秦始皇征服六國，卻僅一代而亡

Point

- 秦於戰國群雄中脫穎而出，統一了中國
- 秦始皇實施徹底的中央集權制
- 秦始皇過世後各地動亂不已，導致秦的滅亡

秦統一天下

戰國七雄中，秦定都咸陽（現在西安的附近），是一個西陲的國家。西元前4世紀開始採用法家的富國強兵政策。透過由中央官吏來治理地方的郡縣制，實現了中央集權，國力大增。

秦朝的第三十一代君主嬴政擊敗六國，統一了中國。

嬴政採用「皇帝」的稱號而非「王」，自稱爲「始皇帝」。

秦始皇

秦始皇的統治

秦始皇實施了多項改革，首先是將郡縣制推廣到全國，將全國分爲36（後改爲48）郡，在郡下設縣來統治。

然後將戰國時代各國所使用的文字改爲篆書，使用名爲半兩錢的銅幣統一了貨幣。

此外，爲了防範燕趙以北的游牧民族匈奴的入侵而修築了長城，也就是現在的萬里長城。

萬里長城

秦始皇強力的控制言論和思想，除了農、醫學和占卜類書籍外都遭焚毀，還坑殺了400位儒士，這個事件稱爲「焚書坑儒」。

這些改革帶來的賦役和重稅大大增加了平民的負擔。在秦始皇過世後，以陳勝、吳廣爲首的農民叛亂在各地蜂起，秦始皇雖然統一中國建立秦朝，王國卻只維持了15年就滅亡了。

學更多，長知識 世界史ABC

兵馬俑

秦始皇生前就開始打造自己的陵寢——驪山陵。底部為485公尺×515公尺，高76公尺，動員參與興建的人數達70萬人以上。西元1974年時，陵墓附近的地下壕坑中出土了大量士兵和軍馬的陶俑，這就是著名的兵馬俑。兵馬俑被認為是用來守護死後的秦始皇所製造的。全部挖掘出來以後的數量多達上千尊，猶如一支大型軍團，由此可見秦始皇的權勢有多大了。

年表

秦的統一到滅亡

▼西元前221年
秦始皇統一中國

▼西元前210年
秦始皇過世

▼西元前209～前208年
陳勝、吳廣起義

▼西元前206年
秦朝滅亡

漢王朝的建立

擊敗項羽的劉邦開創了漢朝，國祚延續了400年以上

項羽和劉邦

秦滅亡後，楚國貴族出身的項羽和農民出身的劉邦展開爭霸。歷經5年的鏖戰最終由劉邦勝出，建立了漢朝統一中國。建立漢朝後，劉邦成為漢高祖，定都長安。

漢高祖認為秦的郡縣制有缺陷，於是在地方上採封建制，由功臣和皇族來治理。封建領地以外的地方則採郡縣制，由皇帝直接治理。這樣的制度稱為郡國制。

項羽

劉邦（漢高祖）

漢朝的盛世

第六代皇帝景帝時，諸侯發動了吳楚七國之亂，亂事迅速被弭平。從這個事件後，諸侯的領地遭到削減，等到漢武帝繼位時，全國事實上已經採行中央集權的郡國制了。此時也是漢朝國力最強盛的時期。

漢武帝時，從北方入侵的匈奴和漢朝發生正面衝突。漢朝政府企圖和西方的大月氏結盟共同夾擊匈奴，於是派遣張騫出使西域。雖然這個計畫沒有成功，但張騫帶回來的情報在之後對匈奴的作戰中起到了作用。

隨著版圖的擴大，漢朝

Point

- 秦滅亡後，劉邦在和項羽的爭霸中勝出
- 劉邦開創了漢朝，實施郡國制
- 漢武帝時是漢朝的盛世

●均輸法和平準法

這兩個法案都是國家為了調整物價而變相增稅的政策。均輸法是指在價格低的地方買進作物，在價格高的地方售出。平準法則是在價格低廉的時候買進作物，待價格升高時售出。

在西域設置了敦煌等4郡，在朝鮮半島設置了樂浪等4郡，在越南設置了南海等9郡以為治理。

領土的擴張伴隨著龐大的支出，漢武帝除了向百姓課重稅之外，還制定了鹽、鐵、酒專賣制度，為了調整物價而實施均輸法和平準法。

漢朝（前漢）盛世時的疆域

漢武帝的政治

中央集權制的完成

領土擴大	儒學官學化
討伐匈奴／張騫出使大月氏／將西域・朝鮮半島・越南納入版圖	依董仲舒的進言設置五經博士

財政政策	官吏任用制度
鐵・鹽・酒專賣制度／均輸法・平準法	鄉舉里選：採用地方有力人士推薦的人才入仕

年表

前漢時代

▼西元前202年
劉邦（漢高祖）開創漢朝

▼西元前154年
吳楚七國之亂

▼西元前141年
漢武帝即位

▼西元前139年
張騫出使大月氏

▼西元前126年
張騫歸國

▼西元前121年左右
漢武帝於西域設4郡

▼西元前115年
頒令均輸法

▼西元前111年
漢武帝平定南越，設置南海等9郡

▼西元前110年
頒布平準法

▼西元前108年
漢武帝平定朝鮮，設4郡

後漢取代新朝。漢室復活，奠定了中國文化的基礎

Point

●王莽篡漢開創了新朝
●光武帝再興漢室
●漢朝的文化成為中國文化的基礎

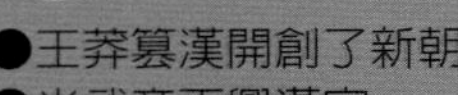

前漢到新朝

漢朝自武帝以後，皇帝身邊的宦官和太后的親族——外戚之間權力鬥爭不斷。最終作爲外戚的王莽稱帝開創了新朝。

然而王莽依照儒學理想治國，實行了禁止擁有大面積土地等悖離現實的政策，引發了農民叛亂的赤眉之亂和地方豪族的反抗，導致新朝的滅亡。

後漢的對外政策

新朝滅亡後，流著漢王室血統的劉秀再興漢室，稱爲光武帝。光武帝之前的漢朝稱爲前漢，之後稱爲後漢。後漢定都洛陽。

後漢採取積極的外交政策，班超將西域周邊諸國皆納入漢朝版圖內，並設西域都護。班超的部下甘英被任命出使大秦（羅馬），其足跡最遠曾抵達敘利亞。

此外，漢光武帝曾留下賜給日本人（倭人）綬印的歷史紀錄。出土於日本福岡縣志賀島的金印被視爲此一史實的見證，金印上刻有「漢倭奴國王」的字樣。

金印

漢文化

漢文化成爲中國文化的源流，使其呈現一幅花團錦簇的盛況。

●宦官

宦官是指任職於後宮，被去勢的男性。宦官身分雖然低微，但因為靠近權力中心，能夠不時干預政治。

認識當代的一句話

「不入虎穴，焉得虎子。」（班超）

將西域經營得有聲有色的班超，在率領部眾攻擊匈奴時留下了這句名言。

漢武帝時將儒學定爲官學並定五經，解釋五經的訓詁學盛極一時。

司馬遷確立了紀傳體的寫史方式，他所著的《史記》記載了從中國的神話時代到漢武帝時期的歷史，是中國史上最有影響力的一部史學著作。

班固的《漢書》記錄了漢武帝之後到前漢滅亡之間的事情。

後漢時蔡倫發明了造紙術，造紙術讓公文和書籍更便於使用。

五經

儒學的基本經典，請見以下列表。漢武帝時為了教授和普及五經，設置了「五經博士」之職。

《易經》	占卜的理論書
《詩經》	採集黃河流域的歌謠，成為中國最早的詩集
《春秋》	春秋時期記載魯國歷史的書。此書被認為由孔子所編
《書經》	夏、殷、商王的紀錄
《禮記》	制度和習慣的解說書

學更多，長知識　世界史ABC

《史記》

司馬遷的《史記》是中國代表性的名著。將皇帝的作為按照年代排列稱為「本紀」。描寫時代風雲人物的「列傳」採用的是被稱為「紀傳體」的寫作方式。《史記》以後，「紀傳體」成為中國歷代撰寫歷史的方式。《史記》裡項羽和劉邦的爭霸充滿戲劇張力，故事裡的細節至今仍被人津津樂道。

年表

- ▼從新朝到後漢
- ▼西元前97年　《史記》完成
- ▼西元8年　王莽建立新朝
- ▼西元18～27年　赤眉之亂
- ▼西元25年　劉秀（漢光武帝）再興漢室
- ▼西元74年　班超討伐匈奴
- ▼西元91年　班超任西域都護
- ▼西元97年　甘英出使大秦
- ▼西元105年　蔡倫向漢和帝獻紙

晉朝統一中國，結束了魏吳蜀的三國時代，晉朝以後的局勢持續混亂

從後漢到三國時代

後漢在西元2世紀時，年幼的皇帝接連登基，加深了外戚和宦官之間的對立。官員們批判握有實權的宦官，宦官則用放逐、處決等方法對付官員，是為「黨錮之禍」。

地方上，豪族們漸漸不服從中央的領導，農民也在各地反叛。

當時有許多人信仰一種民間宗教——太平道，太平道的信徒發動了黃巾之亂。為了平息此亂，豪族和農民間發生戰爭。

戰亂中，曹操、曹丕父子建立了魏國。曹丕迫使漢獻帝將帝位禪讓給他，後漢滅亡。除了魏之外，孫權建立了吳國，劉備建立了蜀國，彼此互相爭戰不已。

這就是著名的「三國時代」。

晉朝的統一與分裂

魏滅蜀後，魏國的武將司馬炎稱帝建立晉朝。隨後晉滅吳統一了中國。然而持續的內亂使晉朝無法形成安定的統治，最後為匈奴所滅。

晉朝王室逃向江南，司馬睿復興了晉室，稱為東晉。在此之前的晉朝稱為西晉。

南北朝時代

江南的東晉後亡於宋，在宋之後相繼興起齊、梁、陳等王朝，這些政權統稱「南朝」。

在華北地區，除了匈奴之外還有鮮卑、羯、氐、羌等異民族相繼入侵，建立了許多短命政權，統稱為「五胡十六國時代」。

Point

- 後漢滅亡後三國互相征伐
- 晉朝雖然統一中國卻無法長久維持
- 中國進入北方有五胡十六國，南方四王朝交替的南北朝時代

年表

魏晉南北朝時代

- ▼西元166．169年 黨錮之禍
- ▼西元184年 黃巾之亂
- ▼西元220年 曹丕登基為魏國皇帝
- ▼西元221年 劉備建立蜀國
- ▼西元222年 孫權建立吳國
- ▼西元263年 魏滅蜀
- ▼西元265年 司馬炎建立西晉
- ▼西元280年 晉滅吳
- ▼西元316年 西晉亡於匈奴

這些政權中，鮮卑族的拓跋珪建立了北魏並勵精圖治，到了第三代太武帝時統一了華北。

第六代孝文帝爲了深化和漢人豪族們的關係，禁止了鮮卑的服裝和語言，改用漢人的名稱，大力推行漢化政策。

北魏後來分裂爲東、西魏，東魏和西魏再被北齊和北周給取代，最後北齊爲北周所滅。

從北魏到北周的這個時代稱爲「北朝」。後漢滅亡後，中國一直要到隋朝建立才重新完成統一，爲持續了360年的南北朝分裂時代畫下休止符。

▼西元304～439年 五胡十六國時代
▼西元317～420年 東晉
▼西元420～479年 宋
▼西元479～502年 齊
▼西元502～557年 梁
▼西元557～589年 陳

魏晉南北朝時期的王朝興衰

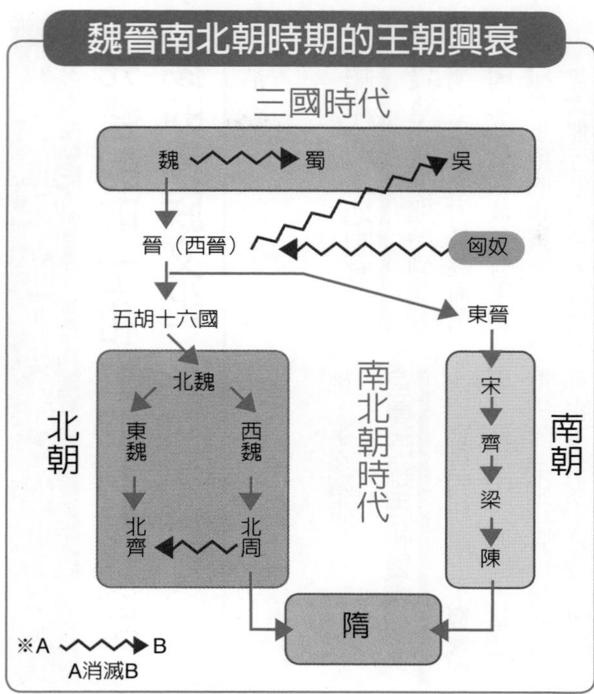

學更多，長知識 世界史ABC

《三國志》

此書為晉朝的陳壽所著，為紀傳體的三國時代正史。書中的內容由明朝至清朝時被改寫為小說《三國演義》，受到廣大讀者的喜愛。劉備以三顧之禮請來的軍師諸葛亮、被當作武神景仰的關羽和孫權、劉備聯手大破曹操的赤壁之戰等內容，都是小說、漫畫和遊戲等眾多領域的寵兒，在日本更是人氣不衰。

完整的取土和土地制度及昂揚的貴族文化

Point

- 實力雄厚的豪族和官僚形成貴族階級
- 實行屯田制和均田制等土地制度
- 優雅的六朝貴族文化和佛教的普及

各個朝代的土地制度

從後漢後期開始到魏晉南北朝，豪族的力量逐漸茁壯。因此各個朝代都有限制豪族擁有土地的政策。

曹魏實行屯田制，將國有地分配給農民耕作。晉朝的占田法和課田法的細節現在雖已無從可考，但應該和限制土地擁有和分配耕地給農民耕作相關。

北魏的均田制是將土地分配給農民，農民則向國家繳稅和服兵役的制度。這個制度在北朝的歷代政權實施，下迄隋唐。

官員的錄用和貴族

官員的任用上，曹魏採用「九品中正制」。這個制度中，「中正官」將地方上有能力的人才分爲九個等級來做評價，並依評價的內容作爲授與官職的標準。

「九品中正制」的實施，從結果來看，產生實力雄厚的豪族子弟代代皆爲官僚的情形，進而產生了貴族階級。

六朝文化

因華北地區受到異民族的統治，漢人遷徙至長江以南的江南地區，加快了該地的發展進程。

生活優渥的貴族們，除了繼承漢民族的傳統文化，也開創出新穎優雅的貴族文化。因爲六個王朝皆處江南地區，因此又稱爲「六朝文化」。

魏晉南北朝時期，藉由佛圖澄的傳教活動和鳩摩羅什將梵文佛經譯爲漢文的努力，佛教得以廣傳。東晉

年表

魏晉南北朝時代的制度

▼西元220年
曹魏實施九品中正制

▼西元280年
晉朝實施占田法和課田法

▼西元485年
北魏實施均田制

時法顯遠赴印度取經，《佛國記》即爲他所著的旅行紀錄。

此一時期敦煌、雲岡和龍門等地也開始大規模營造石窟寺院。

六朝文化

詩	陶淵明（東晉） 謝靈運（宋）	歌詠田園生活和大自然
編纂詩文集	昭明太子（梁）	編纂詩文集《文選》
繪畫	顧愷之（東晉）	長於山水畫，被稱為「畫聖」
書法	王羲之（東晉）	被稱作「書聖」的書法家

法顯的印度之行

學更多，長知識　世界史ABC

清談與竹林七賢

魏晉南北朝時代社會動盪不安，訴諸倫理道德的儒家不受重視，崇尚無為自然的老莊思想受到時人青睞。貴族們流行在聚會中自由自在地飲酒，享受管弦之樂，高談闊論，這種高談闊論又稱為「清談」，具有強烈的逃避現實傾向。「竹林七賢」是以阮籍為首，魏晉時期代表性的七位清談家，他們的故事經常是畫作的表現題材。

朝鮮半島進入三國時代，日本從邪馬臺國走向大和政權

Point

- 高句麗建立於朝鮮半島北方
- 朝鮮半島南方由三韓演變成新羅和百濟
- 日本在邪馬臺國之後成立大和政權

朝鮮半島上的國家

漢武帝時朝鮮在漢朝的統治之下，設有樂浪等4郡。

西元前1世紀時，通古斯系的貊族在中國東北南面建立了高句麗，並於西元4世紀時併吞了樂浪郡。

朝鮮半島的南方原有馬韓、辰韓和弁韓三個國家，之後馬韓成爲百濟，辰韓變爲新羅，弁韓則由壬那取代。壬那又稱作加羅（伽耶），後亡於新羅。

朝鮮半島由高句麗、新羅和百濟分庭抗禮的時期爲朝鮮的三國時代。

此一時的日本

日本過去小國林立，西元3世紀時，由三十多個小國統合而成的邪馬臺國成爲一大勢力。

〈魏志・倭人傳〉裡提到，邪馬臺國的女王——卑彌呼，向曹魏派遣使者，獲得「親魏倭王」的稱號。

西元4世紀時，在大和（現今的奈良）一帶興起了大和政權。

在中國南朝的歷史《宋書》中記載，倭國的五位國王爲了得到將朝鮮半島南部納入領土的權利，曾向南朝宋遣送使者的紀錄。

高句麗的廣開土王（好太王）碑記錄了西元5世紀時，高句麗擊敗百濟・倭聯軍的戰功。

百濟也曾遣使訪日，朝鮮半島和日本之間自古即有交流互動。

佛教和儒教、老子思想和漢字，都是經由朝鮮半島

●邪馬臺國和卑彌呼

邪馬臺國確切的位置到現在還沒有定論，有近畿說和九州說兩種學說。女王卑彌呼是一位巫女，「能聽聞神旨」以治理國家。

年表

朝鮮半島和日本的動向

▼西元前108年
設置樂浪郡

▼西元239年
邪馬臺國女王卑彌呼向曹魏遣送使者

▼西元313年
高句麗併吞樂浪郡

▼西元350年左右
百濟和新羅的崛起

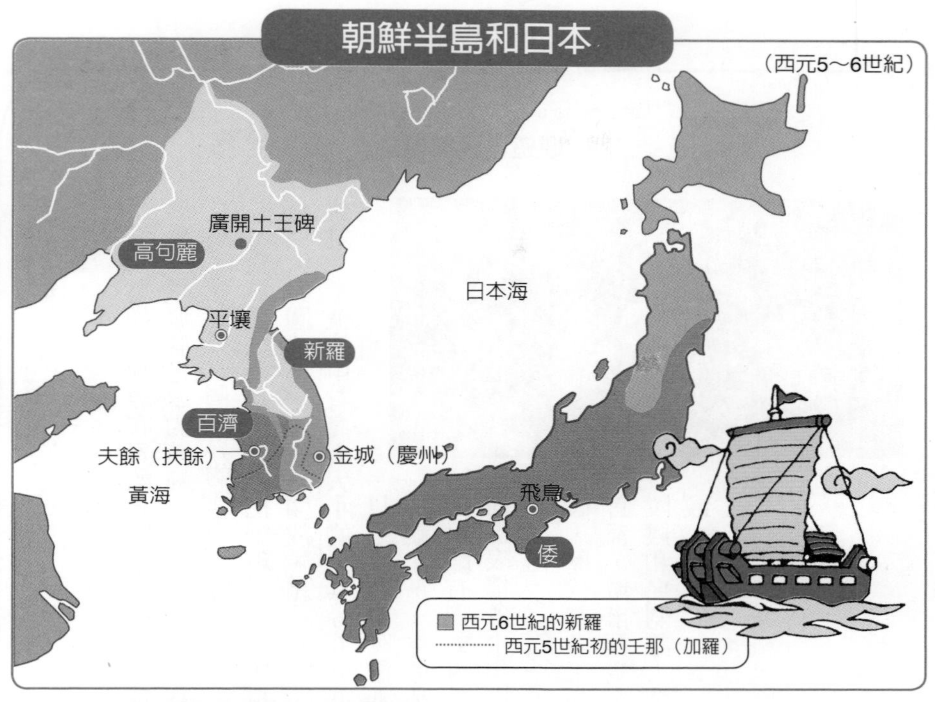

的移住者（渡來人）帶進日本的。

學更多，長知識　世界史ABC

倭的五王

《宋書・倭國傳》記載，倭國（日本）的讚、珍、濟、興、武等五位國王，曾遣使南朝的宋、齊、梁共計9次，獲得「安東將軍倭國王」的稱謂。讚應該為應神、仁德和履中天皇其中一位，珍可能為反正或仁德天皇，濟為允恭天皇，興為安康天皇，武則為雄略天皇。

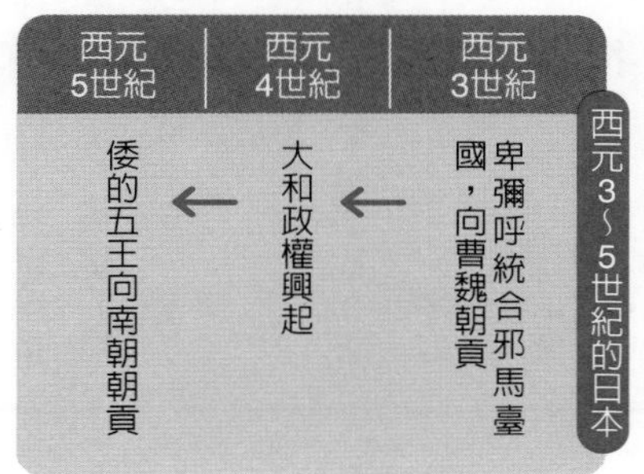

西元3～5世紀的日本
西元3世紀
卑彌呼統合邪馬臺國，向曹魏朝貢
西元4世紀
大和政權興起
西元5世紀
倭的五王向南朝朝貢

▼西元421年
倭王讚向南朝宋遣送使者

▼西元538（或有一說為552）年
佛教傳入日本

▼西元562年
新羅消滅壬那

秦始皇兵馬俑博物館
（中國・西安）

兵馬俑爲埋葬在秦始皇陵墓裡的人形或馬形俑，類似於日本的埴輪。一般認爲這是秦始皇爲了穩固另一個世界的江山所打造的。

兵馬俑坑爲兵馬俑的挖掘現場，上頭覆蓋有巨大的圓頂，一般對外開放，總共有1～3號坑。1號坑中有眞人大小的士兵6000名以上，整齊列隊非常壯觀。每一尊俑都著甲冑配有劍或弓矢，面部表情各不相同。

西安是從秦到唐，歷代許多王朝的首都，城市裡皇帝的陵寢和名剎讓人歎爲觀止。

埃洛拉石窟
（印度・埃洛拉）

順著岩山向前行約2公里，有34處羅列的寺院群，1～12窟爲佛教寺院，13～29窟爲耆那教寺院，30～34窟爲印度教寺院。寺院的建成年代各有些許差異，最大的特色在於三種宗教混合存在。

各個寺院內部的雕刻是直接鑿在岩壁上，使建築和雕刻一體成形。有些建築爲2或3層樓的建築，擁有露臺或迴廊的結構。第16窟的凱拉薩神廟規模爲埃洛拉石窟群內最大，是印度教藝術的代表性寺院。雕刻內容爲許多在神話登場的神祇和動物。

第 3 章

伊斯蘭・東亞世界的展開

第3章 伊斯蘭世界與中國的王朝興亡

伊斯蘭教的誕生與王朝的興衰

出生於阿拉伯半島麥加的商人穆罕默德，在接受神啓後創立了伊斯蘭教。被稱作穆斯林的伊斯蘭教信徒快速地增加，擴及阿拉伯半島全域。

穆罕默德的繼承人開創了伍麥亞王朝和阿拔斯王朝，征服了從中亞到伊比利半島的廣大領土，並推行伊斯蘭化。在土耳其、伊朗、印度和伊比利半島上都有伊斯蘭王朝的興衰。

隋唐的繁盛

隋朝雖然結束了中國混亂的局面，但僅維持了二代就被唐朝取而代之。隋唐時期官僚制度和法律典章完備，導入均田和租庸調制。這些制度後來也傳進了日本。

唐朝時，伊斯蘭商人從中亞進入中原，東西方的往來暢行無阻。首都長安成為一國際型的大都市，繁華似錦。

唐朝滅亡後，宋朝統一了中國。然而從這一時期開始，中原周邊的民族羽翼漸豐，一直都是宋朝的心頭之患。

從蒙古大帝國到明清

蒙古族的成吉思汗征服了中國、中亞、伊朗和俄羅斯，構築了幅員遼闊的蒙古帝國。

成吉思汗過世後帝國分裂，在中國成立了元朝。元朝被明朝推翻，漢民族的王朝再興。明朝採取了強化皇權的政策。

明之後的清朝由滿州族所建立，清政府強制人民必須留特殊的髮型──「髡髮（辮髮）」。清朝的國祚一直持續到20世紀。

年	非洲・西亞	中亞・印度・中國	日本
		隋朝成立	
			聖德太子成為攝政
西元600年	伊斯蘭教成立	唐朝成立	
	正統哈里發時代		大化革新
	伍麥亞王朝成立		
西元700年	阿拔斯王朝成立		遷都平城京（奈良時代）
	怛羅斯戰役：阿拔斯王朝大勝唐軍		
	後伍麥亞王朝成立		
西元800年			遷都平安京（平安時代）
西元900年	法提馬王朝成立	五代十國	
	布維西王朝成立	宋朝成立	攝關政治
西元1000年	塞爾柱王朝成立		院政開始
西元1100年	埃宥比王朝		鎌倉時代
西元1200年		蒙古帝國成立	
	馬木路克朝	元朝成立	
		文永・弘安之戰（元寇）	
西元1300年	鄂圖曼帝國成立	倭寇（西元13～16世紀）	
		明朝成立	室町時代
		蒙古帝國成立	
		李氏朝鮮成立	
西元1400年	安卡拉戰役：帖木兒擊敗鄂圖曼帝國		
		勘合貿易	
	鄂圖曼帝國消滅拜占庭帝國		應仁之亂（戰國時代）
西元1500年	薩法維帝國		
		帖木兒帝國成立	葡萄牙人船隊抵達種子島
		文祿・長慶之戰（豐臣秀吉出兵朝鮮）	
西元1600年			江戶時代
		清朝成立	

麥加的商人穆罕默德開創伊斯蘭教，統一了阿拉伯半島

商人穆罕默德

開創伊斯蘭教的穆罕默德於西元6世紀時生於阿拉伯半島的麥加。這一時期拜占庭帝國和波斯的薩珊王朝互相抗拮，使得絲路上的交通大受打擊，取而代之興起的是經由阿拉伯半島的貿易路線。麥加和麥地那正是當時重要的城市。

穆罕默德出生於富裕的阿拉伯商人家庭，自幼父母雙亡隨親戚從事商隊貿易。40歲開始傾心於冥想，有一天他接受到神啓，開始作爲先知將神的話傳遞給人們。

伊斯蘭教的教義

在伊斯蘭教成立之前，阿拉伯人信奉多神教。穆罕默德提出對唯一神阿拉的「絕對服從」，和在神面前人人平等的教義。

伊斯蘭教的經典爲《古蘭經》（又稱《可蘭經》）。除了嚴格禁止製作神像膜拜的偶像崇拜，並規定作爲穆斯林（皈依阿拉之人）日課的六信五功。關於信仰和日常生活上制訂有許多相關的戒律。

伊斯蘭教的擴張

穆罕默德在麥加佈道12年，信衆不但沒有增加反而遭到迫害。西元622年他和信徒一起遷往麥地那，這次遷移稱爲「聖遷」。這一年也成爲伊斯蘭曆法的元年。

麥地那的伊斯蘭教信徒遽增，穆罕默德奪回麥加，並破壞克爾白（或稱卡巴天房、天房）內的阿拉伯諸神的神像，將其改造爲伊斯蘭教的聖殿。

之後阿拉伯人的部族接二連三的改信伊斯蘭教，信徒遍及整個阿拉伯半島。

Point

- 穆罕默德開創了伊斯蘭教
- 伊斯蘭教受到猶太教和基督教的影響
- 伊斯蘭教在麥地那受到廣大的支持，穆罕默德奪回麥加，繼而統一阿拉伯半島

年表

穆罕默德的生平
- ▼西元570年左右　穆罕默德誕生
- ▼西元610年左右　穆罕默德接受神啓
- ▼西元622年　聖遷（穆罕默德和信衆遷往麥地那）
- ▼西元630年　征服麥加
- ▼西元631年　統一阿拉伯半島
- ▼西元632年　穆罕默德過世

伊斯蘭教的教義

穆斯林的六信	
信阿拉	唯一真神
信天使	神和人之間的連結
信經典	《古蘭經》
信先知	穆罕默德
信來世	天國和地獄
信天命	命運為神所定

穆斯林的五功	
告白	念誦「萬物非主，唯有真主；穆罕默德，是主使者。」
禮拜	一天五次朝向麥加禮拜
斷食	每年1個月期間，每天從日出到日沒之間不能進食
喜捨	對貧窮者捐獻
朝聖	一生一次前往麥加巡禮

●《古蘭經》

《古蘭經》是伊斯蘭教的經典，由穆罕默德將神的話語所做的集結。書中記載六信五功和信徒於日常生活中應該遵守的戒律。《古蘭經》的內容由阿拉伯文書寫，其他語言的翻譯不被視為《古蘭經》。

透過吉哈德（聖戰）拓展伊斯蘭教。從正統哈里發時期到伍麥亞王朝

Point

- 穆罕默德過世後，繼承人持續了四代
- 透過對異教徒的吉哈德（聖戰）擴大伊斯蘭教的領土
- 穆阿維亞一世開創了伍麥亞王朝

正統哈里發時期

穆罕默德過世後，經過選舉阿布・巴克爾成爲哈里發（繼承者）。到第四代的阿里爲止，哈里發皆由選舉產生，因此被稱作正統哈里發時期。

在正統哈里發時期，穆斯林（伊斯蘭教信徒）對異教徒發動吉哈德（聖戰），在納哈萬德戰役中擊敗薩珊王朝使其滅亡，兼併其領土。從拜占庭帝國那奪取敘利亞、巴勒斯坦和埃及。

伍麥亞王朝的成立

敘利亞的總督穆阿維亞一世和第四代哈里發阿里對立，阿里被暗殺後穆阿維亞成爲哈里發，並將首都遷至大馬士革，開啓伍麥亞王朝。之後哈里發成爲世襲制。

伍麥亞王朝成立後繼續發動聖戰，將領地向東擴展至印度河流域。向西經過北非征服了伊比利半島的西哥德王國。伍麥亞王朝雖然進攻過法蘭克王國，但卻於圖爾戰役中吃了敗仗。儘管如此，仍然構築了伊斯蘭帝國的最大版圖。

阿拉伯人的帝國

這一時期穆斯林和阿拉伯人幾乎爲同義詞。阿拉伯人在征服的土地上建立軍事都市（Misr）並遷入居住。

這些都市裡使用阿拉伯語，並對被征服的民族徵收人頭稅（jizya）和地租（kharaj），這就是阿拉伯人治理異族的方式。

這樣的治理方式，從正統哈里發時期持續到伍麥亞王朝，此一時期的伊斯蘭世界也被稱作阿拉伯帝國。

年表 從正統哈里發時期到伍麥亞王朝

▼西元632年 穆罕默德過世 阿布・巴克爾成為初代哈里發
▼西元642年 納哈萬德戰役
▼西元651年 薩珊王朝滅亡
▼西元661年 第四代哈里發阿里遭到暗殺，穆阿維亞一世成為伍麥亞王朝初代哈里發
▼西元711年 西哥德王國滅亡
▼西元732年 圖爾戰役

學更多，長知識 世界史ABC

什葉派和遜尼派

什葉派認為，被暗殺的哈里發阿里及其子孫才是穆罕默德真正的繼承人。什葉派現在的人口約占伊斯蘭教徒的1成左右。什葉派所占比例較高的國家有伊朗、伊拉克和巴林。

另一方面，穆斯林中占多數的遜尼派，則視伍麥亞王朝以後的哈里發為正統。

阿拔斯王朝之後的伊斯蘭帝國，分裂出後伍麥亞王朝和法提馬王朝

Point

- 伍麥亞王朝為阿拔斯王朝所滅
- 阿拔斯王朝促成穆斯林之間的平等關係
- 伊斯蘭帝國分裂出後伍麥亞王朝、法提馬王朝、布維西王朝等國

重視平等的阿拔斯王朝

伍麥亞王朝時，對阿拉伯人以外的穆斯林課徵人頭稅和地租。但也有反對勢力認爲，此舉有違阿拉「穆斯林間皆平等」的教誨。

身爲穆罕默德叔父的後裔，阿布·阿拔斯率領反對勢力推翻了伍麥亞王朝成爲哈里發，開創阿拔斯王朝。第二代曼蘇爾時將首都遷至巴格達。

阿拔斯朝重用伊朗人（波斯人），完備官僚組織和中央極權體制。

此外，就算不是阿拉伯人，只要是穆斯林就可免除人頭稅。相對的，阿拉伯人穆斯林也必須繳交地稅。透過這些改革促成穆斯林間的平等，也因爲如此阿拉伯帝國成爲穆斯林帝國。

另一方面，伍麥亞王朝的後裔爲了對抗阿拔斯王朝，在伊比利半島建立後伍麥亞王朝，首都位於哥多華。

從繁榮走向分裂

阿拔斯王朝第五代哈里發哈倫·拉希德振興產業獎勵學術，將巴格達發展成爲學問和藝術的中心，締造了阿拔斯王朝的盛世。

然而就在他死後，薩曼王朝在伊朗獨立。遜尼派在突尼西亞成立法提馬王朝，隨後征服埃及定都開羅。

接著，伊朗系的遜尼派軍事政權進入巴格達建立布維西王朝，並由哈里發任命其爲埃米爾（司令官），握有實權。

伊斯蘭帝國就這樣進入分裂的時代。

年表

伊斯蘭諸國

- ▼西元750年 阿拔斯王朝推翻伍麥亞王朝
- ▼西元751年 怛羅斯戰役
- ▼西元756年 伊比利半島上成立後伍麥亞王朝
- ▼西元763年左右～809年 哈倫·拉希德在位期間
- ▼西元875年 伊朗成立薩曼王朝
- ▼西元909年 突尼西亞成立法提馬王朝
- ▼西元932年 布維西王朝興起
- ▼西元946年 布維西王朝進駐巴格達

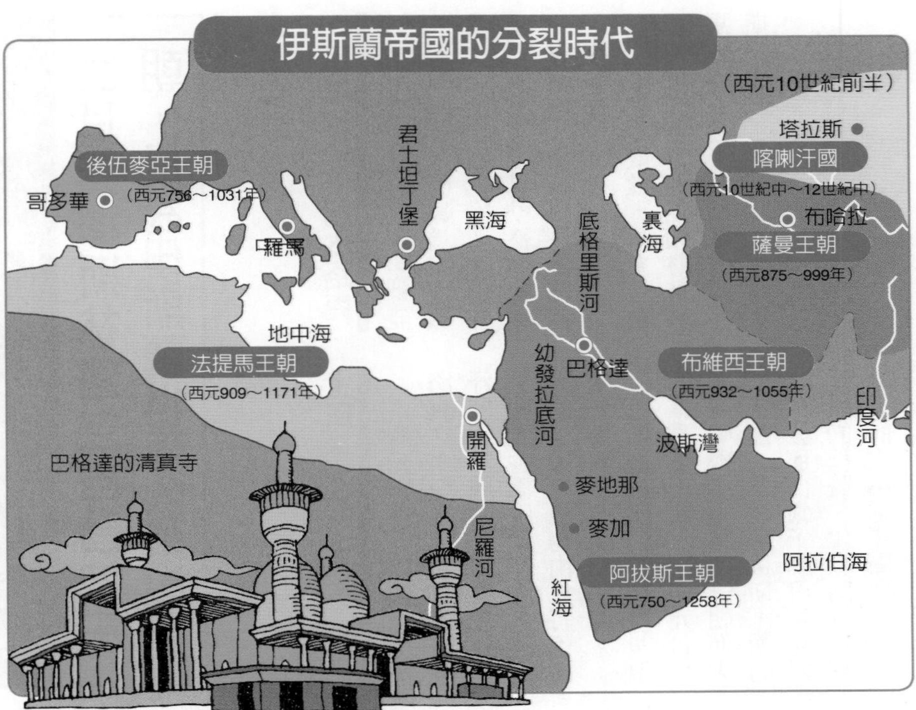

學更多，長知識　世界史ABC

怛羅斯戰役

西元751年中亞細亞的塔拉斯河畔，阿拔斯王朝的軍隊戰勝了由高仙芝率領的唐朝軍隊。唐朝軍隊中剛好有會製紙的匠人，成為俘虜後將造紙技術傳入了伊斯蘭社會。

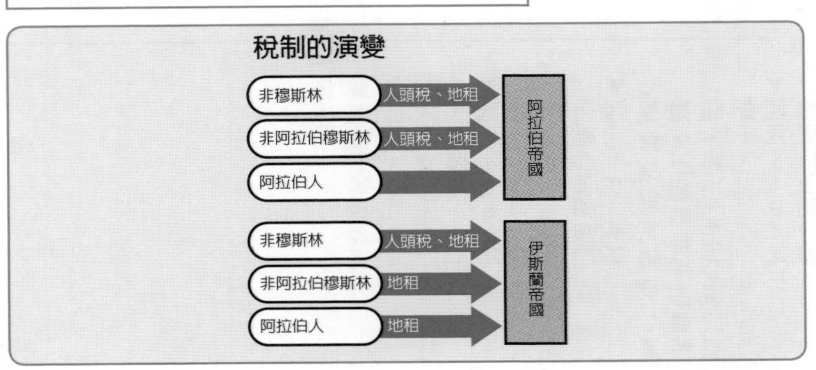

▼西元969年
法提馬王朝征服埃及，
定都開羅

土耳其穆斯林建立自己的王朝，成為伊斯蘭世界的中心

土耳其奴隸：馬木路克

土耳其人爲中亞細亞的游牧民族，因爲馬上作戰功夫了得，阿拔斯王朝採用了許多土耳其人奴隸從軍，這些人被稱爲馬木路克（Mamluk）。

雖說是奴隸，只要有戰功就可以獲得地位和財富。馬木路克逐漸茁壯並改信伊斯蘭教。

土耳其人的王朝

西元10世紀以後，馬木路克在中亞細亞建立了喀喇汗國，於阿富汗建立伽色尼王朝和古爾王朝等馬木路克人的王國。也藉由此將伊斯蘭教推廣至中亞和印度。

圖赫里勒・貝格開創的塞爾柱王朝，在西元11世紀時擊敗了布維西王朝進入巴格達，並從阿拔斯王朝的哈里發那得到了蘇丹（支配者）的稱號。伊斯蘭世界實際上的主導權逐漸由土耳其人掌握。

Point

- 阿拔斯王朝採用土耳其人奴隸
- 改信伊斯蘭教，實力漸增的土耳其人建立塞爾柱王朝
- 伊斯蘭世界的主導權轉由土耳其人掌握

塞爾柱王朝不斷開疆闢土，在曼齊刻爾特戰役中擊敗拜占庭帝國取得了小亞細亞，並占領了耶路撒冷。這件事情也成爲基督教國家發動十字軍東征的一個原因。

塞爾柱王朝延續了布維西王朝開始實施的依庫塔（Iqta）制度。所謂的依庫塔制度指的是政府不直接支付薪資給軍人，而改由分配可以收稅的土地（和薪水等值），並賦予徵稅的權利。

進入西元12世紀後，賽爾柱王朝開始分裂走向滅亡。

年表

賽爾柱王朝的興衰

▼西元1038年
土耳其系王朝・塞爾柱王朝興起

▼西元1055年
圖赫里勒・貝格進入巴格達，取得蘇丹稱號
布維西王朝滅亡

▼西元1071年
曼齊刻爾特戰役：塞爾柱王朝戰勝拜占庭帝國，將小亞細亞置於支配下

▼西元1194年左右
塞爾柱王朝分裂

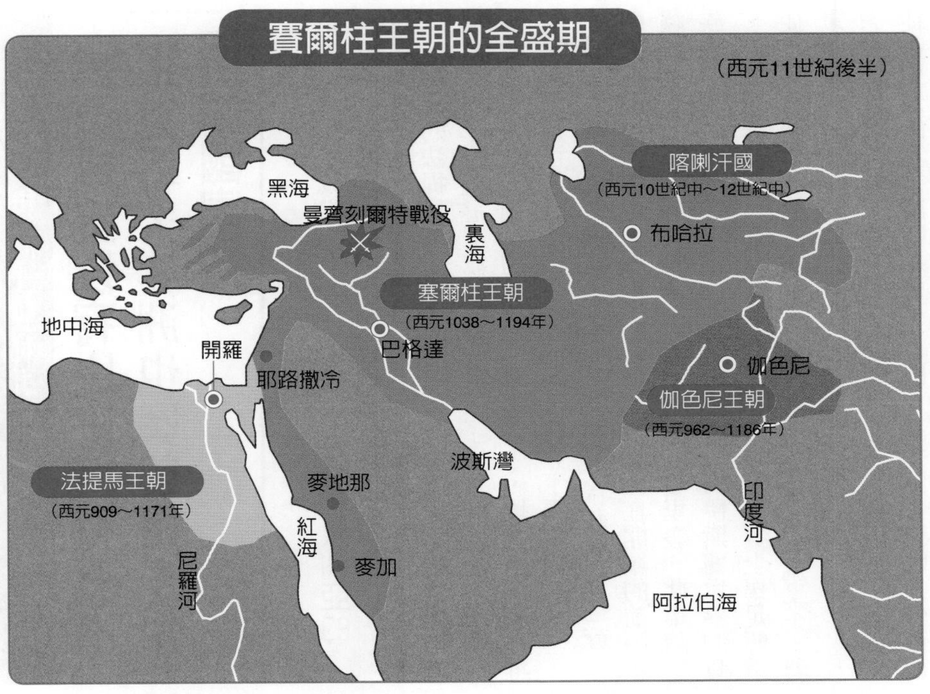
賽爾柱王朝的全盛期
（西元11世紀後半）
喀喇汗國
（西元10世紀中～12世紀中）
黑海
曼齊刻爾特戰役
裏海
布哈拉
塞爾柱王朝
（西元1038～1194年）
地中海
開羅
耶路撒冷
巴格達
伽色尼
伽色尼王朝
（西元962～1186年）
波斯灣
法提馬王朝
（西元909～1171年）
麥地那
紅海
麥加
尼羅河
印度河
阿拉伯海

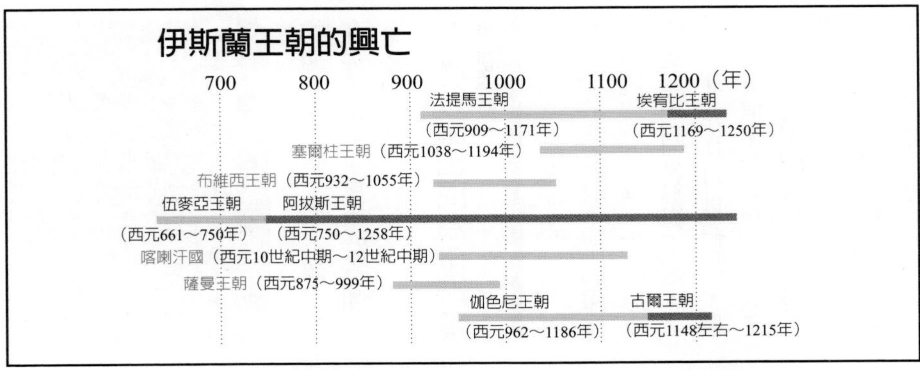
伊斯蘭王朝的興亡
700
800
900
1000
1100
1200（年）
法提馬王朝
（西元909～1171年）
埃宥比王朝
（西元1169～1250年）
塞爾柱王朝（西元1038～1194年）
布維西王朝（西元932～1055年）
伍麥亞王朝
（西元661～750年）
阿拔斯王朝
（西元750～1258年）
喀喇汗國（西元10世紀中期～12世紀中期）
薩曼王朝（西元875～999年）
伽色尼王朝
（西元962～1186年）
古爾王朝
（西元1148左右～1215年）

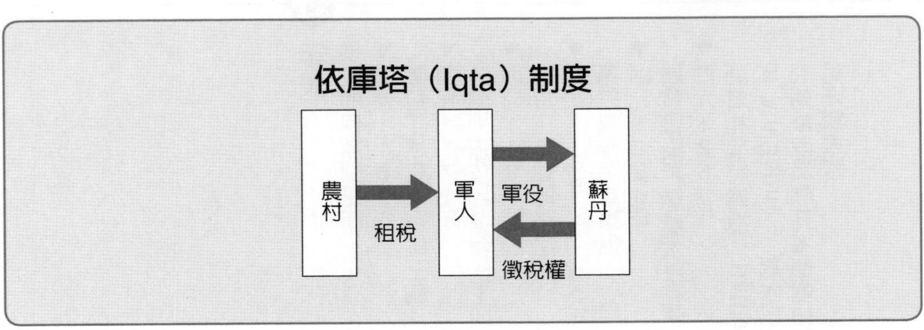
依庫塔（Iqta）制度
農村
租稅
軍人
軍役
徵稅權
蘇丹

埃及成立埃宥比王朝和馬木路克朝，非洲也興起諸多伊斯蘭國家

和十字軍交戰的埃宥比王朝

埃及的法提馬王朝爲什葉派，爲了對抗遜尼派的阿拔斯王朝設立了獨自的哈里發。西元12世紀時宰相薩拉丁掌握實權建立了埃宥比王朝，法提馬王朝走入歷史。薩拉丁本人爲遜尼派的庫德族人。

他將耶路撒冷從基督教徒手中奪回，和第三次十字軍交戰。因爲他對敵人並無虐殺和掠奪行爲，連基督教徒都對他的寬容讚嘆不已。

統治埃及和敘利亞的馬木路克朝

埃宥比王朝的實權後來落入了土耳其系的馬木路克軍團手中，埃宥比王朝被推翻後建立了馬木路克朝。

第五代蘇丹拜巴爾一世，擁立人在開羅的前阿拔斯王朝的哈里發。此舉除了讓開羅成爲伊斯蘭世界的政治中心外，商貿上舉足輕重的地位也爲開羅帶來了繁榮。

此外，拜巴爾一世還擊敗了率領蒙古軍隊入侵西亞的旭烈兀，將十字軍趕出敘利亞，締造了馬木路克朝的全盛期。

非洲各國也成為伊斯蘭教國家

非洲最古老的黑人國家是位於尼羅河上游的庫施（麥羅埃）王國，它亡於衣索比亞的阿克蘇姆王國。

北非在11世紀時，柏柏人改信伊斯蘭教，建立了穆瓦希德王朝和穆拉比特王朝。

西非自古就存在的迦納王國後亡於穆拉比特王朝。

Point

- 法提馬王朝被埃宥比王朝所滅
- 薩拉丁擊敗十字軍奪回耶路撒冷
- 非洲也誕生出許多伊斯蘭王朝

年表

埃及的伊斯蘭王朝

▼西元１１６９年
薩拉丁建立埃宥比王朝

▼西元１１７１年
法提馬王朝亡於埃宥比王朝

▼西元１１８７年
薩拉丁奪回耶路撒冷

▼西元１１８９～１１９２年
第三次十字軍東征

▼西元１２５０年
埃宥比王朝亡於馬木路克朝

▼西元１２６０年
阿音札魯特戰役（Battle of Ain Jalut）：馬木路克朝擊敗旭烈兀率領的伊兒汗國軍隊

非洲諸國

穆拉比特王朝進入西非，同時也帶進了伊斯蘭信仰。西蘇丹的馬利王國也信仰伊斯蘭教，曼薩・穆薩王為了到麥加朝聖可謂不惜重金。滅掉馬利王國的桑海王國也是一個伊斯蘭王國。

學更多，長知識　世界史ABC

斯瓦希里（kiswahili）語

「斯瓦希里」在阿拉伯語源是「海岸」的意思。東非海岸自古以來就和阿拉伯地區有貿易往來，貿易時所使用的班圖（Bantu）語和阿拉伯語融合後產生了斯瓦希里語。現代非洲，除了本國語言以外，仍有許多人會說斯瓦希里語。斯瓦希里語是多部族共居的非洲一種共通的語言。

融合了伊斯蘭教、阿拉伯文明與異民族文化的學問和藝術

Point

- 伊斯蘭教融合了埃及、伊朗和印度的文化
- 阿拉伯人固有的和外來的學問
- 清真寺——伊斯蘭的建築和美學之集大成

融合文明

伊斯蘭教發祥之處的阿拉伯文明，隨著伊斯蘭教的擴張，吸收了各地的元素，這就是伊斯蘭文化的特色。

因此產生了像伊朗伊斯蘭文明、土耳其伊斯蘭文明和印度伊斯蘭文明等，各具地域特色。

固有的學問

伊斯蘭世界，以《古蘭經》經文基礎發展起來的神學、法學和歷史學稱爲固有的學問。

特別是在伊斯蘭世界，生活中所有的一切都依據《古蘭經》而行，因此伊斯蘭法學尤受重視，被稱作烏理瑪（Ulama）的法學者是社會生活的導師。培養烏理瑪的伊斯蘭學校（Madrasah）遍布於各城市中。

外來的學問

外來的學問以自然科學爲核心。從印度學來了0的概念而創造出阿拉伯數字。透過將希臘文獻翻譯成阿拉伯文，促成了醫學和天文學的發達。特別是對亞里斯多德哲學的研究，影響了伊斯蘭文化裡的哲學和神學。

在這個時代，伊斯蘭世界的自然科學成就遠遠凌駕在歐洲之上。

伊斯蘭的建築和藝術

清真寺是伊斯蘭教的禮拜所，並促進了建築和藝術的發展。

圓頂和叫拜樓（Minaret）是一大特色。因爲禁止偶像崇拜，清眞寺裡飾以阿拉伯式花紋（幾何圖形）。藝術方面盛行纖細畫（miniature）。

伊斯蘭文化

歷史學	伊本・赫勒敦	《歷史緒論》	以都市和游牧民族的關係為基礎，論述歷史的規律性
歷史學	伊本・巴圖塔	《伊本・巴圖塔遊記》	從北京到伊比利半島和非洲大陸的冒險紀錄
醫學	伊本・魯世德	《醫藥通論》	醫學全體的解說書
醫學	伊本・西那	《醫典》	歐洲直到16世紀仍在使用的醫學書
文學	—	《一千零一夜》	故事集
文學	奧瑪・開儼	《柔巴依集》	詩集
建築	阿罕布拉宮	位於格拉納達的伊斯蘭代表性建築物	

清真寺

學更多，長知識　世界史ABC

《一千零一夜》

波斯的故事在8世紀時被翻譯成阿拉伯文，隨著伊斯蘭教的傳播，融合了阿拉伯、印度、伊朗和希臘等地的內容，我們現在看到的《一千零一夜》大約形成於西元16世紀左右。書裡的主角為阿拔斯王朝時的哈倫・拉希德，此外像阿拉丁、辛巴達和阿里巴巴等也都是我們耳熟能詳的人物。

600年的繁榮——鄂圖曼帝國

土耳其系的伊斯蘭王朝消滅拜占庭，建立了一個大帝國

鄂圖曼帝國的建國和復活

小亞細亞於13世紀結束時，土耳其系的奧斯曼一世（奧斯曼貝伊）建立了鄂圖曼帝國。

鄂圖曼帝國壓迫西鄰的拜占庭帝國擴張領地，並揮軍巴爾幹半島，孤立君士坦丁堡。

第四代皇帝巴耶塞特一世，雖然在尼科波利斯戰役中擊敗了巴爾幹諸國、英、法、德的聯軍，但在安卡拉之戰中敗給了帖木兒成為階下囚，此後大約10年之間呈現國內沒有蘇丹的情況。帖木兒過世後，鄂圖曼帝國重新振作，第七代君主穆罕默德二世攻陷了君士坦丁堡，拜占庭帝國滅亡。君士坦丁堡成為鄂圖曼帝國的首都——伊斯坦堡。

鄂圖曼帝國的全盛期

第九代皇帝塞利姆一世打敗了薩法維帝國和馬木路克朝，將麥加和麥地那納為領地。並從流亡的阿拔斯王朝哈里發手中獲得了哈里發的地位，建構了蘇丹哈里發制度，成為政教兩方的領導者。

第十代君王蘇萊曼一世時構築了帝國最大的疆域，他還攻下了匈牙利，包圍維也納，使歐洲陷入恐慌。並在普雷韋扎海戰中打敗了西班牙和威尼斯的聯軍，控制了地中海的制海權。

進入17世紀後，鄂圖曼帝國的國勢開始衰退，領土漸漸落入他國之手。儘管如此，作為伊斯蘭帝國仍然存續到20世紀初期。

Point

- 鄂圖曼帝國消滅了拜占庭帝國
- 16世紀時鄂圖曼帝國成為橫跨歐、亞、非的大帝國
- 雖然國勢呈現緩慢的衰退，但國祚持續到20世紀初

年表

鄂圖曼帝國的擴張

▼西元１２９９年
鄂圖曼帝國興起

▼西元１３９６年
尼科波利斯戰役：巴耶塞特一世戰役中擊敗了巴爾幹諸國、英、法、德的聯軍

▼西元１４０２年
安卡拉戰役：巴耶塞特一世敗於帖木兒後被捕

▼西元１４１３年
鄂圖曼帝國復興

▼西元１４５３年
穆罕默德二世攻陷君士坦丁堡，拜占庭帝國滅亡

▼西元１５１４年
塞利姆一世打敗了薩法維帝國

鄂圖曼帝國的社會

鄂圖曼帝國境內有很多非伊斯蘭教徒，透過設置米利特（Millet）這樣的社群，承認他們的自治和信仰。

此外，對於帝國內的歐洲人則給予居住和通商的自由，以及治外法權（capitulation）的待遇。

學更多，長知識　世界史ABC

耶尼切里（Janissaries）

鄂圖曼帝國從巴爾幹半島的白人基督徒少年中，選出身強體健容貌端正者，使他們改信回教後施予軍事訓練。由這群人編成的鄂圖曼常備軍被稱作「耶尼切里」。這個軍團的善戰名聞遐邇，是帝國重要的戰力。

▼西元1517年　塞利姆一世消滅了馬木路克王朝

▼西元1526年　摩哈赤戰役：蘇萊曼一世將匈牙利納入領土

▼西元1529年　蘇萊曼一世包圍維也納

▼西元1538年　普雷韋扎海戰：鄂圖曼帝國的海軍擊敗了西班牙和威尼斯聯合艦隊，控制地中海

透過支配伊朗的伊兒汗國，蒙古人也成為伊斯蘭教徒

Point

- 旭烈兀建立的伊兒汗國將伊斯蘭教定為國教
- 帖木兒在中亞建立帖木兒帝國
- 薩法維帝國成立於伊朗

蒙古帝國的分裂

成吉思汗所建立的蒙古帝國在他死後分裂爲四個國家，其中伊兒汗國是由旭烈兀在消滅阿拔斯王朝後所建立的。

第七代合贊（Mahmud Ghazan）爲了融合伊朗人而改信伊斯蘭教，並將其定爲國教。政治上他重用伊朗人拉希德丁・錫南，將稅制由蒙古式改爲伊斯蘭式，並導入依庫塔制度，使社會安定。

此外透過獎勵學問和文藝，讓伊朗的伊斯蘭文化開花結果。

帖木兒帝國統一中亞

位於中亞的察合臺汗國和俄羅斯的欽察汗國也走向伊斯蘭化的道路。

14世紀時，察合臺汗國的貴族帖木兒建立了帖木兒帝國，統一中亞。他還併吞了伊兒汗國的舊有領土，並在安卡拉之戰擊敗了鄂圖曼帝國。然而就在遠征明朝的途中病死。

其後，帝國的第四代君主烏魯伯格在內亂中遭到暗殺，國勢從此日衰。

薩法維帝國將什葉派定為國教

10世紀左右，在伊斯蘭教徒之間興起了以透過苦行的方式來感受阿拉（神）的蘇菲主義（Sufism）。這個教團的教主伊斯瑪儀一世正是薩法維帝國的開創者。他使用伊朗傳統的沙阿（Shah，王的意思）稱謂，將什葉派定爲國教以對抗遜尼派的鄂圖曼帝國。

第五代國王阿拔斯一世時國力最盛，他奪回巴格達、荷姆茲島和亞塞拜然，並將首都遷至伊斯法罕。當時的伊斯法罕有著精美的清眞寺和庭院，是當時世上屈指可數的富庶之都。

薩法維帝國在18世紀時亡於阿富汗人之手。

撒馬爾罕（帖木兒陵墓）

帖木兒帝國的疆域

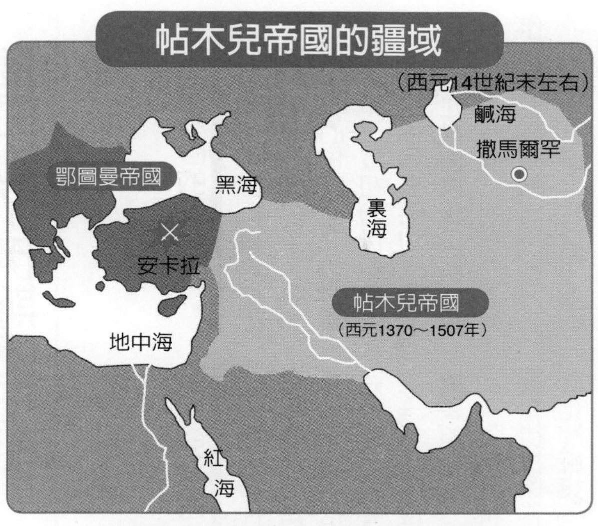

薩法維帝國的疆域

年表

- ▼西元1370年　帖木兒帝國和薩法維帝國　帖木兒帝國建立
- ▼西元1402年　阿卡拉戰役：帖木兒擊敗鄂圖曼帝國
- ▼西元1405年　帖木兒過世
- ▼西元1449年　烏魯伯格遭暗殺身亡
- ▼西元1501年　薩法維帝國興起
- ▼西元1597年　阿拔斯一世將首都遷至伊斯法罕
- ▼西元1722年　阿富汗人占領薩法維帝國的首都

帖木兒的後代巴卑爾在北印度開創了伊斯蘭王朝

德里蘇丹國的五王朝

印度在10世紀和12世紀時，相繼遭到伽色尼王朝和古爾王朝的侵略而開始伊斯蘭化。印度最初的伊斯蘭王朝，是由古爾王朝的武將艾伊拜克建立的奴隸王朝。包含之後的四個王朝在內被稱作「德里蘇丹國」。

另一方面，在南印度則由守護印度文化傳統的毗奢耶那伽羅（Vijayanagar）王朝統治，藉著海上貿易繁榮一時。

蒙兀兒帝國的興盛

進入16世紀，以中亞為據點的巴布爾（帖木兒的子孫）占領了德里，建立蒙兀兒帝國。第三代君王阿克巴統一了從阿富汗到北印度的遼闊領地。

阿克巴和敵對勢力的印度教徒拉傑普特人透過聯姻而化解衝突，並廢止了伊斯蘭傳統的吉茲亞（對非伊斯蘭教徒所課徵的人頭稅），謀圖和印度教徒的共存。

此外，他還測量土地、統一貨幣和整備稅制。進而將全國劃分為州、縣、郡等地方行政單位，並從中央派遣官吏治理當地，替帝國打下了繁榮的基礎。

沙賈汗是第五代統治者，他為了過世的王妃建立了著名的泰姬瑪哈陵。

第六代的奧朗則布透過戰爭將德干高原納為領地，擴大了帝國的版圖，卻也導致了財政惡化。此外他還是一位狂熱的遜尼派信徒，不但恢復吉茲亞制度，還破壞印度教的寺院，受到拉傑普特人的反抗。錫克教徒也揭竿而起，馬拉地人甚至建立

Point

- 伽色尼王朝和古爾王朝相繼入侵印度
- 5個伊斯蘭王朝相繼在印度成立
- 帖木兒帝國滅亡後，蒙兀兒帝國崛起於北印度

年表

蒙兀兒帝國從建國～盛世

▼西元1526年
第一次帕尼帕特戰役：巴布爾擊敗洛迪王朝，建立蒙兀兒帝國。

▼西元1556～1605年
阿克巴的在位期間

▼西元1564年
廢止吉茲亞制度

▼西元1628～1658年
沙賈汗的在位期間

▼西元1658～1707年
奧朗則布的在位時間

▼西元1679年
恢復吉茲亞制度

了馬拉地帝國來和蒙兀兒帝國對抗。因爲如此，蒙兀兒帝國在奧朗則布過世後走向沒落。

印度的王朝

年代		王朝	系統
西元962～1186年 西元1148左右～1215年		伽色尼王朝 古爾王朝	阿富汗伊朗系 阿富汗土耳其系
西元1206～1290年	德里蘇丹國	奴隸（庫特布沙希）王朝	印度土耳其系
西元1290～1320年	德里蘇丹國	卡爾吉王朝	土耳其系
西元1320～1414年	德里蘇丹國	圖格魯克王朝	土耳其系
西元1414～1451年	德里蘇丹國	賽義德王朝	土耳其系
西元1451～1526年	德里蘇丹國	洛迪王朝	阿富汗系
西元1526～1858年		蒙兀兒帝國	土耳其系

蒙兀兒帝國的疆域

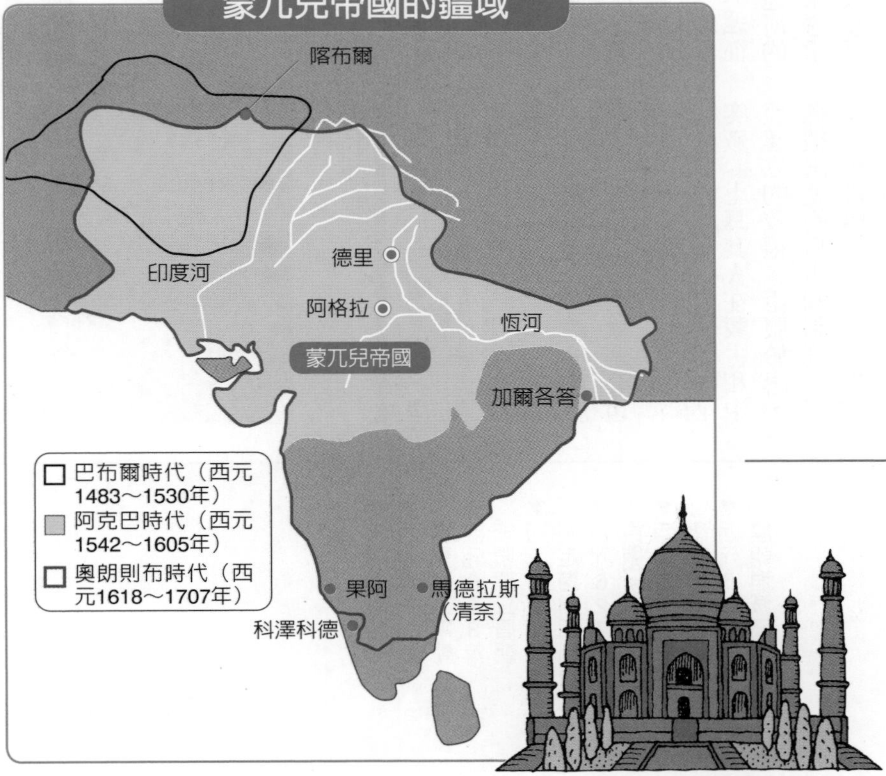

喀布爾
德里
印度河
阿格拉
恆河
蒙兀兒帝國
加爾各答
果阿
馬德拉斯（清奈）
科澤科德

□ 巴布爾時代（西元1483～1530年）
■ 阿克巴時代（西元1542～1605年）
□ 奧朗則布時代（西元1618～1707年）

建於阿格拉的泰姬瑪哈陵

隋再次統一了分裂的中國，但僅過二代就由唐取而代之

Point

- 北周的楊堅統一了中國，建立隋朝
- 隋2代而終，唐朝成立
- 唐朝的社會制度完整，成為一世界性的大帝國

隋的統一

中國在經歷了長達350年的分裂後，6世紀時北周政權的外戚楊堅（隋文帝）建立了隋朝。隋滅了南朝的陳之後統一中國，將首都設在大興城（長安城）。

隋文帝實施均田制、租庸調和府兵制。也就是將農地給予農民耕種，但農民也須負擔租庸調和兵役。這些政策的目的是爲了限制貴族獲得大面積的土地。

此外，隋代還舉行科舉，以學科考試取士。

隋的滅亡

隋朝的第二代皇帝煬帝爲了將華北地區和富庶的江南做連結，興建了長達1500公里的大運河。這條運河在之後的時代，承擔著聯繫中國南北大動脈的任務。

然而煬帝的三次遠征高麗均以失敗告終。運河的建設和遠征給農民帶來過重的負擔，因而在各地掀起反叛，導致了隋的滅亡。

唐的建國

隋朝的將軍李淵（唐高祖），在隋末的混亂局勢中舉兵進入長安，建立了唐朝。

唐朝興盛的基礎奠基於第二位皇帝——唐太宗李世民。

唐太宗使東突厥和西突厥（土耳其人在蒙古和中亞建立的政權）臣服於唐，繼續隋朝的租庸調制度、府兵制和科舉取士。並新設三省六部的中央官制，以及監督官僚的御史臺，進一步創

年表

隋唐時代

▼西元581年
楊堅建立隋朝

▼西元618年
李淵建立唐朝

▼西元624年
制定均田和租庸調制

▼西元627～649年
貞觀之治（唐太宗的治世）

▼西元660年
唐朝消滅百濟

▼西元668年
唐朝消滅高句麗

設了擁有律令格式的法律制度。唐太宗的功績被後世傳稱爲貞觀之治。

到了第三代皇帝高宗時消滅了百濟和高句麗，爲唐朝幅員最遼闊的時期。

唐朝對於周邊的不同民族，將其首長任命爲都督府的長官，並由都護府的官員進行監督。

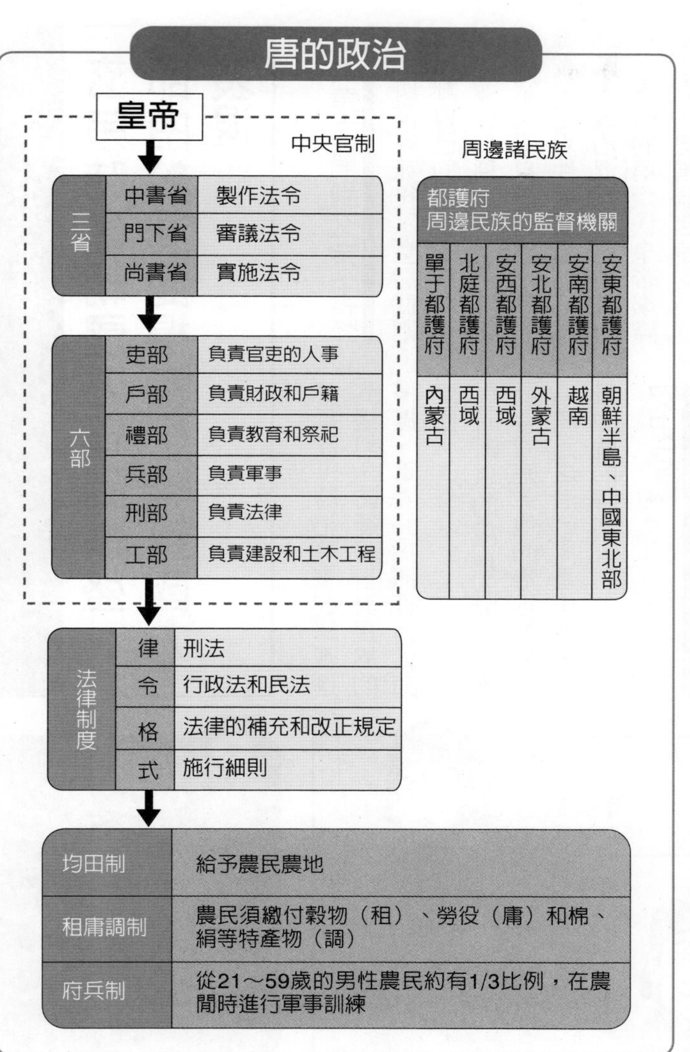

唐的政治
皇帝
中央官制
三省
中書省 製作法令
門下省 審議法令
尚書省 實施法令
六部
吏部 負責官吏的人事
戶部 負責財政和戶籍
禮部 負責教育和祭祀
兵部 負責軍事
刑部 負責法律
工部 負責建設和土木工程
周邊諸民族
都護府
周邊民族的監督機關
安東都護府 朝鮮半島、中國東北部
安南都護府 越南
安北都護府 外蒙古
安西都護府 西域
北庭都護府 西域
單于都護府 內蒙古
法律制度
律 刑法
令 行政法和民法
格 法律的補充和改正規定
式 施行細則
均田制 給予農民農地
租庸調制 農民須繳付穀物（租）、勞役（庸）和棉、絹等特產物（調）
府兵制 從21～59歲的男性農民約有1/3比例，在農閒時進行軍事訓練

學更多，長知識 世界史ABC

此一時期的日本

亡於唐的百濟為了復國而向日本求助。西元663年日本雖然派遣了2萬7000人的軍隊，卻在「白江口之戰」中不敵唐朝和新羅的聯軍，從朝鮮半島撤退。

此一時期，日本合計派出了約20次的遣隋使和遣唐使。留學生們將先進的隋唐政治行政制度等帶回日本。在日本實施了租庸調和律令制度，並將三省六部調整為二宮八省。一直到現在日本的政府單位仍保留著「省」這個字，原由可追溯至這個時期。

玄宗時唐朝國力達到鼎盛，卻由於溺愛楊貴妃導致國力衰退

從武韋之禍到玄宗主政

唐高宗死後，皇后武則天罷黜自己的兒子中宗和睿宗，並即位稱帝。復位之後的中宗又遭自己的妻子韋后毒害。這兩件事並稱爲武韋之亂，政治混亂最後由睿宗之子唐朝的第六代皇帝李隆基平息，史稱唐玄宗。

此一時期貴族的莊園擴大，導致貧富差距加劇，沒落的農民增加。均田制的崩壞，連帶影響了以它爲基礎的府兵制難以執行下去。

玄宗廢止府兵制後改採募兵制，將招募來的軍團送到邊境，防範來自異民族的侵擾。軍團的指揮官稱爲節度使。

玄宗的種種改革帶來社會安定，他的治世被稱作「開元之治」，是唐朝國力最強盛的時期。

安史之亂

玄宗在位長達45年。前半期熱心於政事，後因寵愛楊貴妃而失去了對治國的熱情。

玄宗因爲重用楊貴妃的親戚，導致和楊家對立的安

Point

- 玄宗收拾了武則天之後的朝政混亂
- 開元之治開創了唐朝的全盛期
- 玄宗治世的末期各地動亂四起

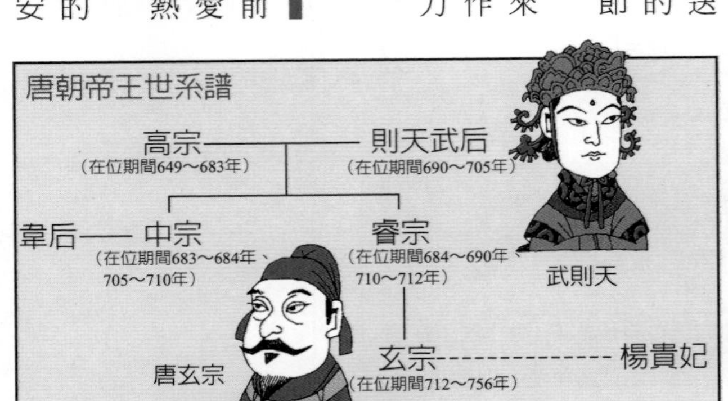

年表

唐的盛衰

- 西元683年　高宗過世，中宗即位
- 西元684年　中宗被廢，睿宗即位
- 西元690年　睿宗被廢，武則天即皇帝位
- 西元712年　玄宗即位
- 西元713～741年　開元之治
- 西元745年　楊貴妃成為玄宗的貴妃（第二夫人）
- 西元749年　廢止府兵制
- 西元755～763年　安史之亂
- 西元780年　實施兩稅法

祿山起兵叛亂。安祿山兼任了三地的節度使，擁有雄厚的軍事實力。

安祿山在攻占長安之後病死，他的部下史思明掌握了叛軍的指揮權。最後叛亂被維吾爾族的軍隊平定。

安史之亂期間玄宗和楊貴妃一起逃亡，過程中因不可抗拒的因素，使玄宗下達殺害楊貴妃的命令，其後玄宗自行宣布退位。

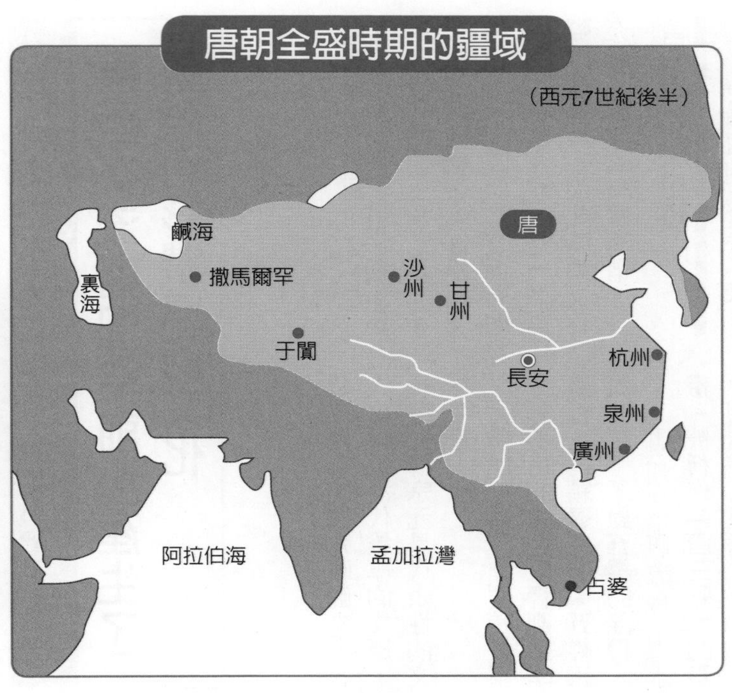

唐朝的衰敗

歷經8年的安史之亂，唐朝政府的統治能力減弱。均田制完全崩壞後，改實施依據財富多寡，每年夏秋兩季徵收兩次的兩稅法。

節度使掌握了各地的軍事、財政和政治的實權，形成「藩鎮」。

學更多，長知識　世界史ABC

唐朝與周邊諸國的狀況

唐朝的文化透過遣唐使傳入日本，創造了璀璨的天平文化。日本的律令制度和棋盤格式的街道設計都學習自唐朝。朝鮮半島上，新羅征服了百濟和高句麗，高句麗的遺臣隨後建立了渤海國。松贊干布在西藏建立了吐蕃王朝，創設了西藏文字和推廣藏傳佛教（喇嘛教）。雲南的南詔、越南的大越國、占婆，柬埔寨的真臘，蘇門答臘的室利佛逝等周邊國家也都向唐朝遣使納貢。

唐代文化

東西交流盛況空前，產生了國際色彩濃厚的文化

充滿異國情調的文化

唐朝的領土涵蓋華北和江南，西抵中亞，首都長安集合了來自四面八方不同的民族和外國商旅，是一個國際型大都市，因此唐朝文化充滿了濃厚的異國風情。

唐朝的文學和藝術

詩是唐朝最具代表性的文學形式，王維、李白、杜甫、白居易等人活躍於詩壇，他們的詩作在日本也是婦孺皆知、朗朗上口。

文章方面，相較於六朝時期優雅的四六駢儷文，唐人更喜歡漢代雄厚的文風，韓愈和柳宗元是代表性的文學名家。

學問方面，作爲科舉考試項目的古典詮釋訓詁學盛行，孔穎達所著《五經正義》統一了對五經的詮釋。

唐朝藝術流行山水畫。被稱作「唐三彩」的彩色陶器聲名遠播。

多元的宗教

透過東西文化的交流，景教（基督教聶斯脫里派）、摩尼教、祆教（瑣羅亞斯德教）和回教（伊斯蘭教）傳入唐朝。

唐代佛教興盛，玄奘（三藏法師）和義淨皆曾前往印度取經。

佛教的華嚴宗、眞言宗、天臺宗、禪宗和淨土宗都誕生於唐代。

Point

- 幅員遼闊的帝國，孕育了國際化的文明
- 伴隨著佛教的發展，各種不同宗教也隨之傳入
- 唐代的文化和社會制度影響了朝鮮和日本

學更多，長知識　世界史ABC

〈春望〉

安史之亂後，長安城已是一片荒蕪，失去了往昔的風采。杜甫著名的〈春望〉：「國破山河在，城春草木深」的名句就是在描述這一景象。

唐代文化

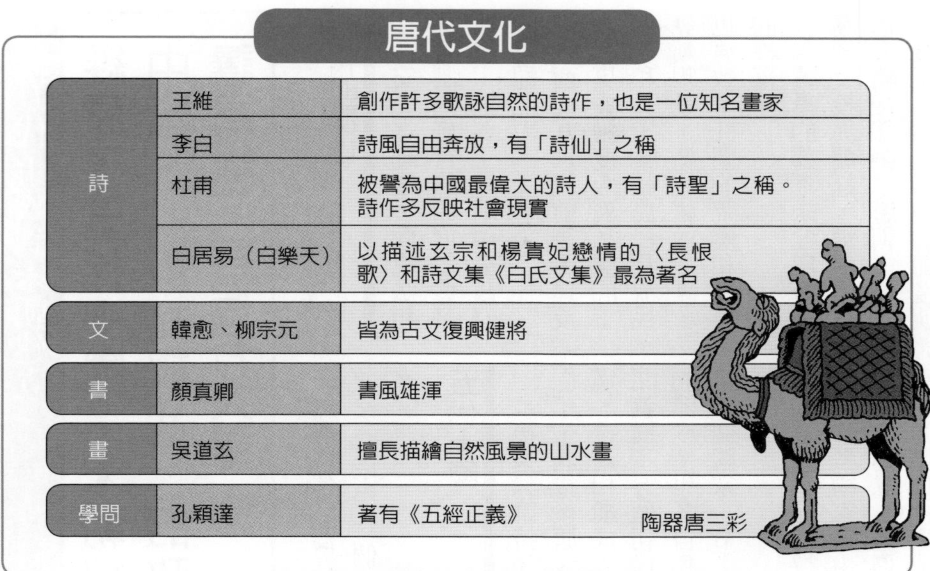

詩	王維	創作許多歌詠自然的詩作，也是一位知名畫家
	李白	詩風自由奔放，有「詩仙」之稱
	杜甫	被譽為中國最偉大的詩人，有「詩聖」之稱。詩作多反映社會現實
	白居易（白樂天）	以描述玄宗和楊貴妃戀情的〈長恨歌〉和詩文集《白氏文集》最為著名
文	韓愈、柳宗元	皆為古文復興健將
書	顏真卿	書風雄渾
畫	吳道玄	擅長描繪自然風景的山水畫
學問	孔穎達	著有《五經正義》

玄奘和義淨的路線

撒馬爾罕
瓜州
敦煌
玄奘的陸路（西元629～645年）
巴米揚
犍陀羅
吐蕃
長安
唐
華氏城
曲女城
那爛陀寺
加雅
廣州
阿旃陀石窟
玄奘
南中國海
孟加拉灣
香至
義淨的海路（西元671～695年）
蘇門答臘島
巨港

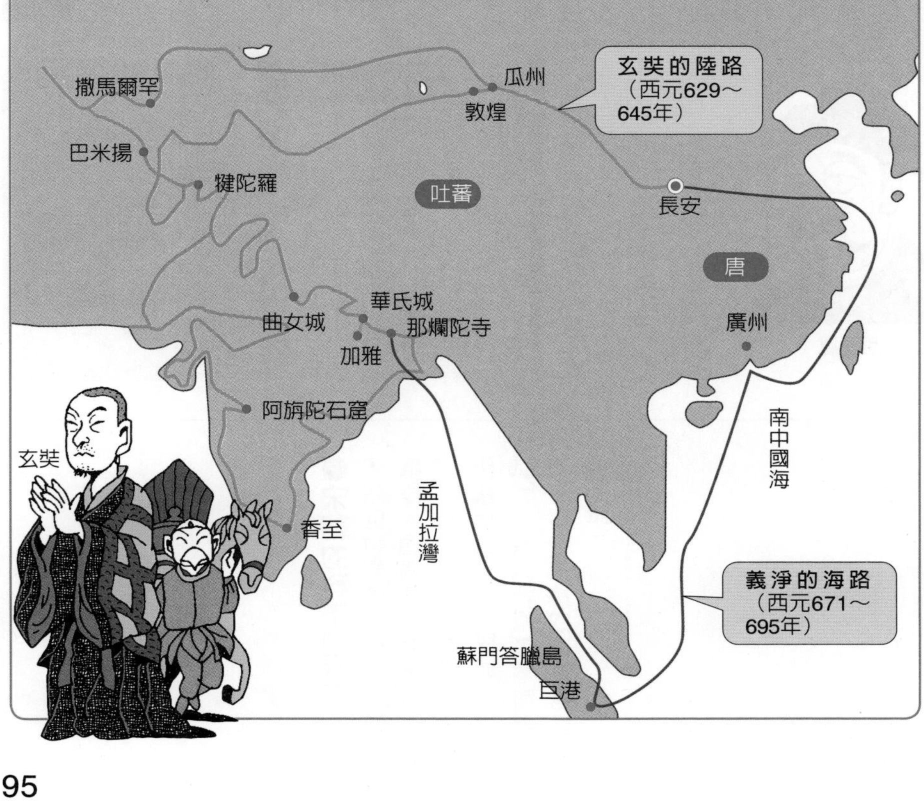

經歷了五代十國，宋朝統一中國。「重文輕武」的政策讓高級文官握有大權

Point

- 黃巢之亂後唐朝滅亡，中國相繼分裂為五個王朝和十個小國
- 後周的將軍趙匡胤建立宋朝
- 五代十國的重武輕文到宋朝的重文輕武

唐朝的覆亡

安史之亂後，兩稅法和募兵制的施行讓節度使愈發跋扈，削弱了唐朝中央政府的支配能力。

西元9世紀前後，違反唐朝專賣制度販賣私鹽的王仙芝和黃巢集結農民和流民發動叛亂，造成國內混亂。也導致了莊園的荒廢和貴族的沒落。

黃巢的部下朱全忠後來窩裡反投靠朝廷，鎮壓了叛軍，隨後卻滅了唐朝，建立了後梁。然而各地的節度使仍然維持各自獨立的狀態，並沒有成為一個統一的國家。

五代十國

後梁只維持了16年就滅亡了，其後後唐、後晉、後漢、後周相繼成立，50年之間就換了五個朝代。地方上的節度使也各自獨立，建立了十個國家，令中國處於分裂的狀態。

這個時代稱為五代十國。許多國家是由節度使等軍人所建立，他們往往憑藉軍事力量實行重武輕文的統治。

此外，沒落的貴族階層被稱作「形勢戶」的新興大地主給取代。

宋朝開國

原為後周武將的趙匡胤建立了宋朝，是為宋太祖。到了第二任皇帝太宗時完成了國家的統一，定都開封。

趙匡胤

●宋朝的科舉制度

宋朝的科舉考試分為三個階段。通過地方考試「州試」的人要到尚書省禮部參加第二階段的「省試」，省試合格者才可參加由皇帝主持的最終考試「殿試」。

宋朝削弱了節度使和藩鎮的權力，強化皇帝直屬的禁軍。

另外在科舉制度上增加了皇帝親自舉行的殿試，透過科舉考試錄取的優秀文官進行「重文輕武」的治國方式。

因爲舊有的世家大族已經沒落，通過科舉制度的官員們擁有相當的權力，在地方當官也能累積財富。出過官員的家庭稱爲官戶，享有稅金減免等優惠。

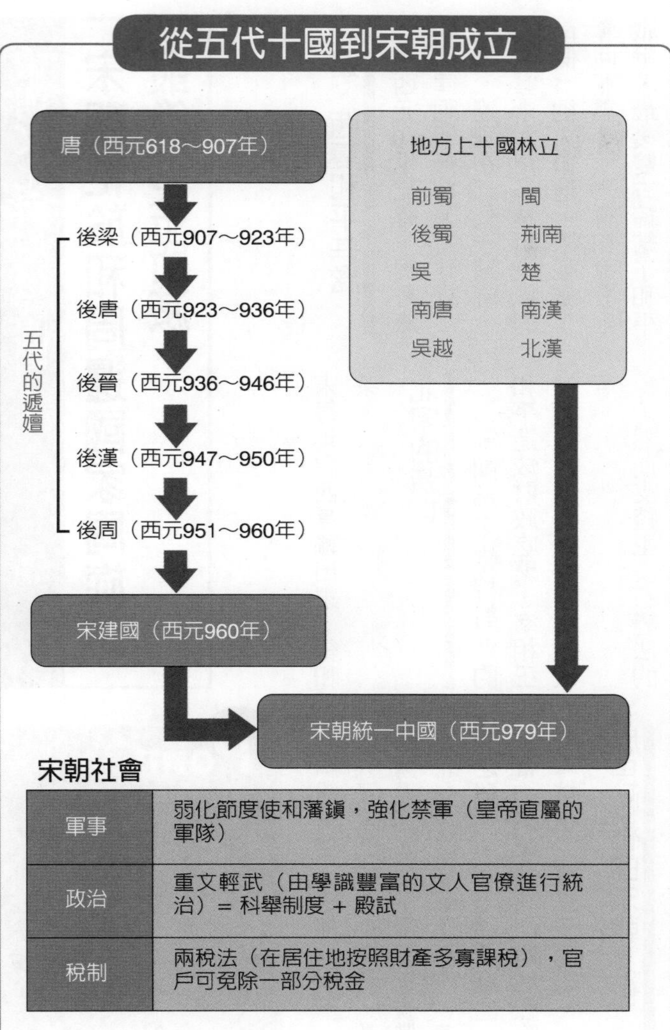

宋朝社會

軍事	弱化節度使和藩鎮，強化禁軍（皇帝直屬的軍隊）
政治	重文輕武（由學識豐富的文人官僚進行統治）＝科舉制度＋殿試
稅制	兩稅法（在居住地按照財產多寡課稅），官戶可免除一部分稅金

年表

唐朝到宋朝

▼西元875～884年
黃巢之亂

▼西元907年
唐朝滅亡
朱全忠建立後梁

▼西元907～979年
五代十國

▼西元960年
趙匡胤建立宋朝

▼西元976～997年
宋太宗在位期間

▼西元979年
宋朝滅北漢，統一全中國

宋朝忙於和周邊國家周旋，最後為金所滅

Point

- 重文輕武的宋朝對周邊國家採取消極的態度
- 蒙古草原上的遼國和西藏的西夏都是宋朝的重大威脅
- 金滅北宋後，宋朝皇室南逃，建立南宋

與遼、西夏和平共處

西元10世紀時，契丹族的耶律阿保機在蒙古建立了遼國。遼國在五代十國時，將燕雲十六州（萬里長城的南側）納入領地。宋朝爲了奪回燕雲十六州曾和遼發生戰爭，最後雙方締結了和平條約——澶淵之盟，盟約規定宋每年需向遼輸出銀和絹。

11世紀時，在宋朝的西北方，藏族系的黨項羌族人建立了西夏，並侵犯宋境。宋朝和西夏訂立慶曆和議，宋每年向西夏輸出銀、絹和茶。

北宋的滅亡

宋朝爲了維持對外的和平造成財政吃緊，宰相王安石推行名爲新法的政治改革。

然而支持王安石變法的新黨和反對變法的舊黨產生對立，造成宋朝國勢衰弱。

此時，中國東北方通古斯系的女眞人完顏阿骨打建立了金國，宣布獨立。

宋和金雖然締結盟約滅了遼國，然而兩國在領土上的糾紛，使金國揮兵南下，並攻入了宋朝的首都開封，並將擄獲的宋朝皇帝和皇族帶往北方。這個事件稱作「靖康之難」，北宋因此滅亡。皇帝的弟弟逃向江南，在臨安（杭州）建立了南宋。

庶民性格的宋朝文化

宋朝文化的特色是中國式的庶民風格。在學術上，儒學朝向哲學性的方向發展，朱子學（宋學）爲其集大成。

史學上司馬光著有《資治通鑑》，文章方面歐

年表

宋朝與周邊國家的關係

- ▼西元916年　耶律阿保機建立遼國
- ▼西元1004年　宋遼締結澶淵之盟
- ▼西元1038年　西夏建國
- ▼西元1044年　宋與西夏訂立慶曆和議
- ▼西元1070年　王安石開始變法
- ▼西元1115年　完顏阿骨打建立金國
- ▼西元1125年　宋連金滅遼
- ▼西元1126～1127年　靖康之難：金滅北宋
- ▼西元1127年　南宋建國

陽修、蘇軾、蘇轍和王安石都享有盛名。藝術表現上以充滿宮廷風格、裝飾性強的「院體畫」最具有代表性。

此外宋代窯業興盛，景德鎮作爲陶瓷器的生產地，享譽中外。

火藥、羅盤和木板印刷術合稱宋代三大發明。

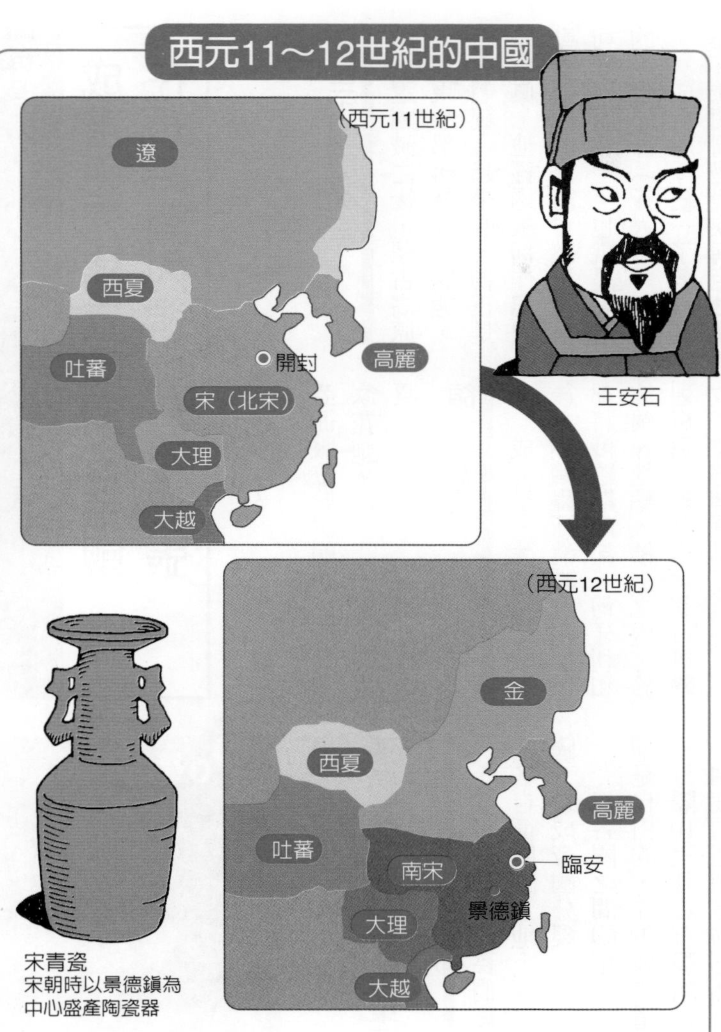

宋青瓷
宋朝時以景德鎮為中心盛產陶瓷器

學更多，長知識 世界史ABC

宋朝周邊民族的社會與文化

遼國對游牧民族的契丹人採取傳統的部族制，對農耕民族的漢人則採用中國式的州縣制來治理。契丹人還自行研發出契丹文字。西夏模仿漢字創造出西夏文字，金國以契丹文字和漢字為基礎創造出女真文字。

成吉思汗建立的蒙古帝國在短時間內領土急遽擴張

Point

- 成吉思汗藉由統一諸小部落建立起蒙古帝國
- 周邊的民族逐一臣服，蒙古帝國形成了橫跨東西的大帝國
- 成吉思汗的子孫們各自獨立後，蒙古帝國瓦解

蒙古帝國的誕生

遼國滅亡後，蒙古高原上呈現小部落林立的狀態，將它們統合起來的人物正是鐵木真。他經過被稱作忽里勒臺大會的部落會議被選爲可汗（君主），也就是著名的成吉思汗（元太祖）。

成吉思汗統一了蒙古各部，並使周邊民族稱臣於蒙古，建立起蒙古帝國，在很短的時間內領土急遽擴大。

蒙古首先消滅由遼國遺族在中亞所建立的西遼，再從中亞征服位於伊朗的伊斯蘭國家花剌子模，隨後滅掉西夏。

領土擴張

成吉思汗因病過世後，窩闊臺汗消滅金國，拔都將俄羅斯南部、匈牙利和波蘭等地納入領土之內，於列格尼卡戰役中，蒙古軍擊敗了波德聯軍。

忽必烈在蒙哥汗的命令下揮軍討平了阿拔斯王朝。巨大的蒙古帝國就這樣誕生於戰爭的煙硝和馬蹄聲之中。

透過驛傳制度實現東西交流

成吉思汗的子孫們後來在各自征服的土地上獨立建國，造成帝國分裂。

但各國之間的相互往來卻是自由的，在主要的道路上每隔10里就設有驛站，除了調度馬匹和食物之外，還可以投宿。透過這樣的驛傳制度（站赤），東西方的交流密切。除了從事商隊貿易的穆斯林商人外，像馬可波

年表

- ▼西元1206年　蒙古帝國的興起
- ▼西元1220年　蒙古帝國成立
- ▼西元1225年　成吉思汗征服花剌子模
- ▼西元1227年　窩闊臺汗國成立
- ▼西元1234年　察合臺汗國成立
- ▼西元1241年　窩闊臺汗國滅金
- ▼西元1243年　列格尼卡戰役：蒙古軍擊敗波德聯軍
- ▼西元1258年　欽察汗國成立

旭烈兀建立伊兒汗國

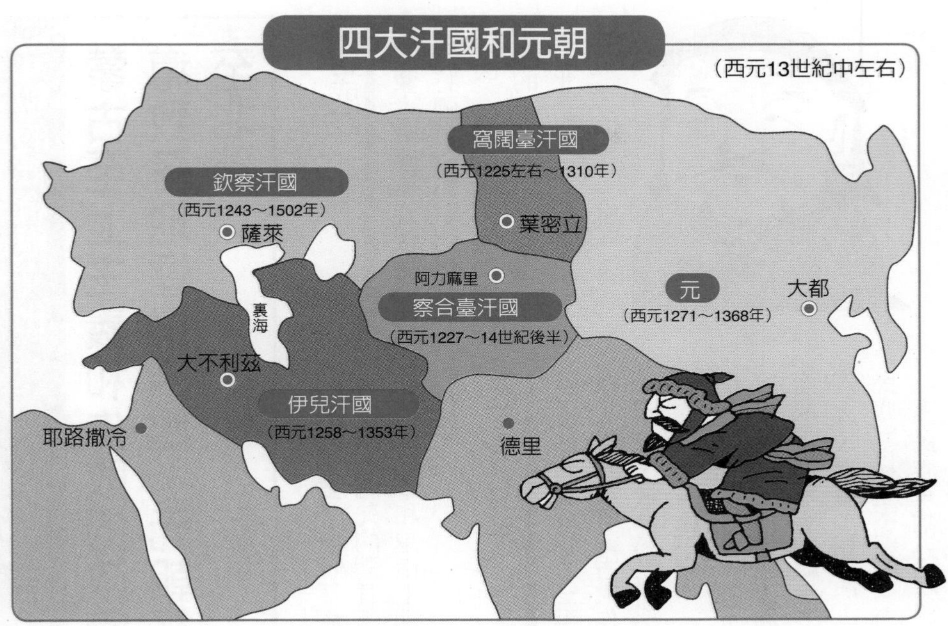

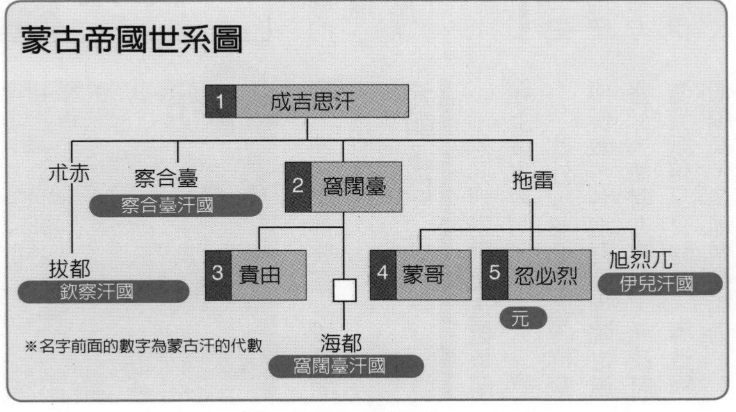

羅這樣的西歐人士也曾長途跋涉到中國。

學更多，長知識 世界史ABC

造訪中國的西歐人

柏郎嘉賓（Pian del Carpine）是由教宗派遣到哈拉和林的義大利籍傳教士。

魯不魯乞（Rubruquis）是法國人，在哈拉和林面見了蒙哥汗。

若望・孟高維諾（Giovanni da Montecorvino）是在元大都傳播基督教的義大利籍傳教士。

威尼斯商人馬可波羅曾效力過忽必烈，回國後的口述內容被編纂為《馬可・波羅遊記》（又名《東方見聞錄》）。

蒙古至上主義和失敗的政策導致各地煙硝四起，元朝終至北逃

元朝成立

蒙古帝國第五代皇帝忽必烈將國名改爲中國風格的「元」。滅了南宋之後實現中國的統一，將首都遷至大都（北京）。

忽必烈

元朝雖然降伏了朝鮮的高句麗和緬甸的蒲甘王國，在遠征日本和越南上卻吃了敗仗。

蒙古至上主義

元朝實行蒙古至上主義，也就是讓蒙古人作爲統治階級，擔任政府或地方上的首長。色目人（如伊朗人等西域民族）在元朝政府內擔任官僚待遇優渥。然而蒙古人對金國統治下的契丹人、女眞人和漢人（漢民族）以及宋朝的「南人」（漢民族）卻採取差別待遇，連科舉都曾在一段時間內沒有舉行。

元朝滅亡

忽必烈過世後在繼承問題上發生內鬥。

此外，忽必烈因護持藏傳佛教，各地營造寺院之風盛行，使財力吃緊。元政府濫發紙幣「交鈔」，導致物價騰高，各地暴動頻仍。

這時相信彌勒佛救贖信仰的白蓮教信徒，在貧窮的民衆間增加，被稱作「紅巾軍」的信徒發動大規模的抗元活動，即爲紅巾之亂。

Point

- 忽必烈建立元朝
- 少數的蒙古人統治其他民族
- 經濟的混沌讓漢人心生不滿，在各地掀起反抗

年表

元朝大事年表

▼西元1271年
忽必烈改國號為元

▼西元1274年
文永之役：元朝進攻日本

▼西元1279年
忽必烈滅南宋

▼西元1281年
弘安之役：元朝第二次進攻日本

▼西元1287年
元朝消滅緬甸的蒲甘王國

▼西元1351～1366年
紅巾軍起事

抗元活動領導者之一的朱元璋擊敗了元軍，元朝政府逃往蒙古高原，在那裡建立北元。

元朝的文化

元朝的代表性藝術形式爲元曲，它是由四幕組成的口語性歌劇，代表作有《西廂記》等。

透過東西文化的交流，伊斯蘭文化也進入元朝。郭守敬以伊斯蘭天文學爲基礎製作了授時曆。

相對地，中國的繪畫技術也傳入印度和伊朗等地，對「纖細畫」的表現形式產生很大的影響。

元朝的文化

元曲	《西廂記》	愛情故事
	《琵琶記》	以夫妻之間的愛情為主題
小說的雛型問世	《水滸傳》	108位綠林好漢的冒險故事*
	《西遊記》	玄奘法師的西域旅行記*
	《三國志演義》	以故事手法呈現三國時代英雄豪傑的事蹟

*小說完成於明代

元朝的天文臺
透過伊斯蘭曆的傳播，盛行天體觀測

學更多，長知識 世界史ABC

元寇

元朝的使節曾多次攜帶國書到日本，但當時日本的鎌倉幕府執權北條時宗卻無視於它，導致了蒙古兩次遠征日本。然而當時的元軍是由高句麗和舊時南宋的軍隊混編而成，加上不擅長海戰，以及遇上颱風來襲，兩次的進攻都以失敗告終。

明——漢民族王朝復活

皇帝獨攬大權的政治組織，加上徵兵徵稅制度的完備使國力向上

Point

- 朱元璋復興了漢民族的王朝
- 皇帝的權限增強，推行多項政治措施
- 鄭和下西洋最遠曾達非洲東岸

明朝建國

在紅巾軍起事中，朱元璋展露頭角建立了明朝，成為洪武帝。洪武帝廢止了中書省，將六部直屬於皇帝，強化了皇權。

明朝仿效唐朝的府兵制建立衛所制。為了方便徵稅，設置了里甲制的農村行政組織。此外，還製作了戶籍和賦役用的「賦役黃冊」以及土地登記用的「魚鱗圖冊」。

明律和明令以唐朝的律令為雛形，政府刊行儒教式道德的「六諭」，這些種種的政策都反映了中國傳統的復活。

永樂帝的功績

明朝第三代皇帝永樂帝以武力奪取了第二代皇帝建文帝的皇位。

永樂帝修整了連結中國南北的大運河，並將首都從南京遷至北京。

除此之外，永樂帝還北討蒙古南征越南，並派遣宦官鄭和下西洋。透過鄭和的努力，明朝和南亞諸國之間的朝貢貿易非常興盛。

「北虜南倭」削弱了明朝的國力

永樂帝以後，韃靼（北元的蒙古族）和瓦剌（和北元不同支系的蒙古族）從北方對明朝造成威脅。日本的海盜集團「倭寇」侵擾中國的東南沿岸，合稱為「北虜南倭」。明朝的第六代皇帝正統帝（即明英宗）甚至曾被瓦剌俘虜（土木堡之變）。

為了對付北虜南倭的支出，造成明朝財政的困窘。政治上，握有實權的宦官們

●鄭和下西洋

伊斯蘭教徒的宦官鄭和，在永樂帝的授命下曾七次下西洋。路線從東南亞、印度、孟加拉灣到非洲東海岸，鄭和還造訪過麥加。下西洋時派遣的大型船隊展示了明朝的國力，有讓各國向明朝朝貢之目的。

權力鬥爭不斷，使政治陷於紊亂。

第十四代萬曆帝時，宰相張居正曾經鐵腕進行多項政治改革，使捉襟見肘的財政得以恢復，但在張居正過世後，一切又故態復萌。

日本的豐臣秀吉曾經二度對朝鮮半島用兵，明朝派出援軍相救卻成了壓倒財政的最後一根稻草。朝中官員無止境地結黨爭鬥使朝政惡化，各地烽煙四起。最後由李自成率領的農民反叛軍攻陷北京，明朝滅亡。

洪武帝的政策

六部	廢除中書省，六部直屬於皇帝
一世一元制	1位皇帝只用1個年號
里甲制	1里=110戶，其中10戶為負責里長戶，負責徵稅、賦役和維持秩序
衛所制	軍戶（家中成員需要從軍）以112人為1個百戶所，10個所為1個千戶所，5個千戶所（5600人）成為1衛來管理
明律、明令的制定	以唐朝的律令制度為雛形制定法典
六諭的刊行	讓里甲中的長老在村人面前宣讀「孝順父母」等6個訓示

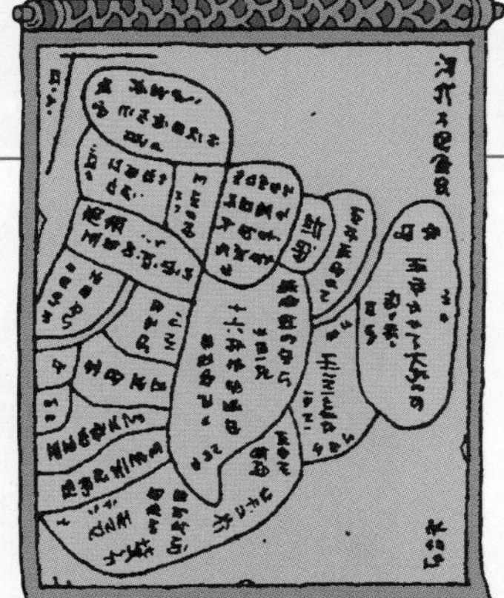

魚鱗圖冊
洪武帝設計製作的土地帳冊。
因為圖形類似魚鱗而得名。

年表

明朝的興亡

▼西元1368年
朱元璋建立明朝

▼西元1380年
廢中書省

▼西元1381年
制定里甲制

▼西元1397年
發布「六諭」

▼西元1399～1402年
靖難之變：燕王奪去建文帝的皇位，登基成為永樂帝

▼西元1449年
土木堡之變：正統帝（明英宗）成為瓦剌的俘虜

▼西元1572～1582年
張居正的改革

▼西元1631～1645年
李自成叛亂

▼西元1644年
明朝滅亡

清——滿族的王朝

滿族建立的後金改為清朝，統治中國近300年

清朝成立

在中國的東北，女真族（滿族）的努爾哈赤在西元17世紀初期建立了後金。

繼位的太宗皇太極在拿下內蒙後，將國號改爲清，並將朝鮮納爲屬國。皇太極還完備了「八旗」這個集行政和軍事組織爲一體的制度。

明朝亡於李自成的叛亂，清朝第三代順治皇帝時，以明朝武將吳三桂爲先導奪下北京。李自成則在逃亡途中自殺。

吳三桂雖然被任命爲雲南的藩王，但在第四代皇帝康熙的抑制政策下，聯合另外兩位藩王掀起反旗，這就是「三藩之亂」。

康熙皇帝平定三藩之亂後收復臺灣，完成中國的統一。康熙還和俄國簽訂了《尼布楚條約》劃定國界，並使外蒙和西藏稱臣。

到了第五代雍正皇帝時，透過和俄國簽訂《恰克圖條約》，決定了蒙古的國境和通商事宜。雍正爲了保護軍事機密另設軍機處，該機構後來成爲清廷最高的政治決定機構。

第六代乾隆皇帝平定了準噶爾和回部，構築了清朝的最大版圖。

清朝的政治

清朝將中國本土、臺灣和滿州等作爲直轄地，在這之外的蒙古、西藏、青海和準噶爾等地爲藩部。爲了監管藩部設有理藩院，但原則上當地的自治是得到承認的。

清朝平等的對待滿人和漢人，政府內部重要職位的滿人和漢人官員人數相當，採行滿漢併用制，並舉辦科舉取士。另一方面，卻強制漢人必須和滿人一樣剃頭髡髮（辮髮）。

清朝實行嚴格的思想控制，對於撰寫批判政府和皇帝的作家進行嚴酷的文字獄。此外還執行禁書，燒毀內容涉及反政府言論的書籍。

Point

- 滿族的努爾哈赤建立後金，太宗時改國號為清
- 明朝滅亡後，清朝將首都遷至北京，統治全中國
- 康熙、雍正、乾隆時為清朝的全盛期

髡髮（辮髮）
將頭頂部分的頭髮剃除，剩下的頭髮留長編成辮子的一種髮型。

清朝的最大疆域

學更多，長知識　世界史ABC

鄭成功

鄭成功的母親為日本人。明朝滅亡後，他以復興明朝為己任和清朝戰鬥到最後一刻。鄭成功攻下荷蘭人在臺灣所築的熱蘭遮城後，以此作為根據地。他又被稱作國姓爺，日本的劇作家近松門左衛門曾以他為主角創作了淨琉璃《國姓爺合戰》。

努爾哈赤

年表

清朝的盛世

- ▼西元1616年　努爾哈赤建立後金
- ▼西元1636年　太宗將國號改為清
- ▼西元1637年　將朝鮮納為屬國
- ▼西元1644年　李自成消滅明朝
- ▼西元1661～1722年　康熙在位期間
- ▼西元1673～1681年　三藩之亂
- ▼西元1689年　締結《尼布楚條約》
- ▼西元1722～1735年　雍正在位期間
- ▼西元1727年　締結《恰克圖條約》
- ▼西元1735～1795年　乾隆在位期間

手工業發達，海外貿易盛行，銀成為經濟活動的中心

Point

- 這個時期除了農業之外，紡織和陶瓷等手工業也非常興盛
- 海外貿易為中國帶來大量的白銀
- 稅收以銀徵收，簡化了稅制

發達的工商業

明清時代的江南除了出產稻米外，也生產棉織和絹織品，茶樹的栽培和陶瓷器的製作也很興盛。這些商品都深受西班牙和葡萄牙商人的喜愛，中國則從交易中獲得來自墨西哥的白銀。白銀也在此時流入日本。

國內商業方面，經營金融業的山西商人和販鹽的新安商人活躍於全國各地。工商業者爲了互相幫忙、促進情誼，而在各地興建了許多被稱作會館或公所的建築物。

宋朝時已經出現的大地主，到了明朝則更有過之。另一方面，被稱作佃戶的小作農和過去相比較爲自立。

用銀繳稅的制度

白銀的大量流入，造成中國稅制的變革。

明朝後期實施一條鞭法，將繁複的稅收統合爲地稅和個人稅，並使用銀來支付。

清朝雍正時期，改爲將個人稅納入地稅使其一體化，並以銀來支付的方法稱爲地丁銀。

明清時的文化

明朝時儒學昌盛，明永樂帝時編纂了《永樂大典》、《四庫全書》、《五經大全》和《性理大全》等書。

王陽明提出的陽明學批判朱子學，提倡「心即理」、「知行合一」。

重視文獻資料的考據學，以及重視學問實用性質的實學也都盛行於當時。

在文學方面，從元朝開始就以戲劇和說話方式流傳下來，像是《三國志演義》等的作品，以小說的形態確立起來。

清朝獎勵學問，許多漢人學者被委以編纂《康熙字典》的工程。清朝和明朝一樣，庶民文化生機蓬勃，孕育出《紅樓夢》等著名小說。

明清文化

明朝

編纂事業	《永樂大典》	百科全書
	《四書大全》	四書的注釋書
	《五經大全》	五經的注釋書
	《性理大全》	宋（性理）學的集結
實學	《本草綱目》	藥草典籍
	《天工開物》	工業技術書
	《農政全書》	農業技術書
小說	《水滸傳》、《西遊記》、《三國志演義》	以小說形式完成並刊行
	《金瓶梅》	明末的言情小說

《西遊記》

清朝

編纂事業	《康熙字典》	漢語辭典
	《四庫全書》	古今書籍的百科全書
	《古今圖書集成》	百科全書
小說	《紅樓夢》	描繪了貴族的榮華與沒落
	《儒林外史》	描繪了參加科舉考試者百態的長篇小說
	《聊齋誌異》	傳奇短篇小說集

《紅樓夢》

學更多，長知識　世界史ABC

中國禮儀之爭

明朝時利瑪竇、湯若望、南懷仁和郎世寧等基督教耶穌會傳教士來華宣教，他們容忍中國信徒的孔子崇拜和祭祖等傳統禮儀。然而其他教派的傳教士無法容忍這樣的行為，一狀告上羅馬教皇。之後教皇宣布禁止中國信徒祭祖祭孔，雍正皇帝則用嚴格禁教以對。

東亞與印度支那諸國，以從屬於中國的形式進行貿易

Point

- 明清時以冊封體制和朝貢貿易使周邊諸國從屬於中國
- 李氏朝鮮建立政權
- 日本的室町幕府和中國進行勘合貿易

中國的對外政策

中國從漢唐時期開始就以中華思想爲基礎，實行將周邊國家視爲臣下的冊封體制。

也就是說，從周邊國家輸入中國的東西被視爲貢物，從中國輸出的物品則視爲回禮，進行所謂的朝貢貿易。對於輸入物品，中國則設有品項和數量的限制。

明清時期，印度支那半島諸國、朝鮮和日本都曾對中國進行朝貢。

李氏朝鮮與琉球

朝鮮半島在高句麗時期曾苦於倭寇的侵襲，西元14世紀時擊退倭寇的李成桂建立了朝鮮王朝，是爲太祖。

太祖沒收了朝鮮貴族的土地，創立依官僚的階級授予土地的科田法。官僚稱爲兩班，是擁有特權的世襲身分。西元15世紀時，訓民正音（韓文）被創造出來。

沖繩諸島在明朝初年始被稱作琉球，西元15世紀初，中山王尚氏統一琉球後，開始對明朝朝貢。琉球於西元17世紀後，從屬於中、日雙方。

日本的動向

西元13世紀以降，日本人組成的海盜集團——倭寇，曾危害朝鮮半島和山東省沿岸地區，但在室町幕府將軍足立義滿的取締下有減緩的趨勢，而足立義滿也獲得明朝的承認，稱他爲日本國王。

日本和明朝進行貿易時，爲了證明合法性，使用稱作「勘合符」的許可證，因此又被稱作「勘合貿

年表

朝鮮和日本的大事記

- ▼西元1392年　李氏朝鮮成立
- ▼西元1401年　明朝封足立義滿為日本國王
- ▼西元1404年　中日開始進行勘合貿易
- ▼西元1446年　創制訓民正音
- ▼西元1592～1593年　文祿之役：豐臣秀吉第一次對朝鮮出兵
- ▼西元1597～1598年　慶長之役：豐臣秀吉第二次對朝鮮出兵

易」，這樣的貿易為室町幕府帶來極大的利益。倭寇於西元15世紀中葉時再度活躍，此時倭寇的組成主體已由日本人變成中國人。

豐臣秀吉統一日本後曾經二度對朝鮮出兵，直到他過世以後戰爭才落幕。

德川幕府成立後，和東南亞進行的朱印船貿易相當熱絡，和朝鮮也恢復了邦交。

東南亞諸國

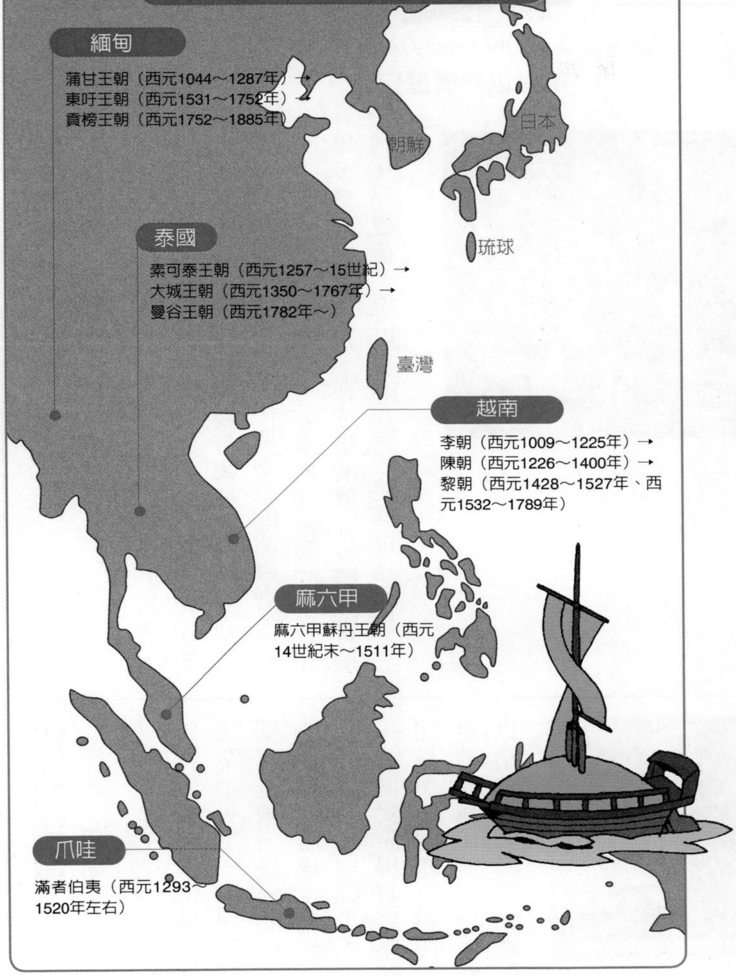

緬甸
蒲甘王朝（西元1044～1287年）→
東吁王朝（西元1531～1752年）→
貢榜王朝（西元1752～1885年）
泰國
素可泰王朝（西元1257～15世紀）→
大城王朝（西元1350～1767年）→
曼谷王朝（西元1782年～）
越南
李朝（西元1009～1225年）→
陳朝（西元1226～1400年）→
黎朝（西元1428～1527年、西元1532～1789年）
麻六甲
麻六甲蘇丹王朝（西元14世紀末～1511年）
爪哇
滿者伯夷（西元1293～1520年左右）
朝鮮
日本
琉球
臺灣

勘合貿易

日本
明朝
刀劍、硫磺、銅等
銅錢、生絲、絹織品

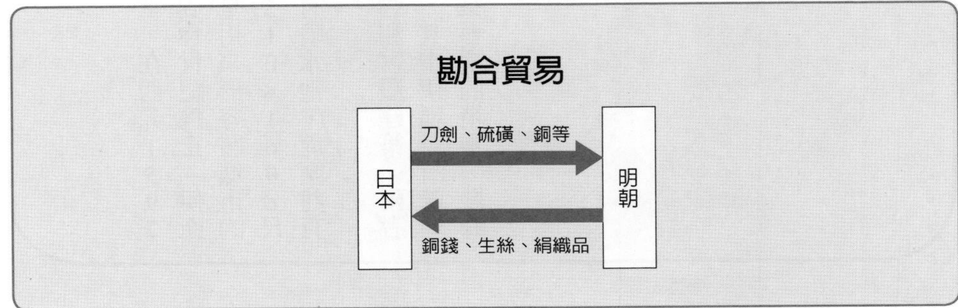

Let’s go to see the history of the world!

環遊世界看歷史

聖索菲亞大教堂

（土耳其・伊斯坦堡）

巨大的圓頂是聖索菲亞大教堂的特色，該建築建於拜占庭帝國時期，是希臘正教的聖地。君士坦丁堡被鄂圖曼帝國征服後，教堂周邊建起四座尖塔，成爲伊斯蘭教的清眞寺。

拜占庭帝國時代，教堂內部繪製的基督和皇帝皇后的鑲嵌畫，在成爲清眞寺後雖然曾遭到灰泥覆蓋，現已清除完畢，使其重見天日。

伊瑪目廣場

（伊朗・伊斯法罕）

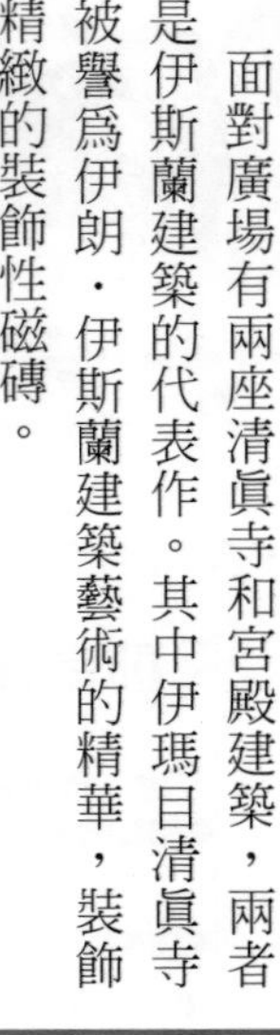

薩非王朝的阿巴斯一世，在西元1597年將伊斯法罕定爲首都，到18世紀爲止「伊斯法罕半天下」這句諺語就是用來形容該城市的繁華景象。城市的中心是510×160公尺的伊瑪目廣場。廣場中央有噴水池，周圍建有2層樓高的迴廊。

面對廣場有兩座清眞寺和宮殿建築，兩者都是伊斯蘭建築的代表作。其中伊瑪目清眞寺更被譽爲伊朗・伊斯蘭建築藝術的精華，裝飾以精緻的裝飾性磁磚。

第 4 章

歐洲世界的形成與擴張

第4章

從中世紀的歐洲到文藝復興

一切始於日耳曼民族的大遷徙

歐洲歷史的新頁始於日耳曼民族的大遷徙。西羅馬帝國滅亡後，日耳曼民族在西歐各地建立的政權興衰遞嬗，混亂的時局持續了好一陣子。

將紛亂的西歐國家統一起來的，是和羅馬天主教會有密切關聯的法蘭克王國。從查理大帝接受羅馬教皇的戴冠即可窺知兩者的關係匪淺。

此一時期採行封建制度，即君主將土地賜予臣下，臣下對君王有擔當軍事任務之義務。

東西歐與十字軍

另一方面，東羅馬帝國以希臘正教為基礎，建立起獨自的文化圈。至此歐洲分為東西兩個區域。

在西歐，羅馬天主教會的影響力不只是在宗教和文化上，對政治、經濟也帶來巨大的影響。由教會所發起的十字軍東征可以被視為代表性的事件。

最初的十字軍東征的確負有宗教使命，但是後來卻遭到政治和商業上的利用，終以失敗收場。十字軍東征的失敗讓教會臉上無光，也導致參加十字軍的騎士階級沒落，封建社會崩壞，增強了國王的權力。

文藝復興與宗教改革

隨著義大利半島上羅馬教會的權威減弱，被基督教教義束縛住的中世紀文化，逐漸朝著尊重人性的方向轉變，文藝復興正是由這個轉變所結出的碩果。批判天主教教會行事作風的人們則掀起宗教改革運動，從運動中誕生了基督新教。

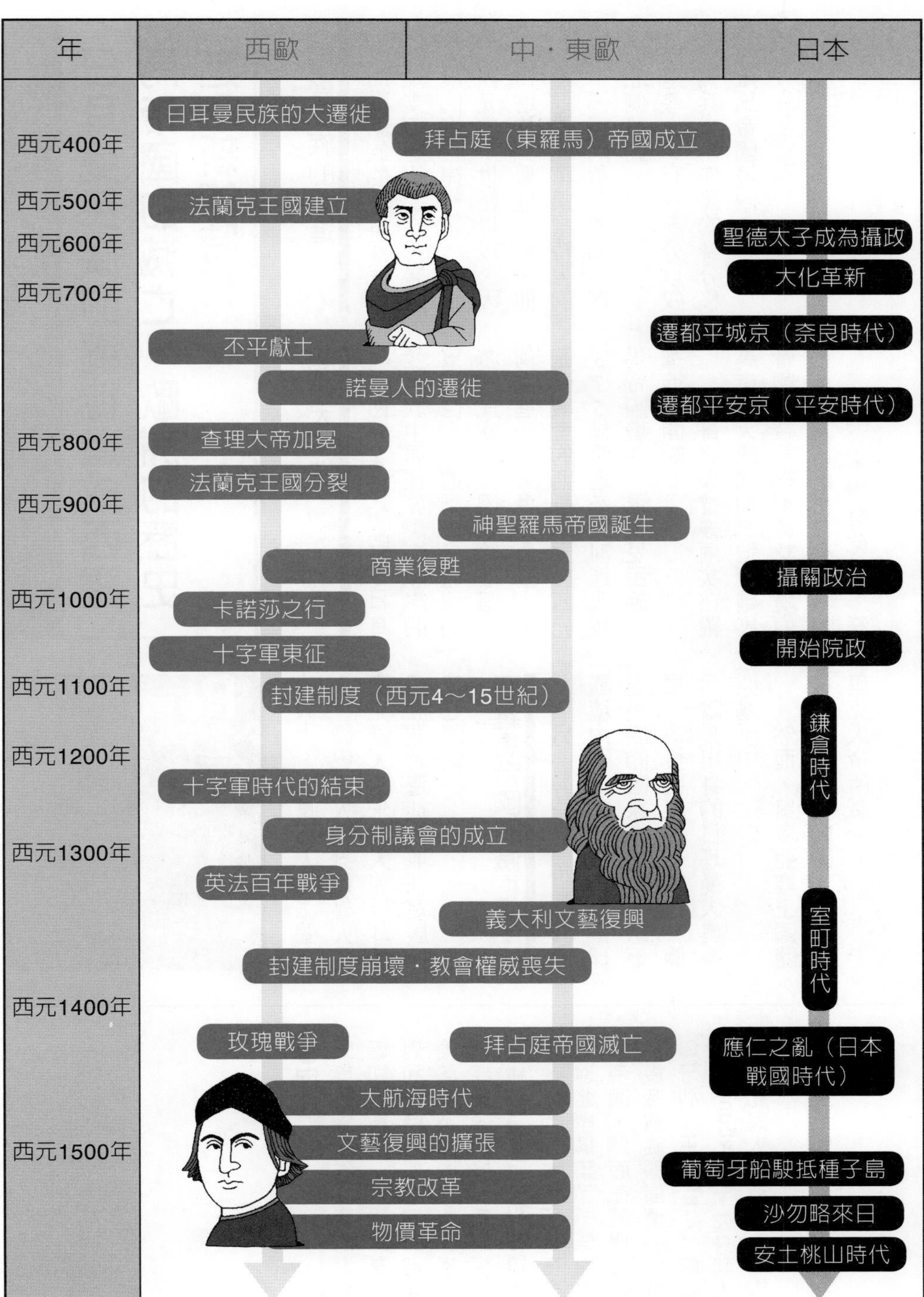
年
西歐
中・東歐
日本
日耳曼民族的大遷徙
西元400年
拜占庭（東羅馬）帝國成立
西元500年
法蘭克王國建立
西元600年
聖德太子成為攝政
大化革新
西元700年
遷都平城京（奈良時代）
丕平獻土
諾曼人的遷徙
遷都平安京（平安時代）
西元800年
查理大帝加冕
法蘭克王國分裂
西元900年
神聖羅馬帝國誕生
商業復甦
攝關政治
西元1000年
卡諾莎之行
十字軍東征
開始院政
西元1100年
封建制度（西元4～15世紀）
鎌倉時代
西元1200年
十字軍時代的結束
身分制議會的成立
西元1300年
英法百年戰爭
義大利文藝復興
室町時代
封建制度崩壞・教會權威喪失
西元1400年
玫瑰戰爭
拜占庭帝國滅亡
應仁之亂（日本戰國時代）
大航海時代
文藝復興的擴張
西元1500年
葡萄牙船駛抵種子島
宗教改革
沙勿略來日
物價革命
安土桃山時代

日耳曼民族的遷徙造成西羅馬帝國的滅亡，歐洲的歷史進入新的時代

Point

- 日耳曼民族進入波羅的海到多瑙河一帶
- 匈族的西進為大遷徙的開端
- 西羅馬帝國亡於日耳曼人手中

日耳曼民族的西進

印歐語族的日耳曼民族有好幾支不同的部族，居住在波羅的海沿岸一帶。

西元前1世紀以後，因為人口增加和農地不足，他們一邊進逼北歐凱爾特人的居地，一邊向萊茵河和多瑙河的北側移動。

這些人中有一部分以奴隸、傭兵或小作農的身分移居西羅馬帝國境內。

開始大遷徙

西元4世紀時，日耳曼民族中居住於黑海北岸的東哥德人，遭到來自亞洲的游牧民族——匈族給征服。匈族進一步威脅西哥德人，飽受威脅的西哥德人於西元375年渡過多瑙河進入羅馬帝國境內。這就是民族大遷徙的開端。

西哥德人曾經兩次在羅馬市內大肆洗劫，迫使羅馬帝國皇帝不得不承認，境內西哥德王國的獨立存在。

接下來東哥德人、汪達爾人、勃艮第人、法蘭克人、倫巴底人和盎格魯人、撒克遜人、朱特人等日耳曼民族開始遷徙，並在定居處建立國家。

西羅馬帝國的滅亡

另一方面，西羅馬帝國境內因為成立了許多日耳曼民族的國家，國力一蹶不振。最後西羅馬帝國亡於傭兵隊長出身的日耳曼人奧多亞塞手中。

然而，奧多亞塞王國隨後也遭東哥德的國王狄奧多里克大帝所滅。

●匈族

關於匈族的詳細資訊沒有確切的紀錄。一般認為他們和不時入侵中國的匈奴應該是系出同源的民族。匈族細分為好幾個部族，在統治者阿提拉的領導下，於西元5世紀時在多瑙河北岸構築了一個龐大的帝國，然而在阿提拉過世後帝國旋即崩壞。此外匈牙利（Hungary）的語源為Hungarian，匈牙利人（馬札爾人）被視為匈族的子孫。

日耳曼民族遷徙路線

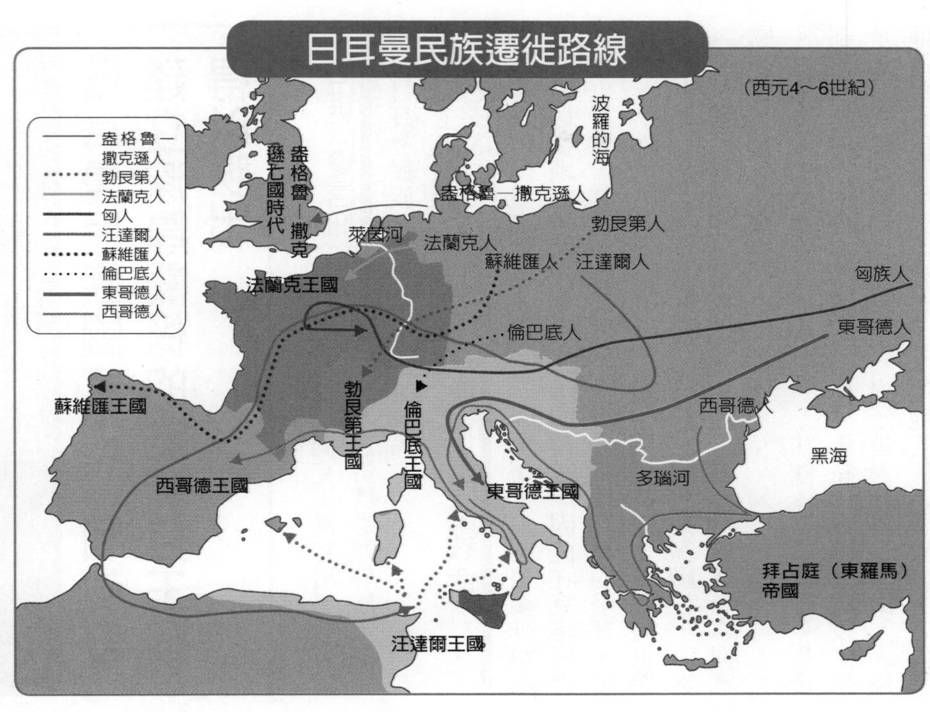

日耳曼民族諸國

東哥德王國	西元493年於義大利建國
	→西元555年亡於東羅馬帝國
西哥德王國	西元415年於伊比利半島建國
	→西元711年亡於伍麥亞王朝
倫巴底王國	西元568年於北義大利建國
	→西元774年亡於法蘭克王國
勃艮第王國	西元443年於法國東南和瑞士建國
	→西元534年亡於法蘭克王國
汪達爾王國	西元429年於北非建國
	→西元534年亡於東羅馬帝國

就這樣，混亂的局勢持續了約200年之久。

日耳曼民族國家中，和教會建立深厚關係的法蘭克王國得以勝出

Point

- 短命的日耳曼國家中，法蘭克王國一枝獨秀
- 法蘭克王國宮相查理・馬特擊退伊斯蘭教徒
- 丕平透過向羅馬教皇進獻土地，加強了和羅馬教會的關係

克洛維改變信仰

日耳曼民族雖然在移居當地建立起政權，但他們信仰的是被羅馬天主教視為異端的基督教阿里烏教派，因此和原居當地的天主教會信徒產生對立，常在短時間內滅亡。

其中法蘭克人在高盧（今法國）建立的法蘭克王國卻享有綿長的國祚。

把分散的法蘭克部族小部落統一起來、建立王國的是梅羅文加家族的克洛維。他透過改信羅馬天主教會，使法蘭克王國和羅馬教會以及羅馬貴族之間發展出深厚的關係。

擊退伊斯蘭教徒

法蘭克人有遺產分割繼承的傳統，因此在克洛維過世後發生繼承權的爭奪，削弱了國王的權力。此時世襲行政和財政最高職位——宮相的卡洛林家族逐漸掌握實權。

法蘭克王國的宮相查理・馬特，在圖爾戰役中擊退了越過庇里牛斯山，入侵領地的伊斯蘭教徒——伍麥亞王朝的軍隊，保護了基督教世界免除受到來自伊斯蘭世界的威脅。這場戰役使得查理・馬特聲名大噪，進而掌握了國家實權。

卡洛林王朝

查理・馬特的兒子丕平廢除了梅羅文加家族的國王，在羅馬教皇的支持下繼承王位，開創了卡洛林王朝。

丕平攻擊倫巴底王國奪取其領地，並將拉溫納地區獻給教皇。這是中世紀之後成為教會經濟基礎「教宗

年表

法蘭克王國的發展

▼西元5世紀後半
克洛維統一法蘭克人，建立法蘭克王國

▼西元496年
克洛維改信羅馬教會

▼西元732年
圖爾戰役

▼西元751年
丕平建立卡洛林王朝

▼西元756年
丕平向教皇進獻拉溫納地區

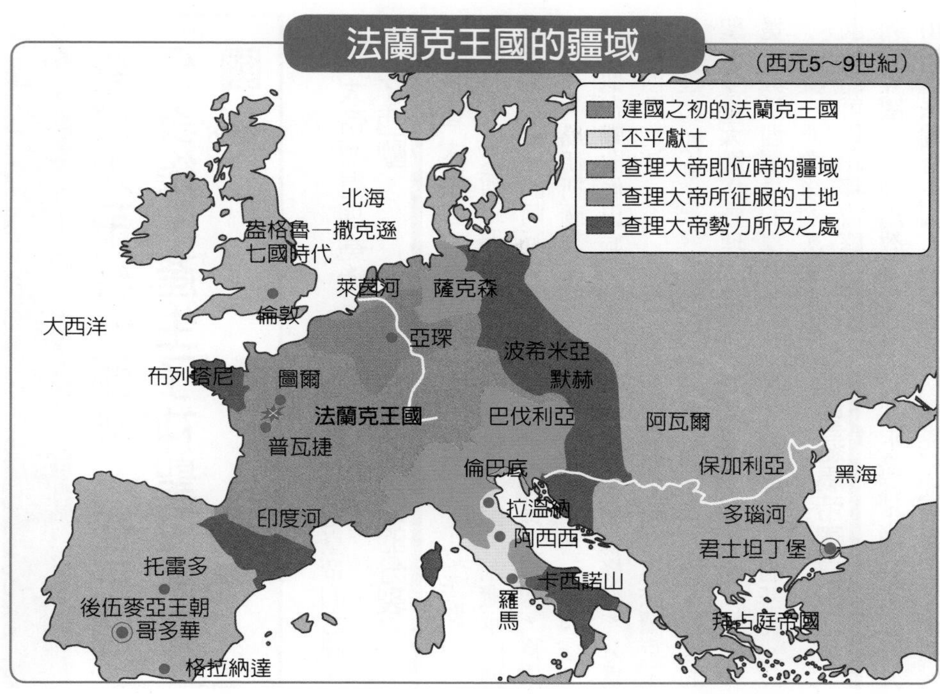

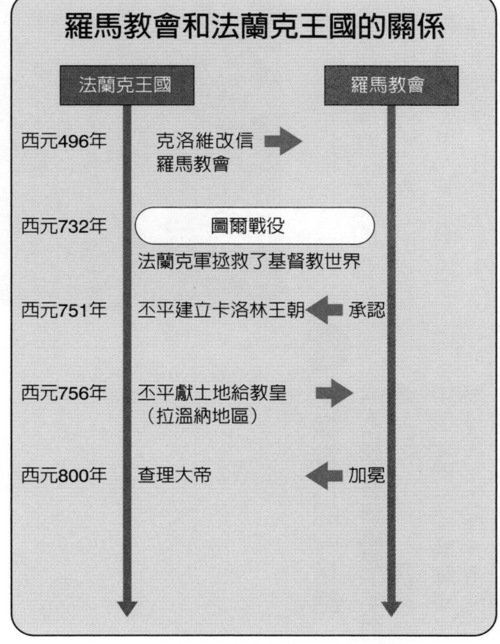

國」的濫觴。

法蘭克王國在丕平的兒子查理大帝的治理下，得到更進一步的發展。

丕平

查理大帝統一西歐，在王國分裂後，產生了神聖羅馬帝國

Point

- 查理大帝獲得加冕後統一西歐
- 德國、法國和義大利的基礎始於法蘭克王國分裂之後
- 東法蘭克王國國王加冕後，神聖羅馬帝國於焉誕生

查理大帝獲得加冕後統一了西歐

查理大帝（Charlemagne，又稱查理曼）擊退了來自亞洲的阿瓦爾人和伊比利半島伊斯蘭教徒的入侵，他在擊敗倫巴底王國後完成西歐的統一。

羅馬教皇利奧三世在聖伯多祿大殿為查理大帝加冕，成為西羅馬的皇帝。

統一西歐後的法蘭克王國成為可以和拜占庭帝國並列的大國。而羅馬教皇也藉由接近法蘭克王國，展現出獨立於拜占庭皇帝的意圖。

法蘭克王國的分裂

查理大帝之子路易一世過世後，因分割繼承的傳統，依《凡爾登條約》將法蘭克王國分割為三個國家，再依據《墨爾森條約》分為西法蘭克王國、東法蘭克王國和中法蘭克王國。這樣的劃分成為日後法國、德國和義大利三國領土的基礎。

神聖羅馬帝國之始

卡洛林王朝結束於三分法蘭克王國之後，此後諸侯並立。

東法蘭克王國的有力諸侯中，由薩克森公爵亨利一世繼承王位，其子奧托一世因為擊退了由東方入侵的馬札爾人，獲得羅馬教皇若望十二世加冕。從此德國這個地方就被稱為神聖羅馬帝國。

認識當代的一句話

「人民的聲音就是上天的聲音。」（阿爾琴）

中世紀的英格蘭神學者阿爾琴寫給查理大帝信中的一段話。呼籲上位者需「重視民意」。

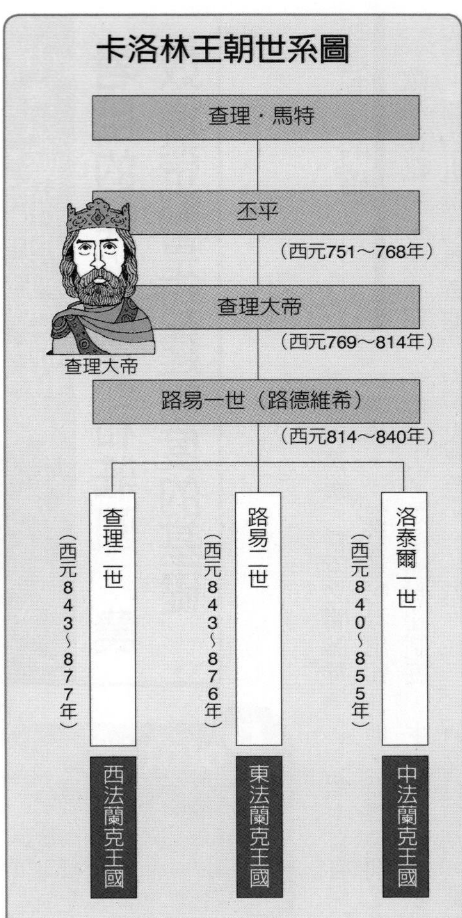

學更多，長知識　世界史ABC

卡洛林文藝復興

查理大帝在全國之下劃分州，由伯爵來治理，再派遣巡察使監督伯爵。查理大帝熱衷於復興拉丁文化，聘請英格蘭的神學者阿爾琴等人在亞琛的宮殿裡講學並建立教會和附屬之學校，這一系列的動作被稱為卡洛林文藝復興。我們至今仍可以在亞琛大教堂緬懷當時的情景。透過卡洛林文藝復興，日耳曼文化、英格蘭文化和基督教文化相互融合，孕育出嶄新的西歐文化圈。

年表

- 法蘭克王國的分裂
- ▼西元774年 查理大帝滅倫巴底王國
- ▼西元800年 查理大帝獲加冕
- ▼西元843年 《凡爾登條約》
- ▼西元870年 《墨爾森條約》
- ▼西元962年 奧托一世獲加冕，神聖羅馬帝國成立

中世紀歐洲的封建制度

君臣的契約關係和莊園、農奴連帶制是封建制度的基礎

封建制度的確立

歐洲從羅馬帝國末期左右，開始出現「恩貸地制」，即土地的所有者向有權勢的人獻上自己的土地，再向地主承租土地來耕種。

另一方面，日耳曼民族的自由民投效權勢者，藉以獲得糧食和武器的「隨從制度」也在此時出現。

「恩貸地制」和「隨從制度」兩者的結合確立了封建制度。亦即有權勢者作為主人貸給臣下土地（封土），臣下則對君主負有軍事上的義務。君臣之間為契約關係，一位臣子可以出仕多位主人，是歐洲封建制度的一大特色。

作為臣下的有許多都是小面積土地的擁有者，戰爭時成為參與戰鬥的騎士。擁有臣下的主人被稱為諸侯，由此形成了國王、諸侯、騎士的階級制度。

農業的發展

諸侯和騎士所擁有的土地稱為莊園。莊園由領主的直營地和農民的保有地兩者結合而成。

領主負責保障農民的土地，而農民則是必須耕作領主的直營地（賦役）還需要納稅的農奴。農奴沒有自由移動和選擇職業的自由。此外，農奴還要向教會繳付收穫量的一成，稱為「什一稅制」。

民族大遷徙和法蘭克王國的分裂等造成持續的混亂，商業衰退使農業成為這一時期的核心產業。許多歐洲廣袤的森林都遭開墾，農地增加。此外將耕地三分為春耕地、秋耕地和休耕地，三年為一個耕作週期的三圃制也是從這個時期開始的，三圃制的導入也使得糧食的產量增加。

Point

- 君主和臣下的主從關係透過土地來確立
- 確立了「莊園制」的大規模土地所有制度
- 住在莊園裡的農民是沒有自由的農奴

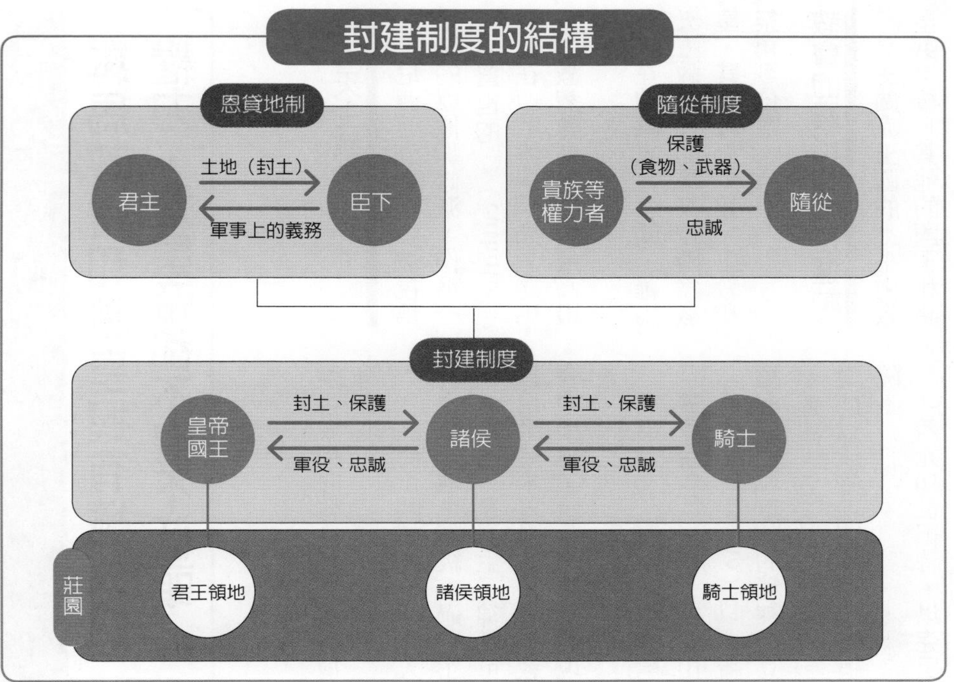

學更多，長知識 世界史ABC

騎士精神

歐洲中世紀時，參與戰爭的要角是騎士，騎士所奉為圭臬的道德被稱作騎士精神。其內涵為有勇氣講信義、遵守基督教的倫理、愛護女性和弱者等。描述騎士精神的文學作品，有以追隨查理大帝的騎士羅蘭為主角的史詩，如：《羅蘭之歌》以及《圓桌武士》等作品。騎士的故事在當時風行一時。

●**莊園**

莊園由領主的直營地和農民的保有地所構成，耕作領主的直營地是農奴的賦役。莊園中有農民共用的牧草地、森林、水磨坊、製作麵包的工作坊和鐵匠鋪。

羅馬教會和教皇握有極大的權力，連皇帝都不得不低頭

Point

- 羅馬天主教會為西歐宗教界的最高權威
- 教會內部發生墮落腐敗，修道院針對它加以修正
- 卡諾莎之行向世人展現了教皇的權勢在皇帝之上

羅馬天主教會

尼西亞公會議中被視為正統的亞他那修派，作為一種「普世的」（catholic）教派在西歐傳播開來，羅馬天主教教會則是它的最高殿堂。

在神職人員之間，羅馬天主教會裡的最高位階為教皇，其下有大主教、主教和祭司等位階。

教會的腐化和修正運動

法蘭克王國的丕平向教皇獻土後，其他的國王和諸侯也競相向教會和修道院捐贈土地。

然而正因如此，神職人員也成了地主階級，過上了世俗生活。還發生了神職可以用金錢來買賣的事情，教會中出現了墮落和腐敗的現象。

另一方面，聖本篤（Benedictus）在卡西諾山（Monte Cassino）以「祈禱與工作並重」的精神設立修道院，過著集體生活。從此以後各地開始建起修道院。

西元10世紀時，以克呂尼修道院（Cluny Abbey）為核心，開始了針對教會墮落的修正運動。出自該修道院的教皇額我略七世頒布了禁止神職買賣和神職人員娶妻的禁令。

克呂尼修道院

年表

教會的茁壯

▼西元529年 聖本篤在卡西諾山建立修道院

▼西元726年 拜占庭皇帝發起聖像破壞運動

▼西元756年 丕平獻土

▼西元800年 查理大帝加冕

▼西元910年 設立克呂尼修道院

▼西元1077年 卡諾莎之行

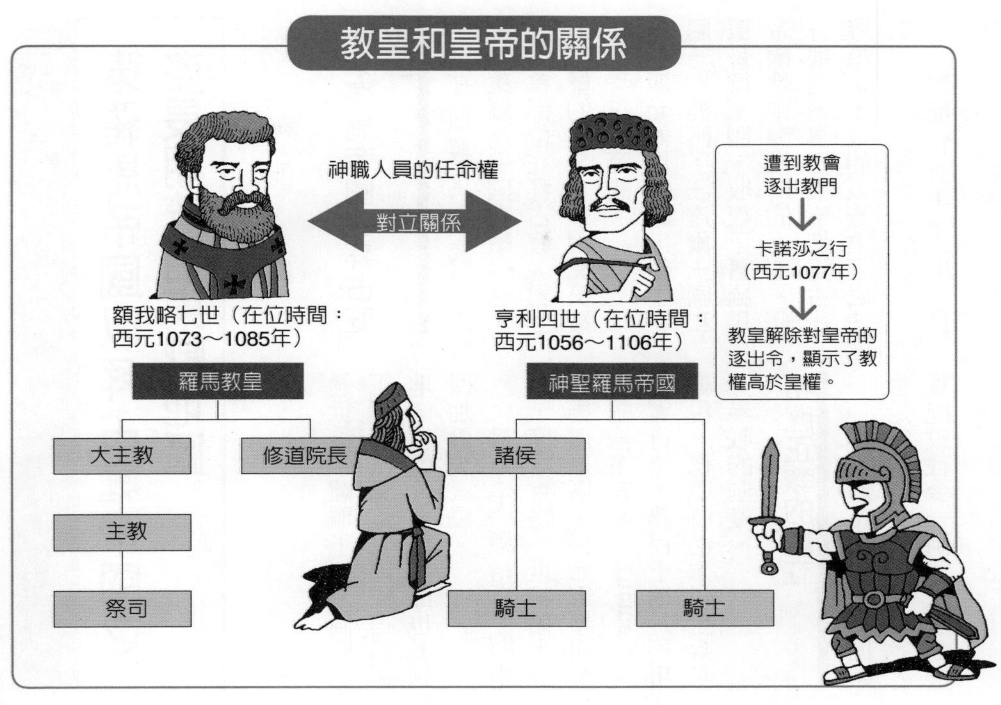

卡諾莎之行（Road to Canossa）

額我略七世（Gregory VII）認為，主教和修道院院長的人選不應該由神聖羅馬帝國皇帝來任命，而是交由教皇來執行，因此和皇帝亨利四世發生對立，並將亨利四世逐出教會。

亨利四世因為擔心遭到逐出教門的他，會被神聖羅馬帝國裡覬覦皇位的其他有力諸侯攻擊，因此在教皇停留的義大利北部卡諾莎一地，於雪中打著赤腳足足三天，請求教皇的寬恕，最終才得以解除逐出教會之令。這次事件被稱作「卡諾莎之行」，展示了教皇的權力高過皇帝。

學更多，長知識 世界史ABC

東、西教會

羅馬教會對日耳曼人傳教時會使用耶穌和聖母瑪利亞的圖像，拜占庭皇帝利奧三世反對此種傳教方式，並推行聖像破壞運動。因為如此，羅馬教會才謀圖從君士坦丁堡教會裡獨立出來。透過對查理大帝舉行加冕，羅馬教會等於宣示脫離拜占庭皇帝的影響。

東羅馬帝國以拜占庭帝國之姿長期統治東歐地區

Point

- 拜占庭帝國一直延續到西元15世紀
- 帝國的發展中領土雖有擴大，卻被塞爾柱王朝和十字軍給侵奪
- 成立了不同於羅馬天主教會的希臘正教

從東羅馬帝國到拜占庭帝國

在西羅馬帝國滅亡後，東羅馬帝國繼續存在，因為首都位在拜占庭（君士坦丁堡的古名），因此又被稱為拜占庭帝國。

西元6世紀時，查士丁尼一世消滅了汪達爾王國和東哥德王國，收復了舊羅馬帝國地中海沿岸的土地。此外他還編纂了被稱作集古代羅馬法大成的《查士丁尼法典》。

然而在查士丁尼一世過世後，薩珊王朝、倫巴底王國和法蘭克王國侵占其領地，巴爾幹半島北部也遭到保加爾人入侵。

為了因應這樣的事態，席哈克略一世將領土分做幾個軍區，任命軍事司令官統治軍管區（Thema）。並實行給予農民土地且不用繳稅，但戰時必須以士兵身分參戰的制度。

希臘正教的成立

拜占庭帝國的皇帝同時也是宗教上的最高指導者，實施政教合一制。西元8世紀時，教皇利奧三世因受到伊斯蘭教批評其為偶像崇拜，因此頒布「聖像崇拜禁止令」，這則命令使拜占庭帝國和羅馬天主教會之間產生對立。君士坦丁堡教會和羅馬天主教會決裂，成立希臘正教會。

拜占庭帝國的滅亡

雖然拜占庭帝國的土地持續縮小，但作為商業中心的地位卻長久不衰。

然而，因為和威尼斯商人之間產生嫌隙，造成第四次十字軍東征時，十字軍

●聖像畫（Icon）

教皇利奧三世於西元726年頒布「聖像崇拜禁止令」，該命令直到西元843年才被解除。其後在拜占庭帝國國內出現了許多畫在平板上的聖像畫。聖像畫（Icon）也成為日後英語中圖示（Icon）的語源。

宗教的分布

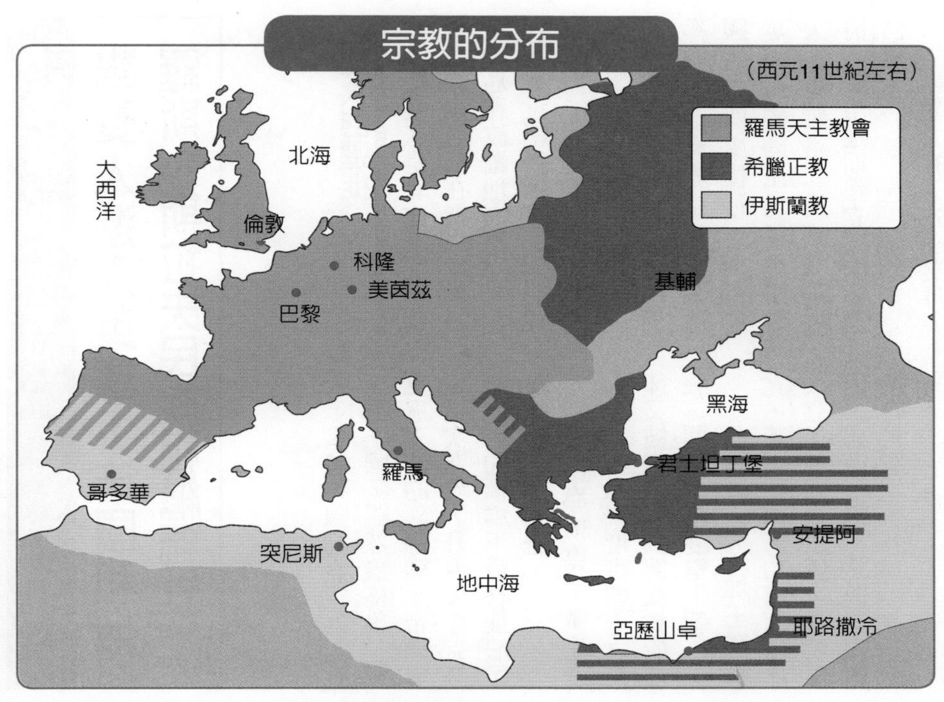

占領了君士坦丁堡，建立拉丁帝國。後來拜占庭帝國雖然收回失土，但已是元氣大傷，最後亡於鄂圖曼帝國。

學更多，長知識　世界史ABC

拜占庭文化

君士坦丁堡在中世紀時商業發達，以希臘語作為公用語言。拜占庭樣式的建築物以聖索菲亞大教堂為代表，圓形的屋頂是其最大的特徵。由小石子和貝殼構成的鑲嵌（馬賽克）藝術裝飾在牆壁上。

年表

拜占庭帝國的興亡

- ▼西元395年　羅馬帝國分裂為東西羅馬帝國
- ▼西元476年　西羅馬帝國滅亡
- ▼西元527～565年　查士丁尼一世在位期間
- ▼西元534年　拜占庭帝國消滅汪達爾王國
- ▼西元555年　拜占庭帝國消滅東哥德王國
- ▼西元610～641年　席哈克略一世在位期間
- ▼西元726年　教皇利奧三世頒布「聖像崇拜禁止令」
- ▼西元843年　解除「聖像崇拜禁止令」
- ▼西元1054年　成立希臘正教會
- ▼西元1204年　第四次十字軍東征建立拉丁帝國
- ▼西元1261年　拜占庭帝國復興
- ▼西元1453年　拜占庭帝國亡於鄂圖曼帝國

諾曼人進入英國、法國和俄羅斯，斯拉夫民族相繼獨立

諾曼人的遷徙

諾曼人是北方系的日耳曼民族，居住在斯堪地那維亞半島和波羅地海沿岸。在西元8世紀後半葉，他們成爲海盜，肆虐歐洲的沿岸地區，又被稱作維京人。

其中由羅洛（Rollo）率領的一支維京人進入法國，並四處橫行、進行掠奪。法國國王爲了息事寧人，將羅洛封爲諾曼第公爵，羅洛進而建立了諾曼第公國。

諾曼人的另外一支丹麥人，入侵英國的盎格魯—撒克遜王國，雖然盎格魯—撒克遜王國的阿佛烈大帝擊退了這次進攻，丹麥人在克努特大帝的領導下最終征服了盎格魯—撒克遜。

其後盎格魯—撒克遜的王朝雖然一度復興，之後卻又被諾曼第公爵威廉所征服，開創了諾曼第王朝。

此時歐洲各地王國林立，義大利南部和西西里島成立了西西里王國，丹麥王國、挪威王國和瑞典王國興起於北歐。

Point

- 諾曼人將英國和法國納入治下
- 諾曼人的其中一支所建立的國家成為俄羅斯的起源
- 斯拉夫民族在東歐相繼建國

東歐的動向

諾曼人中朝斯拉夫地區前進的一支稱爲羅斯人，留里克（Rurik）建立了諾夫哥羅德公國，留里克的一族則建立了基輔大公國。這兩個國家作爲俄羅斯的起源，逐漸地斯拉夫化。基輔大公弗拉基米爾一世改信希臘正教，帶入拜占庭文化和農奴制度。

西元13世紀時蒙古人入侵此地，建立了欽察汗國，統治俄羅斯人民。

西元15世紀時，莫斯科大公國的伊凡三世脫離了蒙古的統治，統一俄羅斯。伊凡三世使用帶有皇帝意味的「沙皇」稱號。

斯拉夫民族中，立陶宛大公雅蓋洛（Jagiellonian）和波蘭聯合建立波蘭立陶宛（又稱波立聯邦）。此外，捷克人、塞爾維亞人、克羅埃西亞人和保加爾人也紛紛成立自己的國家。

諾曼人的遷徙

斯拉夫民族的宗教

希臘正教	天主教
俄羅斯人	波蘭人
塞爾維亞族	捷克人
保加爾人	克羅埃西亞人

年表

東歐諸國

▼西元862年
留里克建立了諾夫哥羅德公國

▼西元880年左右
基輔大公國成立

▼西元911年
羅洛建立諾曼第公國

▼西元1068年
諾曼第公爵威廉征服英格蘭

▼西元1130年
西西里王國成立

▼西元1328年
莫斯科大公國成立

▼西元1480年
俄羅斯脫離蒙古統治

安定的社會和高漲的宗教熱情，讓十字軍奪回聖地耶路撒冷

十字軍形成的背景

西元11世紀時，西歐社會安定人口增加，農業生產量提高。西歐人開始將目光投向外面的世界。

在伊比利半島上，透過「收復失地運動」（Reconquista）將伊斯蘭勢力趕出了半島。

威尼斯等義大利城市，藉由地中海貿易商業發達。

羅馬教會在此時的權勢也達到顛峰，前往聖地耶路撒冷參拜巡禮的基督徒與日俱增。

十字軍東征的契機

此時，進軍小亞細亞的塞爾柱王朝侵占了拜占庭帝國的領土，皇帝於是向教皇請求援軍。

教皇烏爾巴諾二世於克萊芒會議中決定出兵遠征，欲奪回落入伊斯蘭教徒手中的耶路撒冷。

這支軍隊在胸前都繡上十字架，因此被稱作十字軍。

前期的十字軍

以法國諸侯為中心組成的第一次十字軍，成功的奪回了耶路撒冷，並建立耶路撒冷王國。

然而，伊斯蘭勢力隨後反撲，埃宥比王朝的薩拉丁攻下耶路撒冷。

其後德國皇帝、法國國王和英國國王都參與了第三次十字軍東征。然而德國皇帝因故身亡，法國國王中途返國，未能奪回耶路撒冷。經過英國國王的努力交涉後，薩拉丁終於承認基督教徒的朝聖活動。

Point

- 西歐向外發展的時機到來
- 第一次十字軍東征建立了耶路撒冷王國
- 耶路撒冷王國遭伊斯蘭勢力摧毀

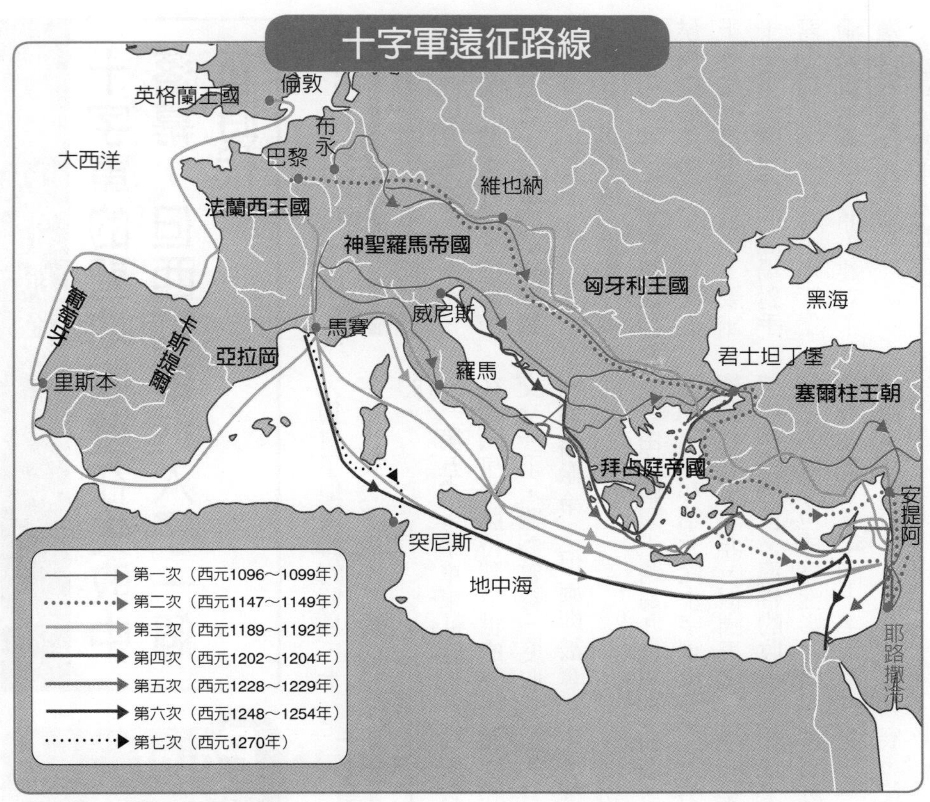

歐洲世界的形成與擴張

學更多，長知識 世界史ABC

騎士團（Chivalric order）

十字軍時期，本身既是修士又是騎士的一個群體集結成宗教騎士團，嶄露頭角。騎士團集結的主要任務為保護朝聖者和守護聖地。
聖殿騎士團（Knights Templar）成立於西元1119年，於西元1312年解散。
醫院騎士團（Knights Hospitaller，或稱聖約翰騎士團）的根據地設在羅得島和馬耳他島，之後轉移到羅馬，至今猶存。
條頓騎士團（Teutonic Order）設立於西元1190年，十字軍將波羅的海沿岸納為領土後，構築了普魯士的基礎。

●收復失地運動（Reconquista）

Reconquista有「再征服」的意思。這個運動是指讓後伍麥亞王朝所征服的伊比利半島土地，重新回到基督教徒建立的卡斯提爾和亞拉岡王國手中。

十字軍的聖地收復在失敗中落幕，但西歐卻進入了一個新時代

第四次十字軍東征以後

第一次十字軍東征時曾一度收復了聖地耶路撒冷，使教皇的聲威大震。依諾增爵三世時，教皇的威望達到了至高點。

在依諾增爵三世的呼籲下，第四次十字軍以法國諸侯爲中心集結起來。負責海上運輸的威尼斯商人，要求十字軍攻擊他們的商場對手君士坦丁堡。在君士坦丁堡淪陷後，威尼斯商人建立了殖民國家拉丁帝國。

這次事件使威尼斯商人獨占了地中海的貿易，十字軍也喪失了原本行動的目的。

第五次十字軍東征時，在德國皇帝腓特烈二世的外交交涉下，雖然曾經一度收回耶路撒冷，但旋即被奪回。

由法國國王路易九世率領的第六和第七次十字軍東征雖然進軍北非，但國王卻感染瘟疫過世，連帶的收復聖地的目標也成爲泡影。前後長達200年的十字軍時代畫上休止符。

十字軍的影響

十字軍遠征行動的失敗使教皇威信掃地。參戰的諸侯和騎士也因戰死或經濟上的窘迫而沒落。從結果來看，權力往國王身上集中，政治朝向中央集權化的方向前進。

另一方面，地中海周邊的交通發達，人流和物流的往來興盛。伊斯蘭文化和拜占庭文化也被帶進西歐。此外，商業和貨幣經濟的發展，使西歐進入了一個新時代。

Point

- 第四次十字軍東征攻擊了君士坦丁堡
- 第五～七次十字軍東征皆在毫無建樹下告終
- 十字軍行動的失敗，使中世紀歐洲社會崩壞

學更多，長知識 世界史ABC

兒童十字軍

西元1212年，有一名少年據說在夢中聽到了神啓，率領法國的少男少女組成十字軍。他們從馬賽港出帆後遭到船難，倖存者被帶到北非當作奴隸販賣，可以說結局相當悲慘。

參加十字軍的理由
商人
透過提供資金，謀
求市場的擴大
教皇
為了提高教皇和教會
的權威促使東西教會
的統一
十字軍
農民
可以抵銷負債，取得
自由的身分
國王和諸侯
領土擴張和獲得戰利品

十字軍的始末

次數	年	參加者	結果
第一次	西元1096～1099年	法國諸侯	奪回聖地．建立耶路撒冷王國
第二次	西元1147～1149年	德國皇帝．法國諸侯	法國國王於敘利亞敗北
西元1187年		薩拉丁奪回耶路撒冷	
第三次	西元1189～1192年	德國皇帝．法國諸侯．英國國王	英王和薩拉丁講和
第四次	西元1202～1204年	法國諸侯	十字軍遭威尼斯商人利用攻擊君士坦丁堡，成立拉丁帝國
第五次	西元1228～1229年	德國皇帝	透過外交交涉取得耶路撒冷
西元1244年		伊斯蘭勢力奪回耶路撒冷	
第六次	西元1248～1254年	法國國王	路易九世成為俘虜而失敗
第七次	西元1270年	法國國王	路易九世病死而撤退
西元1291年		十字軍最後的據點阿卡失守	

農業產量提升，貿易路線擴大，造成工商業的發展。都市獲得了自治和自由

商業復興

歐洲在11世紀時農業的生產力提高，開始產生剩餘的生產物，產生了交換剩餘物品的定期市場。一開始是採以物易物的方式交易，之後則改為貨幣交易。

定期市場進而轉變為固定的店舖，商人和手工業者定居下來形成了都市，產生了市民階級。

十字軍東征開拓了交通路線，讓大範圍的商業貿易成為可能。這種都市和市民的發展稱作商業復興。

自治都市的誕生

都市發展起來之後，領主開始向市民課重稅。市民為了抵抗此舉，向國王或皇帝申請並取得居住權和自治權的保證，從領主那獲得相對的獨立。

在義大利北部，出現了市民主持市政的自由都市。在德國則誕生了直屬於皇帝的自由都市。

另外，為了對抗領主產生了都市同盟。其中以義大利北部的倫巴第同盟和德國的漢薩同盟最為著名。

同業公會（guild，或譯為基爾特，又稱行會）與富商

都市內部，商人以互相扶持為目的，成立了商人同業公會並獨占市場。

為了對抗商人同業公會，同樣業種的手工業者也組成了同業公會。同業公會裡有參加市政營運的師傅和有技藝的職工以及學徒等，是一嚴格的身分制度。

商人之中出現了像奧格斯堡（Augsburg）的福格家族（Fugger）和佛羅倫斯

Point

- 剩餘產物的交換地點朝向都市發展
- 十字軍東征促進了交通的發達，商業也隨之興盛，都市規模擴大
- 自治都市和自由都市的產生，使工商業者成為新的階級

●漢薩同盟

漢薩同盟是以呂北克為盟主，由漢堡和不來梅等城市組成的都市同盟。最盛時期曾有100個以上的城市加盟。雖然該同盟從西元13世紀後半開始興起，但明確的都市同盟體制要到西元1358年才建立起來。該同盟獨占了北海和波羅的海沿岸的商業，也擁有自己的軍隊和城寨。

的麥第奇家族這樣擁有巨額財富的富商。

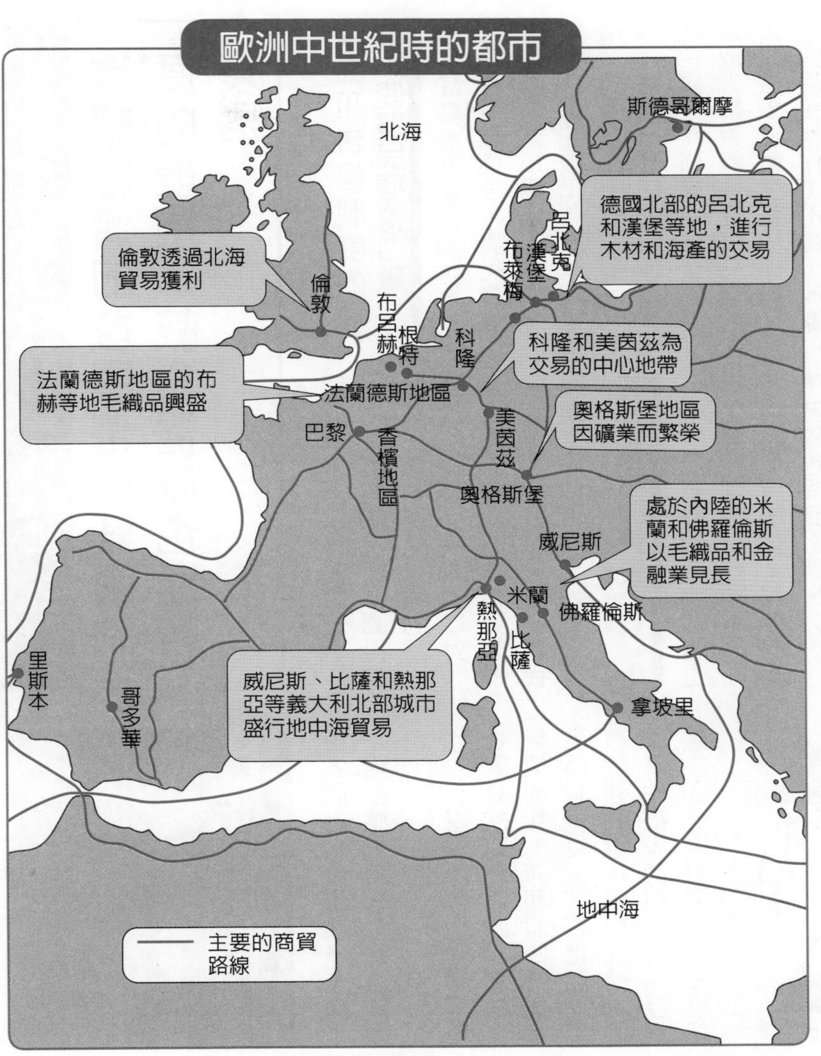

學更多，長知識 世界史ABC

經院哲學

中世紀歐洲的學術核心為神學，結合了基督教的思考方式和亞里斯多德的經院哲學大為盛行。其中托馬斯·阿奎那（義大利）所著的《神學大全》為集大成。羅傑·培根（英國）也是一名經院哲學家。此外，受到高度發達的伊斯蘭科學影響，西歐也奠定了近代自然科學的基礎。

認識當代的一句話

「城市空氣帶來自由。」
(Stadtluft macht frei.)

這是一句中世紀歐洲的諺語。城市裡瀰漫著自由的空氣，逃到城市裡的農奴只要在一定的時間內不被抓到即可獲得自由之身。

貨幣經濟的發展帶來莊園制度的崩壞，教會權威也連帶衰落

莊園和封建制度的崩壞，使農民獲得力量

當農業生產量提高，貨幣經濟發達後，農民將剩餘作物拿到市場出售換取貨幣，使經濟得到一定的寬裕。

西元14世紀中期，黑死病（鼠疫）橫掃西歐全土，造成人口銳減。從事農業的人口減少。領主為了確保足夠的農民耕作，不得不放寬對農民的控制。

從結果來看，農民的地位得到提高，從農奴的身分解放出來成為自營農民。

貧窮的領主若試圖再次對農民加強支配權利的話，農民則發起反抗運動以對。大規模的有法國的札克雷暴動和英國的瓦特·泰勒農民起義。

教會權威的喪失

中世紀時的教會同時也是坐擁莊園的封建領主，在莊園制度崩壞後，教會的經濟基礎也受到影響。

十字軍東征對於實際投入戰事的國王和皇帝帶來了名聲。然而遠征的失敗卻讓人們對教會和教皇充滿了不信任感，使教會的權威褪色。

教皇博義八世遭到與之對立的菲利浦四世逮捕後氣憤而死。菲利浦四世之後更將教皇克雷芒五世和羅馬教廷強制遷移至亞維儂。這個事件被人們稱之為「亞維儂之囚」（以西元前6世紀

菲利浦四世

Point

- 貨幣經濟的發展和黑死病的爆發提高了農民的地位
- 莊園崩壞後，封建領主也隨之沒落
- 十字軍東征的失敗使教會臉上無光

認識當代的一句話

「當亞當耕作、夏娃織布的時候，誰是紳士階級呢？」（約翰·鮑爾）

瓦特·泰勒發動叛亂時，和泰勒一起領導農民起義的約翰·鮑爾曾用這句話來責問領主們的壓榨行為。

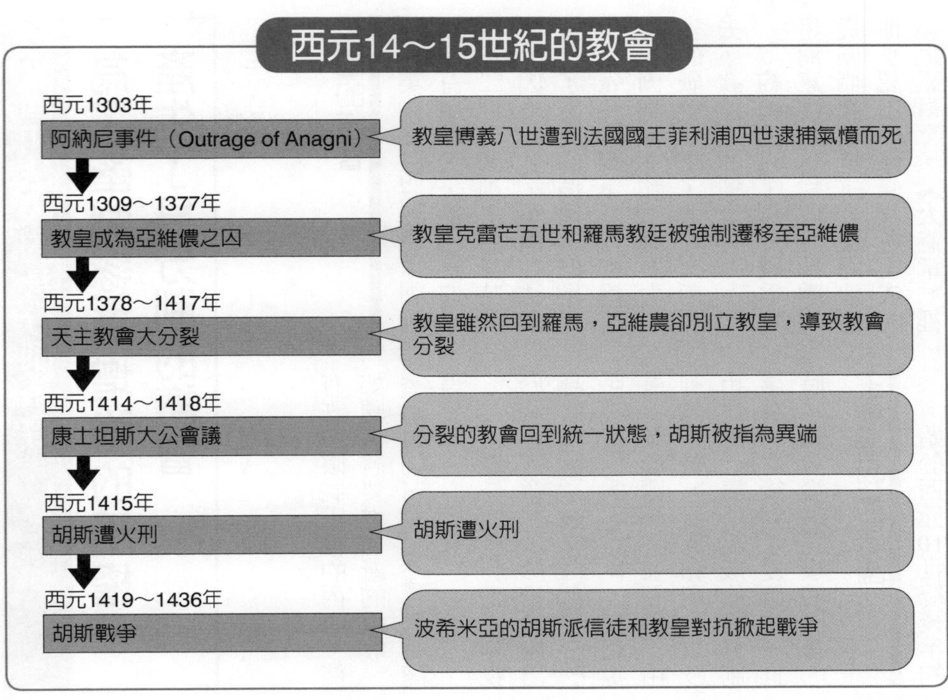

西元14～15世紀的教會
西元1303年
阿納尼事件（Outrage of Anagni）
教皇博義八世遭到法國國王菲利浦四世逮捕氣憤而死
西元1309～1377年
教皇成為亞維儂之囚
教皇克雷芒五世和羅馬教廷被強制遷移至亞維儂
西元1378～1417年
天主教會大分裂
教皇雖然回到羅馬，亞維農卻別立教皇，導致教會分裂
西元1414～1418年
康士坦斯大公會議
分裂的教會回到統一狀態，胡斯被指為異端
西元1415年
胡斯遭火刑
胡斯遭火刑
西元1419～1436年
胡斯戰爭
波希米亞的胡斯派信徒和教皇對抗掀起戰爭

時猶太人被囚禁在巴比倫爲喻）。

克雷芒五世回到羅馬後亡故，羅馬和亞維儂因各自擁立教皇，導致天主教會大分裂。

此時，神學教授約翰·威克里夫（Wyclif）和胡斯（Hus）等人批判教會的腐敗，產生了異於羅馬天主教會信仰的基督教派。教會視這些爲異端，極盡打壓取締。

●黑死病

一般認為，黑死病是於西元1346年，由進行地中海貿易的義大利商人從克里米亞半島帶進歐洲的疾病。疾病的擴散從義大利到法國、英國、西班牙和德國，然後擴散至北歐。當時全歐有將近三分之一的人死於此疫。

學更多，長知識　世界史ABC

宗教裁判所（異端審判）

被宗教裁判所（異端審判）視為邪說的有基督教的卡特里派（受到摩尼教影響，在西元12世紀末時甚為流行）、卡特里派支流的阿爾比派，批判教會腐化的胡斯派和其他教派。當時盛行的惡魔信仰也被視為異端，遭到檢舉和處刑。異端審判愈演愈烈，到了後來甚至舉發清白的女性為女巫，進行獵巫行動。

英國和法國的身分制議會

為了牽制逐漸增強的王權，產生了身分制的議會

英國的議會

英國的諾曼第王朝因爲沒有繼承人，從法國迎來亨利二世，開創了金雀花王朝。因爲如此，英國在法國擁有了廣大的領地。但是到了金雀花王朝第三代約翰王時，因爲他在和法國腓力二世的戰爭中吃了敗仗，而失去了歐陸上的領土。

約翰王爲了調度戰爭費用而意圖加重稅收，卻遭到貴族們團結抵抗，反而迫使他承認由63條條款所組成的《大憲章》。《大憲章》裡有許多限制王權的內容，例如國王若要增加新的稅收，需要得到貴族集會的承認等。

但繼任的亨利三世無視於《大憲章》，於是貴族出身的西蒙・德孟福爾（Simon de Montfort）掀起叛亂，戰勝國王。並召開了由神職人員、貴族和騎士以及市民的代表所組成的身分制議會。之後到了愛德華一世時，議會發展爲模範議會。

王權增強的法國

始於西元10世紀後半的法國卡佩王朝，一開始呈現諸侯強君王弱的態勢，但進入西元12世紀以後，腓力二世開始壓抑諸侯。藉由戰勝英國的約翰王和擴張領土等功績，增強了王權。

路易九世時，透過掃蕩法國南部被視爲異端的基督教阿爾比派的叛亂，加強了對法國南部的控制力量。

腓力四世在位時因爲向教皇博義八世和神職人員課稅，兩者之間發生對立。此舉爲了得到人民的支持，他召開了神職人員、貴族和平民（生活優渥的商人等）代表組成的三級會議。

腓力四世甚至還逮捕教皇，並將教廷遷到法國的亞維儂，展示了王權凌駕於教會和教皇之上。

Point

- 英國制定了《大憲章》（The Great Charter）
- 舉辦了騎士和市民階級都能參加的議會
- 法國國王為了得到人民的支持而召集三級會議

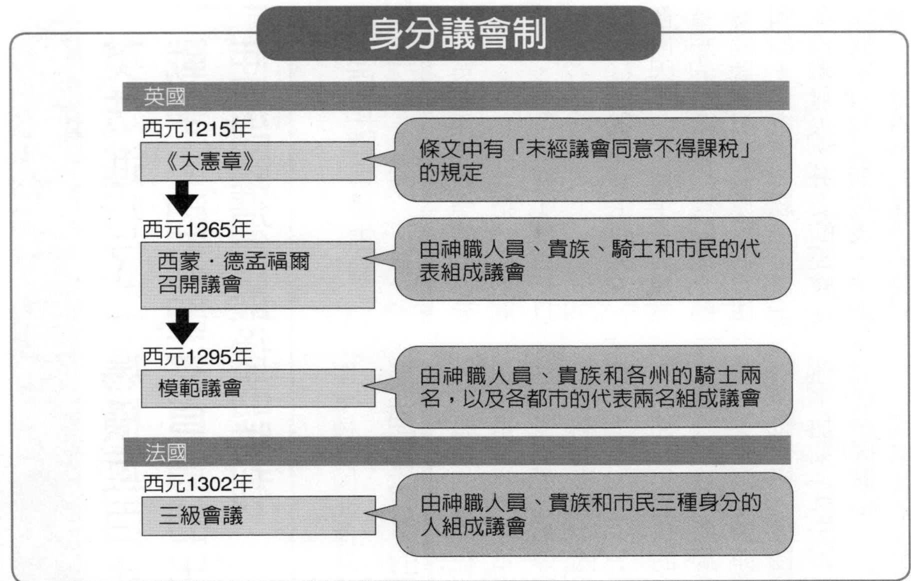

身分議會制
英國
西元1215年
《大憲章》
條文中有「未經議會同意不得課稅」的規定
西元1265年
西蒙．德孟福爾召開議會
由神職人員、貴族、騎士和市民的代表組成議會
西元1295年
模範議會
由神職人員、貴族和各州的騎士兩名，以及各都市的代表兩名組成議會
法國
西元1302年
三級會議
由神職人員、貴族和市民三種身分的人組成議會

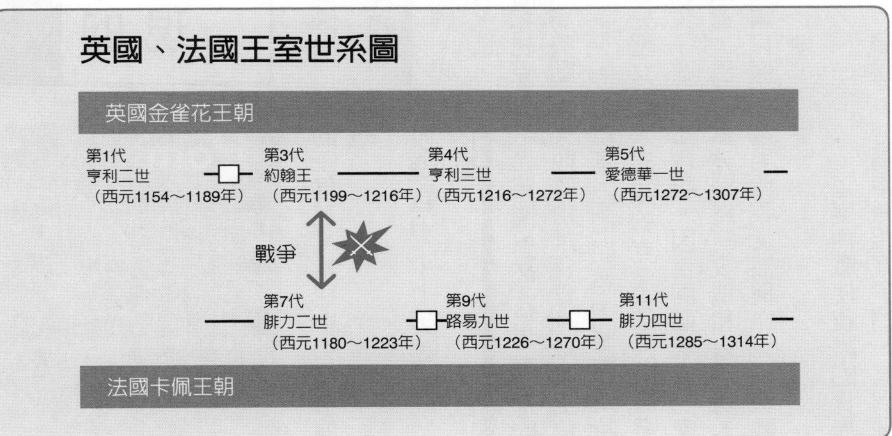

學更多，長知識 世界史ABC

中世時的教會建築

歐洲中世時的藝術以教會建築最有代表性。西元11世紀時，誕生了以圓拱狀屋頂和短柱為特色的「羅曼式建築」（Romanesque architecture）。進入西元12世紀後，巴黎聖母院和科隆主教教堂，這類擁有尖塔和花窗玻璃的「哥德式建築」也開始蔚為風潮。

英法進行了一場橫亙百年的戰爭，因為聖女貞德的出現使法國獲得最後的勝利

Point

- 法蘭德斯的領土歸屬糾紛掀起了英法的戰爭
- 法軍在聖女貞德出現後獲得勝利
- 因為英法百年戰爭和玫瑰戰爭而強化了王權

英法百年戰爭發生的原因

英法百年戰爭始於西元1339年，若把休戰期間算入，時間長達1個世紀以上。

這場戰爭發生的其中一個原因爲，作爲羊毛紡織業重鎮的法蘭德斯地區領土歸屬問題。另一個原因則爲法國的王位繼承問題。卡佩王朝後繼無人，分支的瓦盧瓦家族腓力六世即位後，法國國王腓力四世的孫子，英國的愛德華三世認爲自己也有繼承權，因此揮兵法國。

英法百年戰爭的經過

戰爭的舞臺在法國。起初使用弓兵的英軍占上風，法國受到黑死病肆虐和札克雷暴動的影響，國內局勢動盪不安。

然而，農民的女兒聖女貞德登場後，戰局發生了改變。英軍開始節節敗退，法國連戰皆捷，最後英國只保住了加萊（Calais）一地，並從法國撤出。

這場戰爭過後，諸侯的力量大不如前，得到強化的王權進一步往中央集權邁進。

玫瑰戰爭——英國的內戰

英國對於百年戰爭的失敗該由誰負責，以及王位繼承上的問題，蘭開斯特家族和約克家族之間爆發了內戰。因爲兩個家族的家徽分別爲紅玫瑰和白玫瑰，這場內戰又被稱作「玫瑰戰爭」。

這場內戰使英國的貴族分爲兩派相互爭鬥，直到蘭開斯特家的亨利七世娶了約

年表

百年戰爭和玫瑰戰爭

- ▼西元１３３９年　英法百年戰爭爆發
- ▼西元１３４６年　克雷西會戰：英軍勝利
- ▼西元１３５６年　普瓦捷戰役：英軍勝利
- ▼西元１３５８年　札克雷暴動
- ▼西元１４１５年　阿金庫爾戰役：英軍勝利
- ▼西元１４２９年　聖女貞德解除奧爾良的圍城之難，法軍戰勝英軍
- ▼西元１４３１年　聖女貞德遭到處刑
- ▼西元１４５３年　百年戰爭結束

克家的女兒後才宣告結束，並開啓了都鐸王朝。

長期的戰亂使貴族和騎士都疲於奔命走向沒落，使王權得到強化。亨利七世為了實現中央集權，還設置了懲罰貴族用的星室法庭。

▼西元1455～1485年
玫瑰戰爭

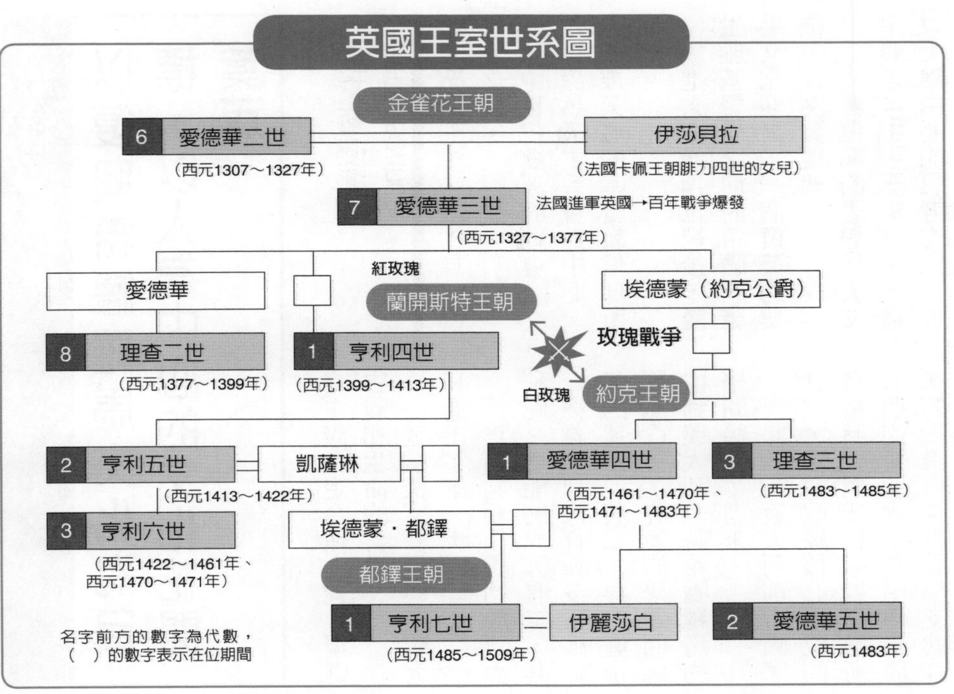

學更多，長知識 世界史ABC

聖女貞德

西元1412年，出生於法國棟雷米村的農家女貞德在13歲時，聽到了天使要她去解救奧爾良的呼喚。在查理王子（之後的查理七世）的許可下，貞德率領軍隊解救了遭到英軍圍城的奧爾良。然而在西元1430年時，貞德成為英軍的俘虜，被貼上異端的標籤並被處以火刑。關於貞德是如何帶兵作戰的細節至今仍不明瞭。

聖女貞德

以復興希臘羅馬文化為目標，以人為中心的文化花開葉茂

何謂文藝復興（Renaissance）

Renaissance有「重生」之義。

中世紀歐洲的社會、文化以羅馬天主教會爲中心。人們被禁慾的基督教信仰所束縛。

進入西元14世紀後，誕生於基督教之前的希臘、羅馬文化迎來了一個復興的契機——文藝復興。

文藝復興的思想爲人文主義（Humanism），一種以人爲中心的思考方式。人文主義肯定合理主義、現實主義和生命的喜悅。

就這樣文藝復興在義大利邁出了第一步。

爲何文藝復興始於義大利呢？可能的原因有二，其一爲義大利擁有許多羅馬時代的遺跡。其二，拜占庭帝國滅亡後，許多的學者們逃亡到義大利，將希臘羅馬的學問給帶了進來。

此外，義大利都市國家林立，處於政經核心地位的富裕商人們成爲學者和藝術家們的贊助者。其中佛羅倫斯的麥第奇家族因爲支助許

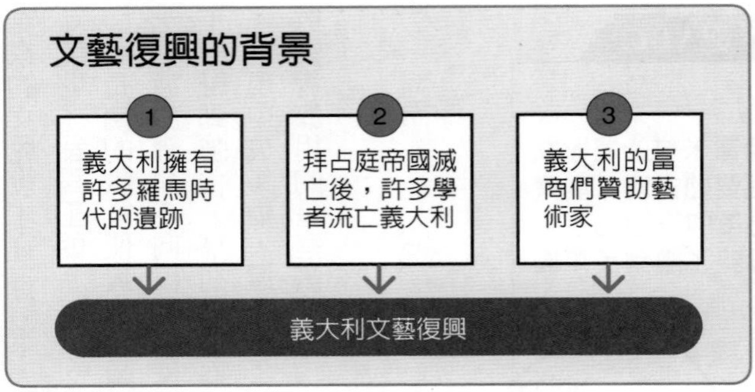

文藝復興的背景

1. 義大利擁有許多羅馬時代的遺跡
2. 拜占庭帝國滅亡後，許多學者流亡義大利
3. 義大利的富商們贊助藝術家

↓

義大利文藝復興

Point

- 文藝復興是復興希臘和羅馬文化的一場運動
- 文藝復興始於和拜占庭帝國有密切關聯的義大利
- 以人為中心、合理主義和肯定現世為文藝復興的最大特色

●麥第奇家族

麥第奇家族在佛羅倫斯靠著貿易活動成為富商巨賈。西元1434年時，麥第奇家族的大家長科西莫掌握了佛羅倫斯的市政，他的孫子羅倫佐一方面實行專制政治，另一方面則厚待許多藝術家，使佛羅倫斯成為文藝復興的發祥地。麥第奇家族出過兩位教皇，兩位女兒嫁給法國國王，不論在政治和經濟上的地位，都可以和國王媲美。

多的藝術家，使佛羅倫斯成爲文藝復興的中心。

義大利文藝復興的藝術家群像

李奧納多・達文西（**Leonardo da Vinci**）可以說是家喻戶曉的義大利文藝復興時期的藝術巨匠。他不只創作了優秀的藝術作品（〈蒙娜麗莎的微笑〉），在自然科學方面也有傑出的表現。

畫家拉斐爾和同時爲畫家及雕刻家的米開朗基羅也多有作品傳世。在文學方面，但丁的《神曲》、佩脫拉克的《歌本》和薄伽丘的《十日談》都是這一時期代表性的作品。

義大利文藝復興的推手

繪畫	喬托	〈聖方濟各與他的一生〉
	波提且利	〈春〉、〈維納斯的誕生〉
	達文西	〈蒙娜麗莎的微笑〉、〈最後的晚餐〉
	米開朗基羅	〈創世紀〉
	拉斐爾	〈聖母與聖子〉
雕刻	吉貝爾蒂	聖若望洗禮堂的天堂之門
	多那太羅	大衛像
	米開朗基羅	哀悼基督、大衛像
建築	布魯內萊斯基	百花聖母教堂（佛羅倫斯）
	伯拉孟特	聖伯多祿大殿（羅馬）
文學	但丁	《神曲》（用義大利的托斯卡尼語寫成的史詩）
	佩脫拉克	《歌本》
	薄伽丘	《十日談》（以諷刺的筆法刻劃人物，為近代小說的先驅）

拉斐爾

達文西

薄伽丘

米開朗基羅

文藝復興從義大利向西歐等地延伸

Point

- 文藝復興從義大利向北方擴展
- 發展出以人文主義為精神的文學和藝術
- 自然科學和技術面也有長足發展

文藝復興向北擴張

透過地中海貿易而繁華一時的義大利都市，在進入西元16世紀後，因爲貿易中心逐漸轉移到大西洋沿岸，而開始走向衰退一途。再加上法國國王的入侵使得局勢呈現混亂。在這樣的情形下，文藝復興的中心越過了阿爾卑斯山脈，轉移至西歐。

西歐文藝復興的文學與藝術

尼德蘭的伊拉斯謨被譽爲是文藝復興時代最具代表性的人文學者，其所著《愚人頌》痛批了當時的宗教界人士。

人文學者湯瑪斯．摩爾是英國的政治家，透過《烏托邦》一書對英國社會做了一番冷嘲熱諷。

英國文學史上最著名的作家莎士比亞也在此時登上文壇。

法國的文人有拉伯雷和蒙田，西班牙則不能不提塞凡提斯。

藝術成就方面，法蘭德斯的范．艾克兄弟和布勒哲爾，德國的杜勒等人的繪畫和版畫作品都流傳至今。

發達的自然科學

歐洲中世紀時，教會不允許學術上的自由，因此自然科學並不發達。時序進入到文藝復興後，在合理主義的思考方式下，自然科學和科學技術取得了相當大的發展。

火藥、羅盤、活字印刷術雖然都是由中國所發明的，透過歐洲的改良後也被稱爲文藝復興的三大發明。

特別是活字印刷術的出現讓書籍的製作更加簡易，對思想和文化的普及起到了很大的影響。

波蘭的哥白尼以自己的天體觀測結果爲基礎提倡「地動說」。義大利的伽利略發現了自由落體的加速度運動，德國的克卜勒找出了行星運動的定律（又稱作克卜勒定律）。

北方文藝復興的推手

文學	伊拉斯謨	尼德蘭	《愚人頌》
	湯瑪斯・摩爾	英國	《烏托邦》
	莎士比亞	英國	《哈姆雷特》、《奧賽羅》、《馬克白》、《李爾王》、《威尼斯商人》
	拉伯雷	法國	《巨人傳》
	蒙田	法國	《隨筆集》
	塞凡提斯	西班牙	《唐吉軻德》
藝術	范・艾克兄弟	法蘭德斯	〈神祕羔羊之愛〉
	布勒哲爾	法蘭德斯	〈兒童遊戲〉
	杜勒	德國	〈梅倫科利亞一世〉
自然科學	古騰堡	德國	發明活字印刷機
	哥白尼	波蘭	地動說
	伽利略（伽利萊）	義大利	發現了擺的等時性和物體落下時的加速度運動
	克卜勒	德國	行星運動的定律（即克卜勒定律）

學更多，長知識　世界史ABC

天動說與地動說

歐洲中世紀時教會所認同的是地球為宇宙中心的「天動說」，然而哥白尼透過天體觀認為「地動說」才正確。義大利的焦爾達諾・布魯諾因提倡地動說和泛神論而遭到火刑。克卜勒認同哥白尼的學說，以理論說明了行星在太陽的周邊以橢圓形的軌道運行。

認識當代的一句話

「儘管如此，地球依然在轉動啊！」（伽利略）

伽利略透過自製的望遠鏡觀測天體，由此他發現了木星的衛星等事證，進一步確信地動說。然而歷經了兩次的宗教審判，迫使他否定地動說。這句話據說是他放棄地動說之後所說的。

宗教改革的濫觴

宗教改革始於對羅馬天主教會發行贖罪券的批判

為何發行贖罪券

教宗利奧十世爲了募集修復聖伯多祿大殿的資金而發行贖罪券，民眾透過購買贖罪券向教會捐獻，透過這樣的行爲能赦免過去所犯的過錯，死後得以進入天國。此事成爲宗教改革的契機。富商福格家族（Fugger）和教廷有深厚經濟連結，在處於諸侯林立狀態的德國，透過販賣贖罪券大賺其財。

路德的批判

曾任維滕貝格大學神學教授的馬丁・路德對販賣贖罪券一事持批判的態度，發表了著名的《九十五條論綱》。

路德的文章獲得多方響應，支持者日眾。

路德進一步脫離羅馬教廷，建立新的教會。此後，羅馬天主教會被稱作舊教，包含路德派在內的新宗派則稱爲新教（Protestant，有抗議者之義）。

Point

- 路德批判教皇販賣贖罪券的行為
- 相對於舊教（天主教），路德的支持者又被稱作新教（Protestant）
- 《奧格斯堡和約》承認國家有選擇信仰舊教或新教的權力

從農民戰爭到議和

托馬斯・閔采爾（Thomas Müntzer）將路德派的信仰和廢除農奴制結合在一起，率領農民掀起德意志農民戰爭（German Peasants' War）。一開始路德對事此採取同情的立場，但當他知道農民戰爭具有其社會目的後，轉而採取批判的態度。

雖然農民戰爭被諸侯們給鎮壓下來，在《奧格斯堡和約》中規定，諸侯可以自行選擇信仰舊教或新教。然

認識當代的一句話

「這是我的立場，求神幫助我。」（馬丁・路德）

這句話是路德拒絕了查理五世要求撤回關於宗教主張命令時所說的。路德表示除非《聖經》能佐證他的話是錯誤的，否則他不願撤回任何自己的意見。

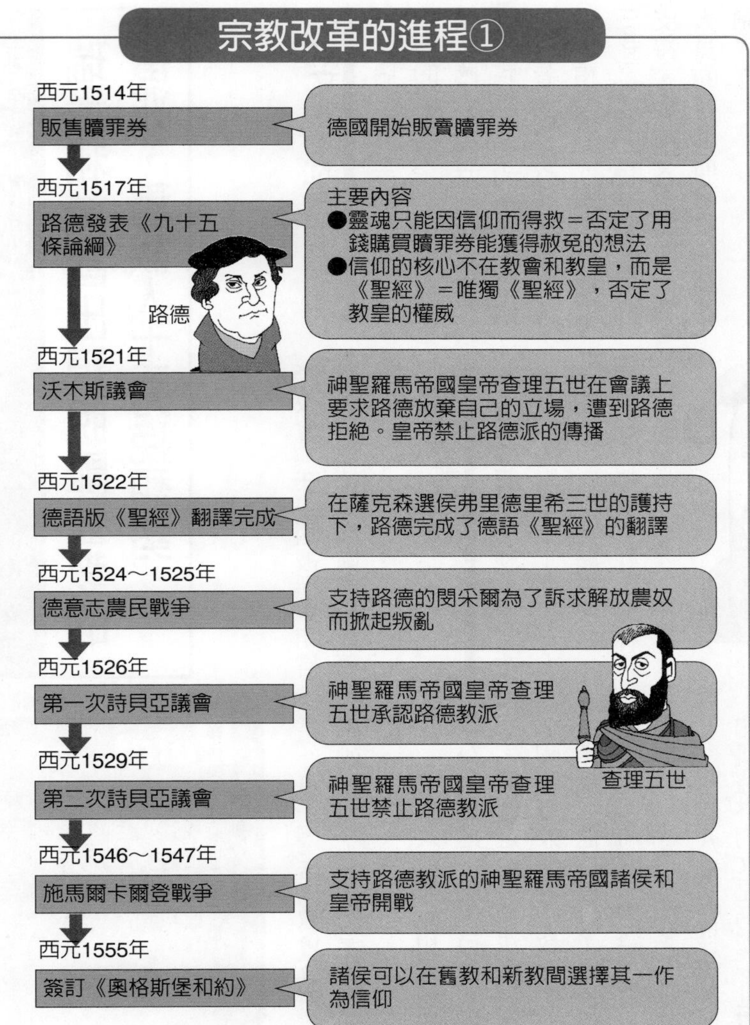

宗教改革的進程①
西元1514年
販售贖罪券
德國開始販賣贖罪券
西元1517年
路德發表《九十五條論綱》
主要內容
●靈魂只能因信仰而得救＝否定了用錢購買贖罪券能獲得赦免的想法
●信仰的核心不在教會和教皇，而是《聖經》＝唯獨《聖經》，否定了教皇的權威
路德
西元1521年
沃木斯議會
神聖羅馬帝國皇帝查理五世在會議上要求路德放棄自己的立場，遭到路德拒絕。皇帝禁止路德派的傳播
西元1522年
德語版《聖經》翻譯完成
在薩克森選侯弗里德里希三世的護持下，路德完成了德語《聖經》的翻譯
西元1524～1525年
德意志農民戰爭
支持路德的閔采爾為了訴求解放農奴而掀起叛亂
西元1526年
第一次詩貝亞議會
神聖羅馬帝國皇帝查理五世承認路德教派
西元1529年
第二次詩貝亞議會
神聖羅馬帝國皇帝查理五世禁止路德教派
查理五世
西元1546～1547年
施馬爾卡爾登戰爭
支持路德教派的神聖羅馬帝國諸侯和皇帝開戰
西元1555年
簽訂《奧格斯堡和約》
諸侯可以在舊教和新教間選擇其一作為信仰

而這個選擇的權利只限於統治者，民眾只有遵從的份，

這時個人的宗教自由還不被承認。

舊教和新教

	舊教	新教
信仰	教皇為最高權威	唯獨《聖經》、因信稱義
支持者	教皇、皇帝 勢力擴及西歐全境	採反教皇、反皇帝立場的諸侯，一般勞動市民和農民→地主、富農階級 影響力擴及德國北部和北歐地區
教會組織	教皇→大主教→主教→祭司→信徒	主教→牧師→信徒

宗教改革的擴大

瑞士和英國出現脫離舊教的徵兆，舊教人士力挽頹勢

喀爾文教派的傳布

瑞士的城市中受到路德影響的改革派不少，他們找來法國人喀爾文，在日內瓦實行政教一致的市政。喀爾文在著作《基督教要義》提倡「預選說」（predestination）深受市民勞動階層的支持。喀爾文不認同神職人員的特權而制定「長老制」。

喀爾文派的影響力較路德派更為廣泛，在英格蘭受到喀爾文影響的被稱作清教徒，於蘇格蘭則為長老教會，在法國被稱作胡格諾派，尼德蘭地區則組成丐軍。

亨利八世

英國脫離舊教

英國國王亨利八世和政治婚姻的髮妻——西班牙女王的女兒——凱薩琳離婚，和自己的侍女安妮·博林再婚一事，因天主教會反對離婚的緣故，和教皇產生齟齬。

亨利八世因此和羅馬教廷分道揚鑣，設立英國國教會，並制定《至尊法案》讓英國國王兼任英國教會的最高領袖。他還沒收了修道院的土地，將它分配給一般民眾。

亨利八世過世後，他和凱薩琳的女兒瑪麗一世繼位，恢復了羅馬天主教（舊教）並鎮壓新教徒，因此被稱作「血腥瑪麗」。在她之後由伊麗莎白一世（由安

Point

- 在瑞士興起喀爾文教派
- 英國國王因離婚問題脫離舊教
- 天主教會內部進行糾正風氣和向海外傳教

學更多，長知識　世界史ABC

天正遣歐少年使節

以沙勿略為首的耶穌會傳教士將基督教義傳入日本。吉利支丹大名（信仰基督教，並接受洗禮的戰國大名）於西元1582年（天正10年）向羅馬教廷派出了以4名少年為主的使節團。使節團在西班牙謁見了腓力二世，在接受教皇額我略十三世接見後，於西元1590年回到日本。然而那時的日本已對基督教實行禁教。

妮・博林所生）繼位，伊麗莎白制定《單一法令》以確立英國國教會。

反宗教改革勢力

在宗教改革的波瀾中，舊教內部也掀起了改革的行動。特倫托會議中再次重申教皇的權威性，並決定加強宗教裁判所的力量，其影響爲西班牙的獵巫行動更加擴大。

西班牙的依納爵・羅耀拉和聖方濟・沙勿略成立宛如軍隊般組織，擁有嚴格紀律的耶穌會，在印度、中國和日本等海外進行傳教活動。

宗教改革的進程②
瑞士
西元1536年
喀爾文撰寫《基督教要義》
預選說：靈魂的救贖不來自於信仰的深厚和善行的多寡，而是由神所預選的。職業是由神所賜與的，透過辛勤的工作可以獲得救贖的信心。喀爾文派鼓勵儲蓄，深受工商業者的歡迎
西元1541年
喀爾文造訪日內瓦
喀爾文應邀造訪日內瓦
英國
西元1534年
亨利八世制定《至尊法案》
英國國王成為英國國教會的領袖。脫離羅馬教廷
西元1553～1558年
瑪麗一世在位期間
恢復羅馬天主教，鎮壓新教徒
西元1558年
伊麗莎白一世即位
西元1559年
伊麗莎白一世制定《單一法令》
確立英國國教會
伊麗莎白一世
天主教會
西元1534年
耶穌會成立
西元1545～1563年
特倫托會議
確立了教皇至上的權威
西元1549年
聖方濟・沙勿略登陸日本
天主教開始在日本佈道

為了獲取辛香料不惜乘風破浪的人們，發現了印度航線和美洲新大陸

發現印度航路

肉品的調味和保存所使用的胡椒、丁香和肉荳蔻等辛香料栽培於印度和東南亞等地。因爲必須透過伊斯蘭或義大利商人進口至歐洲，使得這些辛香料成爲稀少而貴重的商品。

因此，葡萄牙和西班牙才希望找到一條不經地中海，直接能到達印度的航路。

大航海時代，羅盤和遠洋航行的技術都已成熟，透過馬可・波羅的《馬可・波羅遊記》（在日本此書的譯名爲《東方見聞錄》），進一步提高了歐洲人對亞洲的嚮往。

葡萄牙的亨利王子因爲獎勵對非洲西海岸的探險及開拓印度航線，又被稱作「航海王子」。

背後有堅實靠山的巴爾托洛梅烏・迪亞士（Bartolomeu Dias）遠航到非洲最南端，並將之命名爲好望角（Cape of Good Hope）。

之後瓦斯科・達伽馬繞過了好望角，抵達印度的科澤科德。透過發現這條通往印度的航線，胡椒可以直接輸入葡萄牙，葡萄牙王室因此獲得了巨大的利潤。

發現新大陸

出生於義大利熱那亞的哥倫布受到西班牙女王伊莎貝的援助，完成了橫渡大西洋的壯舉，抵達現在的加勒比海和巴哈馬群島。因爲他深信自己抵達之處即爲印度，因此稱當地的居民爲「印地安人」。

葡萄牙人卡布拉爾於航行中因漂流到達現今的巴

Point

- 為了尋求辛香料的輸入途徑開啓了大航海時代
- 葡萄牙的瓦斯科・達伽馬發現了從歐洲到印度的航線
- 哥倫布抵達新大陸，麥哲倫橫渡太平洋

年表

新航路・新大陸的發現

- ▼西元１４８８年 巴爾托洛梅烏・迪亞士抵達好望角
- ▼西元１４９２年 哥倫布抵達巴哈馬群島
- ▼西元１４９８年 瓦斯科・達伽馬抵達印度的科澤科德
- ▼西元１５００年 卡布拉爾漂流至巴西
- ▼西元１５０１年 亞美利哥・維斯普奇進行新大陸的探險航行，證明新大陸並非亞洲
- ▼西元１５２１年 麥哲倫抵達菲律賓群島
- ▼西元１５２２年 麥哲倫的部下完成航行世界一周的壯舉

西，並宣布此處爲葡萄牙的領地。

出生於佛羅倫斯的亞美利哥・維斯普奇（Amerigo Vespucci），透過四次航海的經驗，確定了新大陸並非亞洲。於是新大陸就以他的名字命名爲「亞美利加」。

麥哲倫爲葡萄牙人，在西班牙的贊助下，完成了繞過南美洲南端橫渡太平洋，抵達現今的菲律賓群島的航行。他雖然死於菲律賓，但他的部下們最終返回西班牙，完成了首次航行地球一周的壯舉。這趟航行的結果證明了地球是球體的事實。

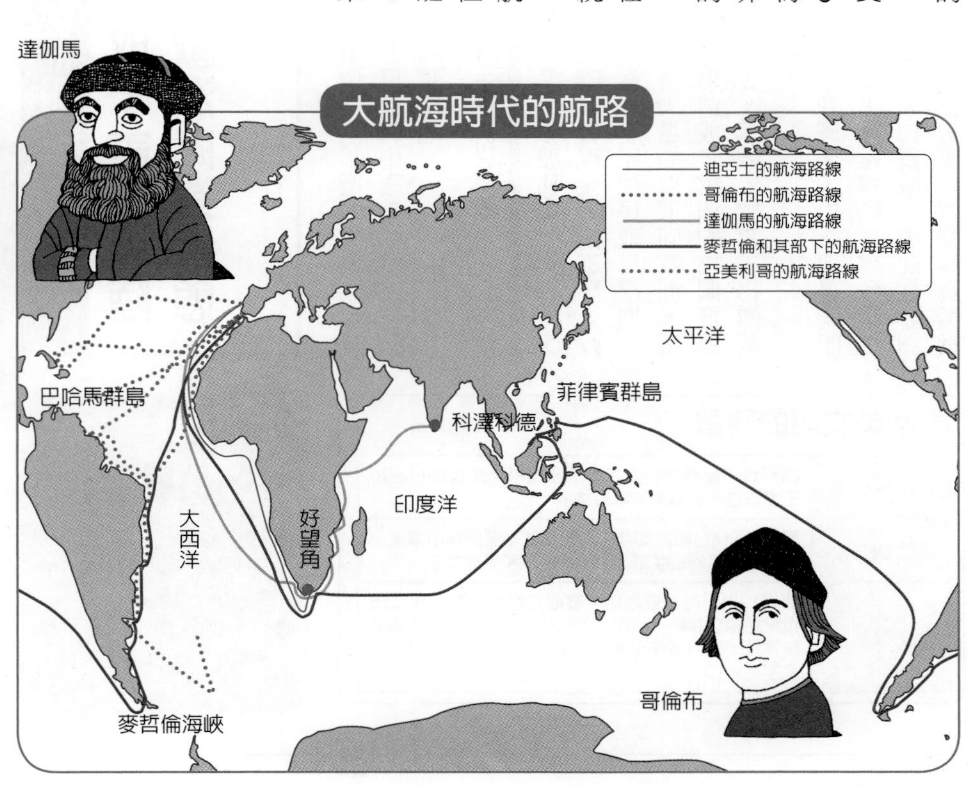

大航海時代造成了美洲大陸文明的滅亡和歐洲商業型態的變遷

美洲大陸的殖民地化

美洲大陸上有自己獨特的文明繁衍，西元4～10世紀之間存在過都市國家馬雅，西元12世紀時阿茲特克在墨西哥建立起自己的國家，西元15世紀時則誕生了幅員遼闊的印加帝國。

然而，到達新大陸的西班牙人以傳播基督教爲口實，憑藉著強大的軍事武器，逐一征服這些國家。

科爾特斯摧毀了墨西哥的阿茲特克王國，皮薩羅征服位於祕魯的印加帝國，這兩個文明都遭到破壞。此後西班牙人將中南美洲納爲自己的殖民地。

對商業的影響

位於玻利維亞的波托西銀礦被發現後，西班牙人奴役當地的原住民進行挖掘，並將大量的銀帶回歐洲。這件事造成了歐洲的物價飛漲了2～3倍，掀起了物價革命。

西班牙人對待南美的印地安人非常殘酷，導致印地安人人口銳減，因此從非洲大陸輸入黑人奴隸作爲勞動

Point

- 西班牙人毀滅了新大陸上的文明，建立殖民地
- 新大陸的銀礦為歐洲帶來物價革命（Price Revolution）
- 歐洲的商業中心從地中海向大西洋沿岸移動

中南美文明的特徵

阿茲特克王國	西元12世紀時勢力進入墨西哥高原，西元15世紀時王國成立。擁有金字塔和文字
馬雅文明	西元6～14世紀之間存在於猶加敦半島的都市國家。擁有階梯狀的金字塔、二十進位法和象形文字
印加帝國	西元13世紀時在安地斯地區成立都市國家，西元15世紀時建立起統一國家。以石頭作為建築材料並有道路建設。使用稱作奇普（Quipu）的結繩記事來作為文字

年表

征服美洲大陸
- 西元1519年　科爾特斯於猶加敦半島登陸
- 西元1521年　科爾特斯征服阿茲特克王國
- 西元1533年　皮薩羅征服印加帝國
- 西元1545年　發現波托西銀礦

力，進行奴隸貿易。

從美洲得到的銀礦被用來購買亞洲的辛香料，然後將毛織品銷往非洲大陸，這樣的三角貿易在當時極爲興盛。

另一方面，義大利的都市則走向沒落，因爲銀而致富的德國南部商人也步上義大利的後塵，歐洲的商業中心轉移到大西洋沿岸的西班牙、葡萄牙和尼德蘭（荷蘭）。

中南美文明

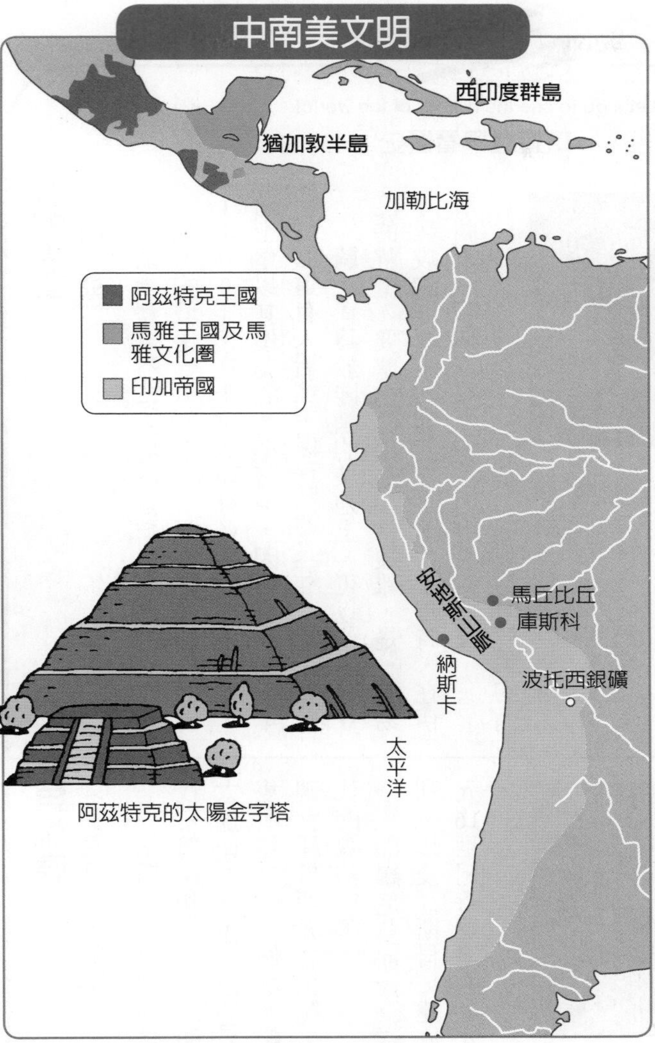

西印度群島
猶加敦半島
加勒比海
阿茲特克王國
馬雅王國及馬雅文化圈
印加帝國
安地斯山脈
馬丘比丘
庫斯科
納斯卡
波托西銀礦
太平洋
阿茲特克的太陽金字塔

學更多，長知識　世界史ABC

美洲的原產作物

歐洲人到達美洲大陸後，將當地原產的玉米、馬鈴薯、芋頭、番茄、菸草和辣椒帶回歐洲。其中馬鈴薯因為可以適應寒冷地帶，在歐洲栽培面積急速成長。

16世紀時的三角貿易

歐洲
毛織品
美洲大陸
銀
亞洲
辛香料

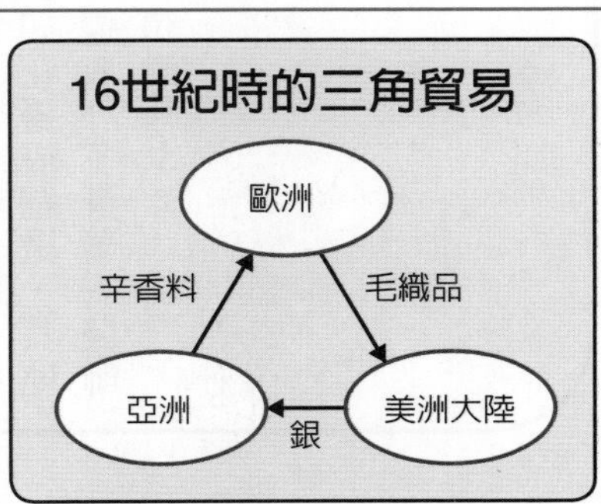

騎士堡
（敘利亞）

騎士堡（Krak des Chevaliers）的意思是「騎士的城堡」，作爲十字軍的要塞建於西元1100年。在十字軍現存多數的要塞之中，騎士堡以其優美的造型著稱，因爲直到50多年前裡頭還有人居住，保存狀態良好。

騎士堡建於陡峭的坡地上，可以作360度的眺望。要塞內部構造相當複雜，是一座易守難攻的城寨。然而西元1271年時，在伊斯蘭軍隊的猛攻之下還是陷落了。

在雙層城牆的內側建有幾座瞭望塔、禮拜堂和食堂，此外還有糧倉、酒窖、馬槽和軍器庫等設施。

貝倫區
（葡萄牙・里斯本）

里斯本的貝倫區是大航海時代時，爲了尋找新航路和新大陸的船隻們揚帆遠行的地方。太加斯河沿岸仍保留有當時爲了監視出入船隻所建立的貝倫塔。船型設計的「發現者紀念碑」建於西元20世紀，至今仍謳歌著大航海時代的豐功偉業。

熱羅尼莫斯修道院是爲紀念航海王子亨利，以及瓦斯科・達伽馬發現印度航路，於西元16世紀時建築的。此修道院爲葡萄牙黃金時代的代表性建築物，南門和迴廊的雕刻有如花邊般細緻，其他還有許多豪華的裝飾鑲嵌其上。

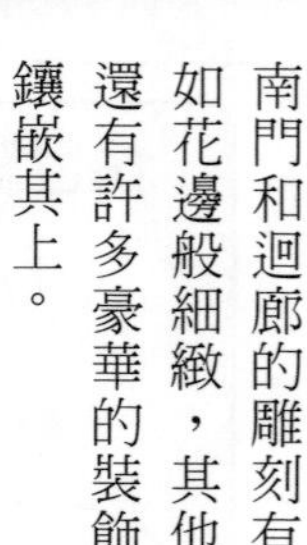

第 5 章

歐洲的近代化與美洲獨立

第5章

英國勢力的擴張　激烈的法國大革命

君主專制國家

歐洲在經歷了教會勢力衰退和封建制度崩壞後，國王的力量得到擴張，進入了君主專制時代。

國王的要務為振興貿易和保護工商業者。透過和印度、東南亞以及美洲的貿易，國王獨占了從海外獲取的財富。加上和工廠制手工業產生的商業資本主義掛勾，得到了壓倒性的經濟實力。

與此同時，國與國之間的戰爭不曾間斷。各國間的戰爭不只發生在歐洲大陸，更擴及海外殖民地的爭奪。

資產階級革命和美國獨立

工商業的發達創造出一群資產階級，他們因為訴求自由的經濟活動而和國王產生對立。英國發生了清教徒革命和光榮革命，之後產生了議會政治。另外有一批英國人遠渡大洋來到北美謀求新天地，並建立起13個殖民地。這些殖民地居民為了對抗英國政府的高壓統治而發動戰爭，建立了獨立的美利堅合眾國。

法國大革命和拿破崙

國王權勢不可一世的法國，因為經濟惡化，使農民和資產階級怨聲載道，揭竿而起，攻陷了巴士底監獄，掀起法國大革命的浪潮。

法國國王被處決後，雖然採行共和政治，但政府內部的權力鬥爭層出不窮。法國的周邊國家唯恐革命的火苗燒到自己身上，紛紛對法用兵。

此時，拿破崙適時登上了歷史的舞臺，他帶領法蘭西戰勝諸國，聲名鵲起。最後他推翻了共和國政府登上帝位。

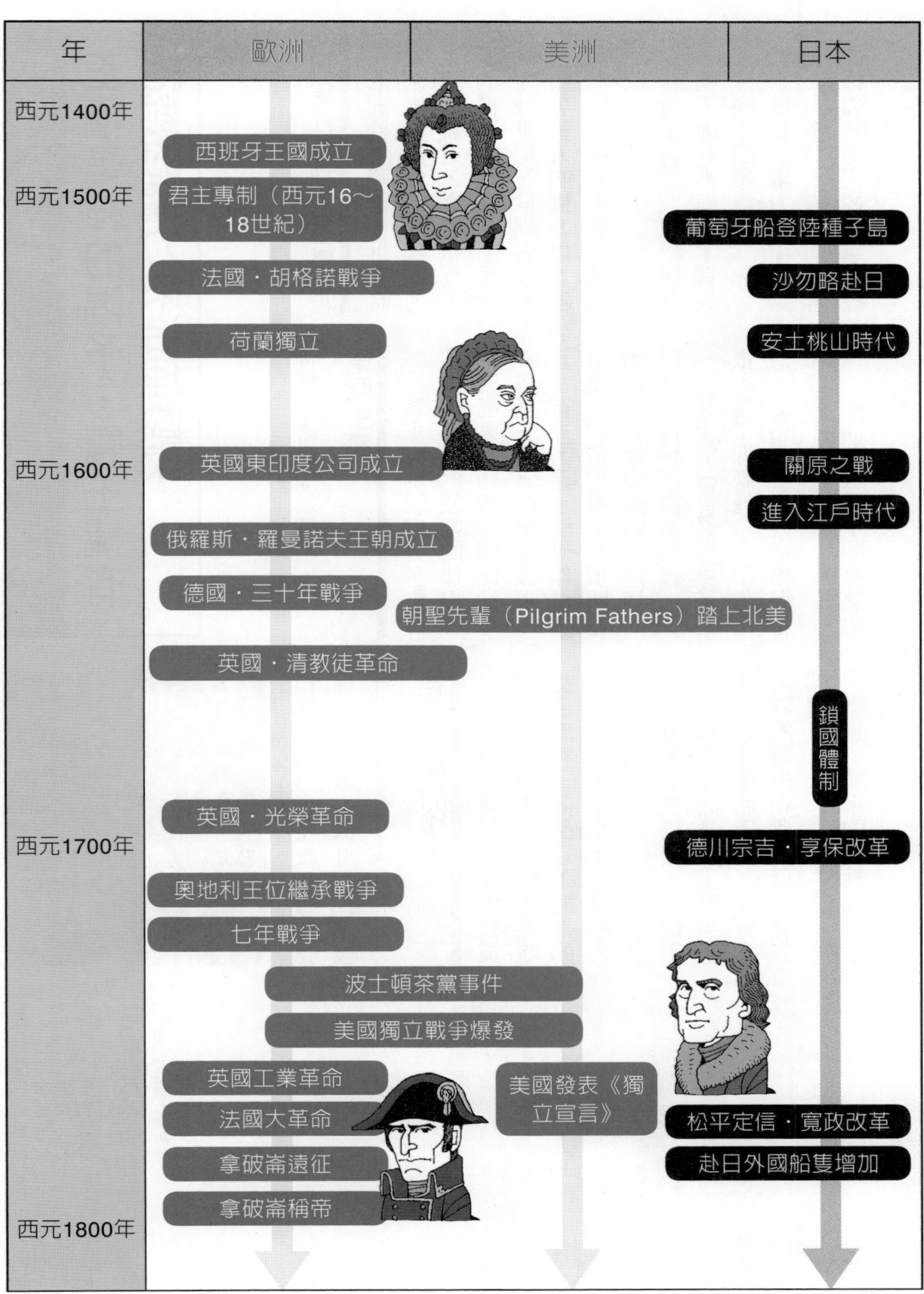
年
歐洲
美洲
日本
西元1400年
西班牙王國成立
西元1500年
君主專制（西元16～18世紀）
葡萄牙船登陸種子島
法國・胡格諾戰爭
沙勿略赴日
荷蘭獨立
安土桃山時代
西元1600年
英國東印度公司成立
關原之戰
進入江戶時代
俄羅斯・羅曼諾夫王朝成立
德國・三十年戰爭
朝聖先輩（Pilgrim Fathers）踏上北美
英國・清教徒革命
鎖國體制
英國・光榮革命
西元1700年
德川宗吉・享保改革
奧地利王位繼承戰爭
七年戰爭
波士頓茶黨事件
美國獨立戰爭爆發
英國工業革命
美國發表《獨立宣言》
法國大革命
松平定信・寬政改革
拿破崙遠征
赴日外國船隻增加
拿破崙稱帝
西元1800年

歐洲的君主專制

王權是神的賜予，國王擁有絕對的權力來治理國家

Point

- 歐洲出現了以國王為權力核心的中央集權國家
- 國王擁有常備軍，領導著整個官僚體系
- 作為權力的後盾，王權和促進工商業發展的重商主義結合

從封建社會到君主專制

歐洲社會隨著中世紀時封建制度的崩壞，諸侯的力量也隨之衰退，與之相反，國王的權力得到強化。從西元16～18世紀，歐洲各國的國王挾著強大的權力以「君主專制」（絕對王權）的政治形態治理國家。

在君主專制的國家當中，國王擁有常備軍，官僚們就像國王的家臣。

對於反對權力集中於國王一人的勢力，國王則以君王的權力乃由天授的「君權神授」之說加以抑制。

重商主義

君主專制國家爲了維持常備軍和官僚體系的運作，需要龐大的經費，因此採行「重商主義」的治國政策。

首先，爲了取得作爲貨幣使用的金和銀，必須開發國內外的金山銀礦，這樣的行爲又被稱作重金主義。

其次，貿易差額論主張，爲了抑制進口，增加出口，必須盡可能將貨幣保留在國內。

歐洲各國爲了開發礦山和擴大出口，先後向海外發展，爲了取得海外殖民地彼此間更是大動干戈。

經濟型態的變化

重商主義促進了工商業的發展，商人提前向生產者提供原料，商品以下訂單的形式生產，催生了批發制的問世。

資本家們搭建工廠僱用員工以生產商品，工廠手工業（manufacture）等資本主義的特徵在此時已可見到端倪。

這一連串的變動催生了資產階級（布爾喬亞）的誕生。

資產階級之後爲了追求身分和政治上的自由，最終和國王產生對立。

君主專制的特徵

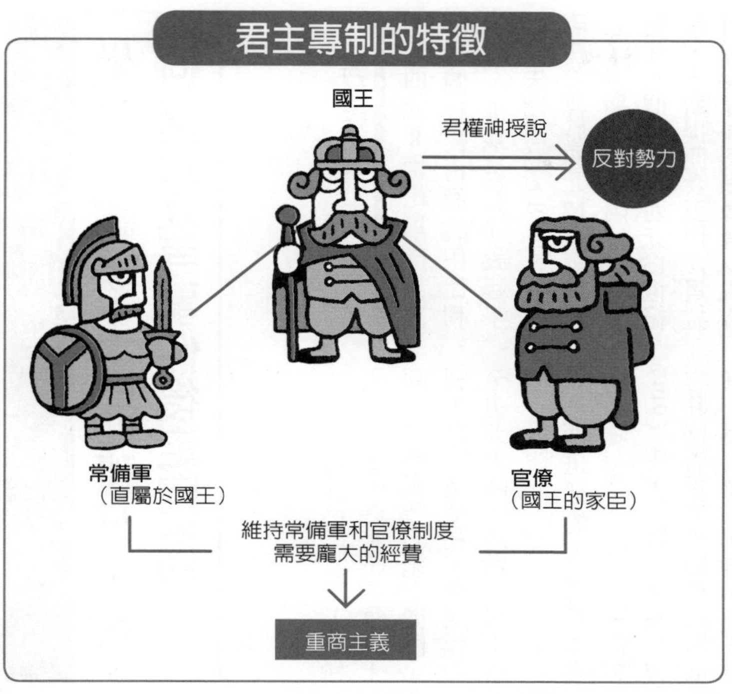

君主專制的演變

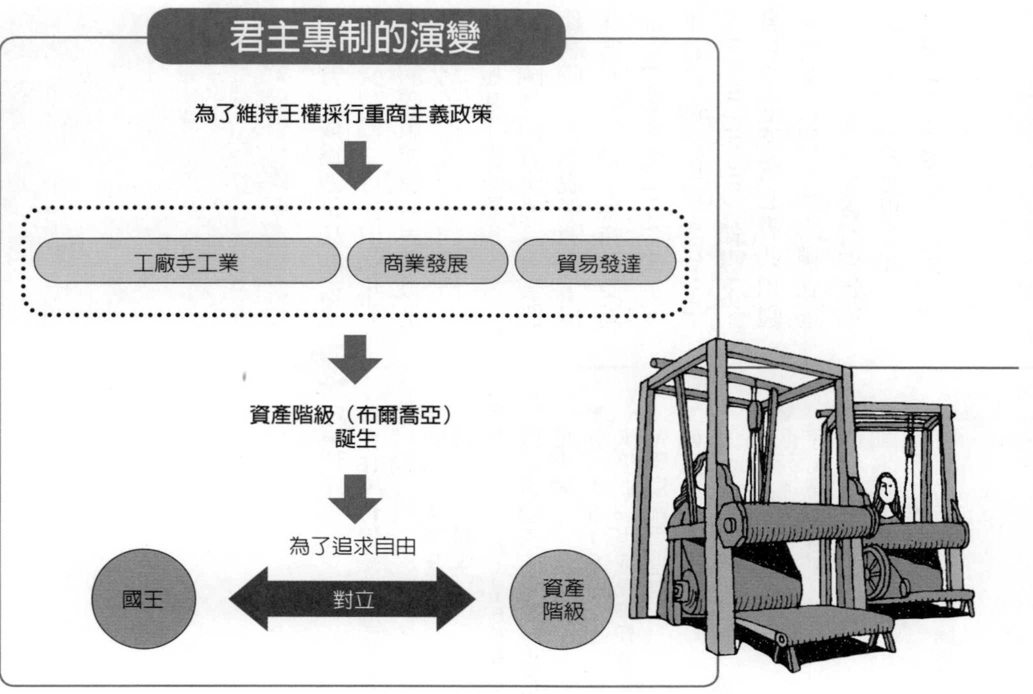

坐擁廣闊領土的西班牙，在荷蘭獨立等事件後走向沒落

Point

- 西班牙國王查理五世成為神聖羅馬帝國皇帝，擴大了領土面積
- 曾為西班牙領地的荷蘭獨立建國
- 西班牙海外貿易中心的地位由荷蘭取代

西班牙擴大領土

西元8世紀以後，被伊斯蘭教徒占領的伊比利半島，由基督教徒發起了收復失地運動（Reconquista），並於西元12世紀時成立了卡斯提亞、阿拉貢和葡萄牙三個王國。西元15世紀時，卡斯提亞女王伊莎貝拉和阿拉貢國王費爾南多結婚後，合併爲西班牙王國。

兩人的女兒胡安娜嫁給了哈布斯堡家的費利佩，生下了身兼西班牙國王和神聖羅馬帝國皇帝的查理五世。

查理五世的兒子費利佩二世之後更兼任了葡萄牙國王，西班牙的領土從伊比利半島、奧地利、荷蘭延伸至美洲大陸，成爲「日不落國」。

西班牙的艦隊甚至在勒潘陀海戰（Battle of Lepanto）中，擊敗了當時以軍容強盛著稱的鄂圖曼帝國海軍，因此又被稱作「無敵艦隊」（Spanish Armada）。

荷蘭獨立

荷蘭是一個商業繁榮、喀爾文教派信徒眾多的地方。成爲西班牙的領土後，費利佩二世採取強化天主教的政策並對居民課以重稅，爲了抵抗這樣的統治，荷蘭掀起了獨立戰爭。

雖然南方十省（今天的比利時）中途脫離陣線，但北方七省締結了烏特勒支同盟（Union of Utrecht），並在奧蘭治的威廉（Willem van Oranje）領導下，發表了尼德蘭七省共和國（荷蘭共和國）的獨立宣言。在和西班牙簽訂停戰協約後，於《西發里亞和約》（Peace of Westphalia）中

年表

西元16～17世紀時的西班牙與荷蘭

▼西元1479年
西班牙王國成立

▼西元1516～1556年
西班牙國王卡洛斯一世在位期間

▼西元1519年
卡洛斯一世成為神聖羅馬帝國皇帝查理五世

▼西元1556年
費利佩二世成為西班牙國王

▼西元1568年
荷蘭獨立戰爭

▼西元1571年
勒潘陀海戰

▼西元1579年
荷蘭北方七省締結烏特勒支

荷蘭的獨立得到承認。儘管處於戰爭中，荷蘭仍持續進行海外貿易，阿姆斯特丹成爲名符其實在經濟和文化上傲視全球的城市。

與之相反，西班牙將從美洲獲得的財富投入戰爭和宮廷享樂，而走向沒落。海上貿易的主角從西葡兩國換成荷蘭。

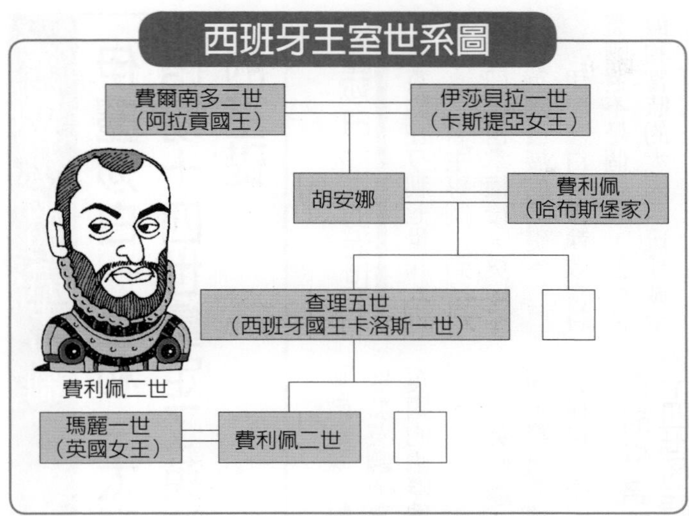

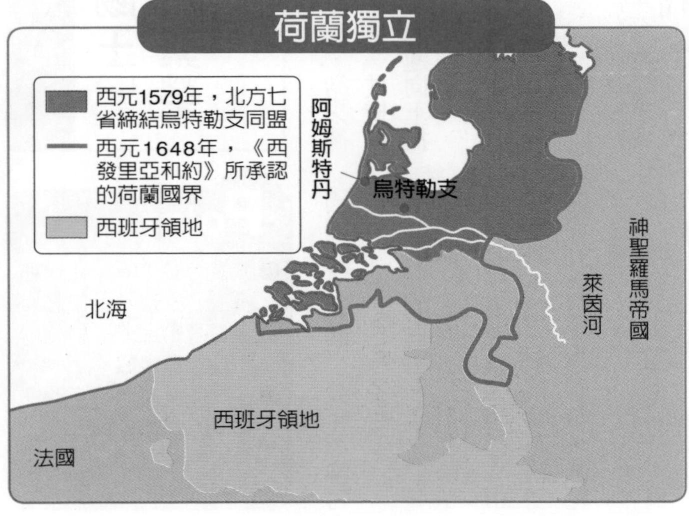

支同盟

▼西元1580年
西班牙併吞葡萄牙

▼西元1581年
荷蘭（尼德蘭七省共和國）發表獨立宣言

▼西元1602年
荷蘭東印度公司成立

▼西元1609年
荷蘭和西班牙締結休戰條約

▼西元1648年
《西發里亞和約》

伊麗莎白一世和「太陽王」路易十四世奠定了英法繁榮的基礎

伊麗莎白一世的治世

英國在亨利七世和八世時確立了君主專制，到了伊麗莎白一世掌權後，奠定了日後英國發展的基礎。

伊麗莎白一世執政當時英國還不是個強國，但她卻敢和當時的大國西班牙做全面對抗。

她支援荷蘭的獨立運動，因爲當時英國向荷蘭出口羊毛，並允許海盜攻擊西班牙的船隻還給予資助，然後從海盜那收取回饋。

這些舉措讓西班牙出動無敵艦隊攻擊英國，結果卻敗於英國海軍，這一仗使得英國的國際地位迅速向上提升。

英國還成立東印度公司，將對亞洲貿易的主導權抓在自己手中。

從胡格諾戰爭到路易十四世的時代

百年政爭後，法國的舊教徒和喀爾文教派（胡格諾教派）信徒之間發生對立，繼而發生了一場持續30年的胡格諾戰爭。

爲了終結此一紛爭，法國國王亨利四世發布了南特敕令（Edict of Nantes），承認信仰的自由。

亨利四世之子路易十三世解散三級會議，時任宰相的黎胥留爲了對抗哈布斯堡家而介入三十年戰爭，強化了王權。

路易十四世時，爲了對抗日益增強的王權，貴族們發起了投石黨亂（Fronde），卻遭到宰相馬扎然的鎮壓。

路易十四世任命柯爾貝爾（Jean-Baptiste Colbert）爲財政大臣，採行重

Point

- 英國的君主專制在伊麗莎白一世時到達頂點
- 法國因為宗教的對立引發了胡格諾戰爭
- 凡爾賽宮為路易十四世王權的具體象徵

學更多，長知識　世界史ABC

聖巴托羅繆之夜（St. Bartholomew’s Day massacre）

胡格諾戰爭（Huguenot Wars）中，法國國王查理九世為了和胡格諾派達成和解，將自己的妹妹瑪格麗特許配給胡格諾派信徒的瓦盧瓦家族的亨利（日後的亨利四世）。然而為了慶祝此事而集中到巴黎的大批胡格諾派信徒卻遭到舊教徒的屠殺。

商主義政策。他還獎勵文化，營造凡爾賽宮。路易十四世在位期間成爲君主專制的全盛時期。

然而不斷的對外戰爭雖然擴大了領土，卻也導致財政惡化。南特敕令遭廢止後，胡格諾派的工商業者大量出走，也對法國的產業和經濟帶來不小的打擊。

君主專制時期的英國

伊麗莎白一世（在位期間西元1558～1603年）

- 發布單一法令：解決宗教引起的混亂局面（西元1559年）
- 支援荷蘭獨立運動
- 允許武裝船劫掠西班牙的船隻
- 格瑞福蘭海戰：英國海軍擊敗了西班牙無敵艦隊（西元1588年）
- 成立東印度公司（西元1600年）

伊麗莎白一世

君主專制時期的法國

查理九世（在位期間西元1560～1574年）

- 胡格諾戰爭（西元1560～1598年）
- 聖巴托羅繆之夜（西元1572年）

亨利四世（在位期間西元1589～1610年）

- 南特敕令（西元1598年）

路易十三世（在位期間西元1610～1643年）

- 解散三級會議（西元1615年）

路易十四世（在位期間西元1643～1715年）

- 投石黨亂（西元1648～1653年）
- 重啓法國東印度公司（西元1644年）
- 凡爾賽宮落成（西元1682年）
- 廢除南特敕令（西元1685年）

路易十四世

認識當代的一句話

「朕即國家。」

這句話據傳為法國君主專制的巔峰時期，被稱作「太陽王」的路易十四世所說。

德國因戰爭造成國土荒蕪，北方的普魯士漸露頭角

Point

- 山頭林立的德國從宗教對立發展到戰爭蜂起
- 因為周邊國家的介入使戰事持續達30年
- 普魯士和奧地利進行了兩次戰役

發生於德國的宗教戰爭——三十年戰爭

神聖羅馬帝國雖然稱爲「國」，境內諸侯卻各自統治著自己的領地，因此呈現分裂的狀態。在《奧格斯堡和約》（Peace of Augsburg）簽訂後，仍持續著宗教上的對立。

哈布斯堡家的斐迪南二世成爲奧國領地波西米亞的國王後，因爲他對新教徒的鎮壓，導致新教徒發動叛亂。周邊國家謀算著擴大自家領土，以支援新教或舊教的名義介入這場混戰，使戰事發展爲「三十年戰爭」。

直到參戰諸國簽訂了《西發里亞和約》（Peace of Westphalia）後，戰事才算告一段落，神聖羅馬帝國在實際上已土崩瓦解。這場戰爭造成了農村荒廢和產業衰敗。

普魯士的發展

波羅的海沿岸的條頓騎士團（Teutonic Order）領地在西元16世紀時成爲普魯士公國，和由霍亨索倫家（Hohenzollerns）統治的布蘭登堡選帝侯國合併後成立普魯士王國。

腓特烈・威廉一世在位時強化軍隊，爲君主專制打下基礎。其子腓特烈二世（腓特烈大帝）以反對瑪麗亞・特蕾莎登基爲奧地利國王爲口實，參加了奧地利王位繼承戰爭並獲得勝利。戰

腓特烈二世

認識當代的一句話

「國王是國家的第一公僕。」（腓特烈二世）

這句話來自於普魯士的腓特烈二世，他想以開明專制國王之姿，帶領國家走上近代化的道路。儘管如此，國王擁有的絕對權力不容質疑。

後普魯士獲得了工業發達的西利西亞。
普魯士之後在七年戰爭中也以勝利收場，在國際上聲望日隆。
腓特烈二世和法國的伏爾泰有過深交，並深受伏爾泰的啓蒙思想影響。以開明專制君主之姿帶領普魯士向先進國家看齊。

三十年戰爭的經過

西元1618年　波希米亞叛亂

新教派	對立	舊教派
丹麥・挪威 克里斯蒂安四世		**神聖羅馬帝國** （哈布斯堡家） 斐迪南二世
瑞典 阿道夫・古斯塔夫 （之後的古斯塔夫二世）		**西班牙** （哈布斯堡家族）
法國 黎胥留 （本身雖為舊教徒，但為了對抗哈布斯堡家族加入新教陣營）		

西元1648年　《西發里亞和約》

條約內容

- 承認德國境內諸侯的獨立性→神聖羅馬帝國實際上解體
- 承認喀爾文教派
- 正式承認瑞士和荷蘭從哈布斯堡家族獨立出來
- 法國獲得亞爾薩斯地區
- 瑞典獲得西波美拉尼亞地區

年表

西元17～18世紀時的德國

▼西元1618年
波希米亞叛亂：三十年戰爭的開端

▼西元1648年
締結《西發里亞和約》：結束三十年戰爭

▼西元1701年
普魯士王國成立

▼西元1713～1740年
腓特烈・威廉一世在位期間

▼西元1740～1786年
腓特烈二世在位期間

▼西元1740～1748年
奧地利王位繼承戰爭

▼西元1756～1763年
七年戰爭

兩個國家的女皇帝皆實行君主專制，為強化自國實力鞠躬盡瘁

奧地利和普魯士

哈布斯堡家族於西元13世紀後統治奧地利，西元15世紀後輩出神聖羅馬帝國皇帝，可說是歐洲首屈一指的名門世家。

西元18世紀前葉，皇帝查理六世因為沒有子嗣，由女兒瑪麗亞・特蕾莎繼承哈布斯堡家族。然而普魯士反對這項決定，並發起奧地利王位繼承戰爭。這次的戰爭在締結《亞琛和約》和承認法蘭茲一世（瑪麗亞・特蕾莎的丈夫）神聖羅馬帝國皇帝的地位後結束。

瑪麗亞・特蕾莎為了對抗普魯士，和西元16世紀以來的宿敵法國波旁家族達成和解，並採取和俄羅斯合作的政策。

七年戰爭始末

被孤立的普魯士一直觀察著奧國的動向，並採取先發制人的攻擊，七年戰爭於焉爆發。直到俄國的彼得三世繼位後，俄國從戰場上撤退才結束了這場戰事。

瑪麗亞・特蕾莎在戰場上雖然兩度敗於普魯士，但在扶植國內產業上盡心盡力，使國力得以提升。其子約瑟夫二世以開明專制君主為目標，展開了一系列的改革。然而奧地利統治的領土分散，境內諸民族共存，要完成國家的統一並非易事。

Point

- 奧地利因帝位繼承問題和普魯士發生戰爭
- 瑪麗亞・特蕾莎和約瑟夫二世進行政治改革
- 凱薩琳二世在位期間開拓了俄國的領土並實行近代化

俄羅斯和羅曼諾夫王朝（House of Romanov）

西元17世紀初葉，俄羅斯進入羅曼諾夫王朝。彼得一世（彼得大帝）視察西歐之後，在國內大力推行近代化。此外還和中國簽訂《尼布楚條約》，確定了中俄

年表

西元17～18世紀的奧地利和俄羅斯

〈奧地利〉
- ▼西元1740年 瑪麗亞・特蕾莎即位
- ▼西元1740～1748年 奧地利王位繼承戰爭
- ▼西元1748年《亞琛和約》
- ▼西元1756～1763年 七年戰爭
- ▼西元1765年 約瑟夫二世即位

〈俄羅斯〉
- ▼西元1613年 羅曼諾夫王朝成立
- ▼西元1682～1725年 彼得大帝在位期間

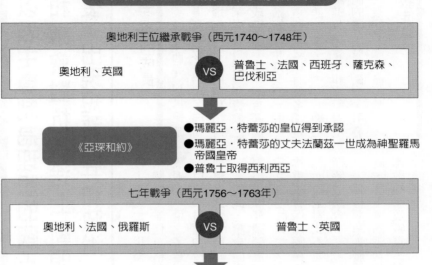

西利西亞相關的兩場戰役

奧地利王位繼承戰爭（西元1740～1748年）

奧地利、英國	VS	普魯士、法國、西班牙、薩克森、巴伐利亞

《亞琛和約》
- 瑪麗亞・特蕾莎的皇位得到承認
- 瑪麗亞・特蕾莎的丈夫法蘭茲一世成為神聖羅馬帝國皇帝
- 普魯士取得西利西亞

七年戰爭（西元1756～1763年）

奧地利、法國、俄羅斯	VS	普魯士、英國

西利西亞確定成為普魯士的領土

邊界。在北方大戰（Great Northern War）中擊敗了瑞典後，大力建設首都聖彼得堡。

凱薩琳二世參與了瓜分波蘭，並從土耳其手中拿下克里米亞半島，擴大了俄國的領土。此外她還向日本派遣使節，完備俄國的法律，進行多項內政改革。然而她在位期間也強化了農奴制度，引發了普加喬夫起義。

凱薩琳二世

▼西元1700～1721年 北方戰爭

▼西元1762～1796年 凱薩琳二世在位期間

▼西元1773年 普加喬夫起義

學更多，長知識 世界史ABC

瓜分波蘭

西元1572年，波蘭的雅蓋洛王朝絕嗣後國內陷入混亂。普魯士、奧地利和俄羅斯見機不可失，於西元1572年三國瓜分了波蘭的領土。其後於西元1795年普魯士和俄羅斯再次出手第二次瓜分了波蘭。到了西元1795年三國又再一次分割波蘭的國土，至此波蘭宣告滅亡。

以君主專制為理想的國王因和議會對抗被送上斷頭臺後，出現短暫的共和政治

資產階級的成長

英國在西元14世紀時農奴得到解放，出現了自耕農。透過經營工商業積攢財富的業者在自耕農和貴族之間形成紳士階級，兩者同爲資產階級（布爾喬亞）的一員，這些人之中有許多都是清教徒（Puritan）。紳士階級進入議會後和實行君主專制的國王發生衝突，引發了之後的兩起革命行動。

清教徒革命

伊麗莎白一世過世後，詹姆士一世繼位成爲蘇格蘭國王兼任英格蘭國王。詹姆士一世之子查理一世是一位信奉君權神授的國王，他無視議會並鎮壓清教徒。

對此，議會向查理一世提出《權利請願書》（Petition of Right），希望他能尊重議會保障國民的權利。然而國王對此不理不睬，進而解散議會。

蘇格蘭率先發難掀起叛亂，國王雖然派兵前往鎮壓卻敗給了反叛軍，還必須支付賠償金。

爲了增稅，國王又再次召集了議會，然而保皇黨和議會派之間的對立釀成內亂，這就是清教徒革命。

克倫威爾的獨裁政治

革命之初保皇黨占有優勢，但在議會派中屬於獨立派（Independent）的清教徒軍人克倫威爾率領之下，議會派獲得最終勝利。克倫威爾處決了國王，將英國改爲共和政治。然而，在他被任命爲「護國主」之後進行了獨裁統治。

克倫威爾征服了保皇黨居多的愛爾蘭，制定了《航

Point

- 自耕農（Yeoman）和紳士階級（Gentry）等資產階級（布爾喬亞）逐漸掌握權力
- 英國國王查理一世的增稅計畫遭到議會反對，並發起清教徒革命
- 議會派贏得勝利後，由克倫威爾執行獨裁統治

● **鐵騎軍**（Ironsides）

這是一支由自耕農和紳士階級所組成、由克倫威爾領導的軍隊。成員大多為清教徒，有信仰作為精神的支柱和鋼鐵般的紀律，這支軍隊使議會派在清教徒革命中獲得勝利。

年表

英國的資產階級革命1

▼西元1603～1625年　詹姆士一世在位期間

▼西元1625～1649年　查理一世在位期間

▼西元1628年　《權利請願書》

海法案》（The Navigation Acts）。他還驅逐英國和英屬殖民地的荷蘭商船，這件事引發了日後三次英荷戰爭。就結果而論，結果對英國有利，英國一躍成為海上的霸權。

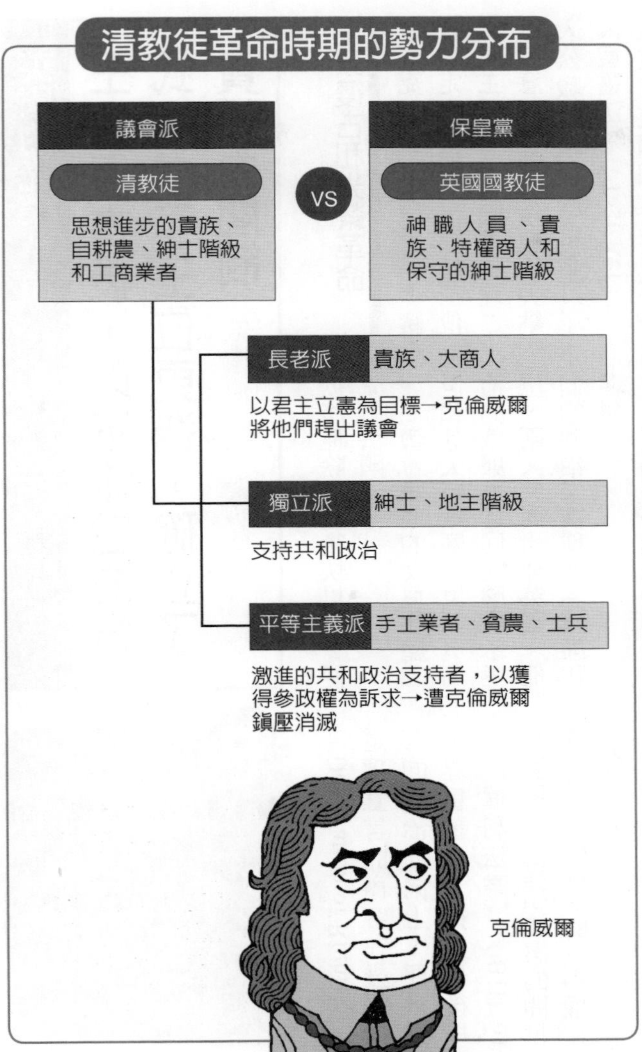

清教徒革命時期的勢力分布
議會派
清教徒
思想進步的貴族、自耕農、紳士階級和工商業者
VS
保皇黨
英國國教徒
神職人員、貴族、特權商人和保守的紳士階級
長老派
貴族、大商人
以君主立憲為目標→克倫威爾將他們趕出議會
獨立派
紳士、地主階級
支持共和政治
平等主義派
手工業者、貧農、士兵
激進的共和政治支持者，以獲得參政權為訴求→遭克倫威爾鎮壓消滅
克倫威爾

▼西元1637年
蘇格蘭發生叛亂
▼西元1640～1653年
長期議會：為了籌措支付給蘇格蘭的賠償金費，由查理一世召開
▼西元1642年
保皇黨和議會派爆發衝突發生內亂：清教徒革命
▼西元1645年
納斯比之戰：議會派擊敗保皇黨
▼西元1649年
查理一世遭到處決
▼西元1651年
克倫威爾率軍征服愛爾蘭
▼西元1652～1654年
制定《航海法案》
第一次英荷戰爭
▼西元1653年
克倫威爾被任命為「護國主」

王政復古後，以不流血的方式完成了王位更迭，確立了責任內閣制

王政復古和光榮革命

克倫威爾過世後，議會決定由查理二世繼任王位（君主復辟）。因為查理二世有意將信仰天主教的人納入公職，議會於是制訂了《宣誓法》（Test Act），規定非英國國教徒者不得擔任公職。議會還制定了《人身保護法案》（Habeas Corpus Act），使國王不得隨意逮捕人民。

繼位的詹姆斯二世是一位天主教徒，他雖然企圖恢復君主專制，但在得知議會欲將他除之而後快以後，便流亡法國。

議會將他的女兒瑪麗二世和其夫婿威廉三世（奧蘭治的威廉）迎回英國繼承王位，兩人共同治理英國（他們的共治又被稱作「威廉和瑪麗」）。

這場不經過戰爭和流血的政權更迭，就是英國史上著名的「光榮革命」（Glorious Revolution）。

責任內閣制的確立

瑪麗二世和威廉三世即位時承認了《權利宣言》（Declaration of Rights），這項宣言的內容在幾乎所有的政治面向上，要求國王尊重議會，行文化後成為《權利法案》（Bill of Rights）。這項法案的問世意味著英國政治的主導權在議會手上。

到了瑪麗二世的妹妹，安妮女王在位時，英格蘭併吞了蘇格蘭，大不列顛王國（Kingdom of Great Britain）誕生。

安妮女王沒有子嗣，因此由德國漢諾威的遠親喬治一世繼位。喬治一世由於不諳英語又長期待在德國，因此主要由首相和內閣來處理政事。

羅伯特・沃波爾（Robert Walpole）是英國第一任首相。從此英國成為內閣對議會負責的責任內閣制，確立了以憲法為基礎的立憲政治。

Point

- 詹姆斯二世試圖恢復君主專制，失敗後流亡國外
- 瑪麗二世與其夫威廉三世登基後承認議會的權力
- 擁有德國血統的國王在位期間確立了責任內閣制

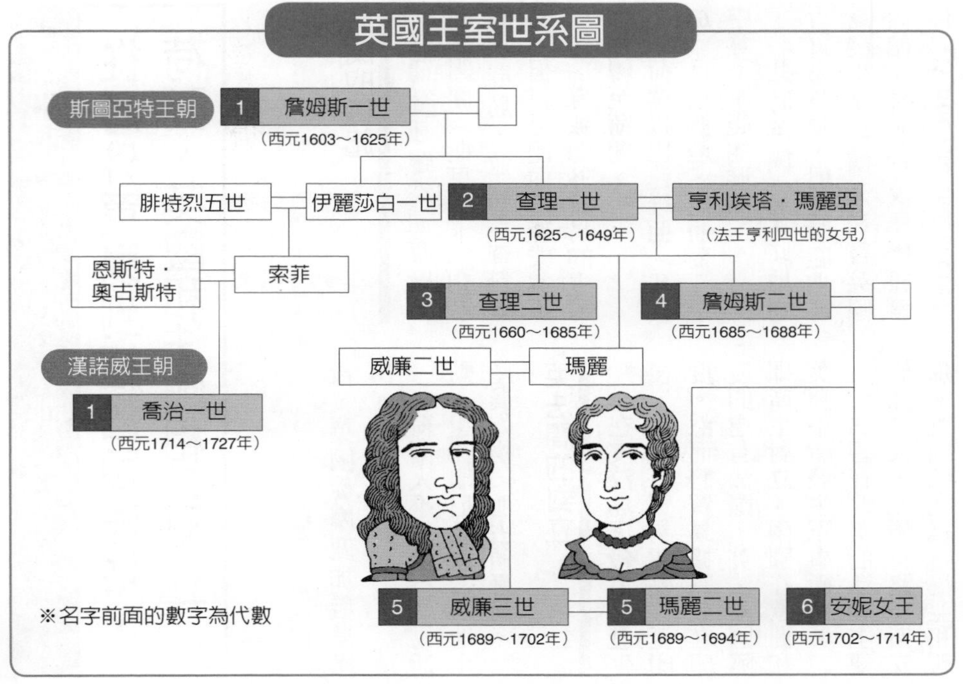

學更多，長知識 世界史ABC

托利黨（Tories）和輝格黨（Whigs）

西元17世紀後半，英國的議會分為重視王權的托利黨和重視議會權力的輝格黨兩大陣營。托利黨的支持者主要為神職人員、貴族和大地主，是日後保守黨的前身。輝格黨的支持者則大多為富裕的資產階級和工商業者，之後形成自由黨。政黨形成後，由議會中占多數席位的政黨組織內閣的政治形態稱為「政黨政治」。

認識當代的一句話

「國王當政但不統治。」

這句話表現了英國議會政治中國王所扮演的角色。

年表

英國的資產階級革命2

▼西元1660年
查理二世即位：君主復辟

▼西元1673年
制訂宣誓法

▼西元1679年
制定《人身保護法案》

▼西元1688年
光榮革命：詹姆斯二世流亡法國

▼西元1689年
承認《權利宣言》的瑪麗二世和威廉三世即位

▼西元1707年
英格蘭併吞蘇格蘭

▼西元1714年
漢諾威的喬治一世繼位

從海外貿易到經營殖民地，荷蘭、英國和法國相互對立

荷蘭的崛起

葡萄牙雖然領有麻六甲、錫蘭（斯里蘭卡）和摩鹿加群島，並獨占香料貿易，但自己國內的產業並不發達，導致海外貿易的主導權移轉至荷蘭。

荷蘭以巴達維亞（牙買加）爲根據地，從葡萄牙手中奪下摩鹿加群島。

此時英國也在此地進行貿易活動，但在摩鹿加群島發生了荷蘭人殺害英國商館人員的安汶島屠殺事件（Amboyna massacre）後，英國從摩鹿加群島撤出。

荷蘭人不只進行貿易活動，還在印尼設立殖民地生產農作物，並占領臺灣。

英法間的對立

在安汶島屠殺事件發生後，英國將貿易據點移至印度。然而將貿易據點設在印度的還有法國，英法兩國隨即產生對立。兩國在歐洲和美洲不斷發生軍事衝突。

法國在北美的活動主要於加拿大，並領有路易斯安那。英國則在維吉尼亞和新英格蘭建立殖民地。在英荷戰爭中勝出的英國，將從荷蘭手中拿下的新阿姆斯特丹更名爲紐約。英國的殖民地中有許多人都是在英倫遭受迫害的新教徒。

在印度，英法之間發生了普拉西戰爭，法國戰敗後印度成爲英國的囊中之物。

Point

- 荷蘭取代葡萄牙掌握了海上貿易的主導權
- 英國將目光投向印度
- 英國和法國為爭奪殖民地相互對立

年表

英國、荷蘭、法國在殖民地的活動

- ▼西元1600年 英國東印度公司成立
- ▼西元1602年 荷蘭東印度公司成立
- ▼西元1623年 安汶島屠殺事件
- ▼西元1664年 法國東印度公司成立
- ▼西元1757年 普拉西戰爭

西元18世紀後半的世界

英法殖民地戰爭

西元1688～1697年	歐洲	大同盟戰爭（法爾茨戰爭）
西元1689～1697年	北美	威廉王之戰
西元1701～1713年	歐洲	西班牙王位繼承戰爭
西元1702～1713年	北美	安妮女王戰爭
西元1740～1748年	歐洲	奧地利王位繼承戰爭
西元1744～1748年	北美 印度	喬治王之戰 第一次卡那提克戰爭
西元1750～1754年	印度	第二次卡那提克戰爭
西元1755～1763年	北美	英法北美戰爭
西元1756～1763年	歐洲	七年戰爭
西元1757年	印度	普拉西戰爭
西元1758～1763年	印度	第三次卡那提克戰爭

為了反對英國的高壓統治，13個殖民地為獨立而戰，成立美利堅合眾國

Point

- 北美成立13個殖民地
- 獨立戰爭的發端來自於對母國英國課稅政策的反抗
- 獨立軍戰勝後成立美利堅合眾國

波士頓茶黨事件

英國的清教徒革命發生之前，以清教徒爲中心，爲了追求信仰自由的一群人（朝聖先輩）搭乘五月花號輪船前往北美。在普利茅斯登陸後他們居住下來，建立了13個殖民地，每個殖民地都設有各自的議會。

英國政府雖然承認殖民地的自治權，但在英法北美戰爭後，制定了《食糖法》（Sugar Act）、《印花稅法》（Stamp Act）和《茶稅法》（Tea Act）等法向殖民地人民徵稅。

殖民地人民對於英國政府此舉非常憤怒，反對《茶稅法》的激進派襲擊了停泊在波士頓港中英國東印度公司的商船，並將船上的茶葉扔進海中。這個事件稱爲波士頓茶黨事件，可以說是美國獨立戰爭的導火線。

美國獨立戰爭

北美殖民的代表在費城召開了大陸會議，呼籲各方團結。隔年在萊辛頓和英軍發生武裝衝突時，華盛頓即被任命爲軍隊的總司令官，並發表了《美國獨立宣言》。

獨立軍雖然在初期的戰事中陷入苦戰，但伴隨著法國、西班牙以及荷蘭的奧援，約克鎮戰役最終以勝利坐收。戰後簽訂的《巴黎條約》，美國獨立得到了英國的承認，並取得密西西比河以東的路易斯安那。

美國憲法

美國獨立後旋即著手制定美國憲法，憲法以三權分立作爲立憲原則。

此外美國採行各州皆有

認識當代的一句話

「無代表，不納稅。」（No taxation without representation.）（派屈克・亨利）

這句話描述，北美13洲殖民地的民眾雖為英國臣民卻沒有參政權。不但如此，還需繳納印花稅等法律規定的稅金，是一件不合理的事。

自治權的聯邦制，中央行政機關則設有美國聯邦政府和總統一職。

到美國獨立為止的大事記

西元1755～1763年	英法北美戰爭
西元1764年	《食糖法》：對進口砂糖和糖漿課稅
西元1765年	《印花稅法》：對所有書籍和印刷物課稅
西元1773年	《茶稅法》：只允許英國東印度公司在殖民地販茶 波士頓茶黨事件
西元1774年	第一次大陸會議
西元1775年	萊辛頓戰役：美國獨立戰爭之始 第二次大陸會議
西元1776年	發表《美國獨立宣言》
西元1781年	約克鎮戰役：獨立軍勝利
西元1783年	《巴黎條約》：英國承認美國獨立
西元1787年	制定美國憲法

湯瑪斯・潘恩

出版小冊子《常識》宣揚獨立的必要性。使獨立的想法深入民心。

傑佛遜

起草《美國獨立宣言》，日後成為美國第三任總統。

華盛頓

在第二次大陸會議時被任命為大陸軍（Continental Army）總司令。美國首任總統。

興起於英國的工業革命催生了資本主義，大幅改變人類社會

Point

- 在市場、資本和勞動力充足的英國發生了工業革命
- 機械的發明和改良帶來生產力的大幅提高
- 資本階級和勞動階級產生對立

從紡織機說起

發生於西元18世紀後半英國的工業革命，透過機械的發明和改良，使生產力得到飛躍性的成長，對經濟和社會都帶來巨大的改變。

英國從中世紀起，毛織業就很興盛，自從由印度進口棉花後，棉織工業興起取代了毛織業。隨後以約翰·凱伊發明飛梭爲契機，珍妮紡（多軸）紗機、水力紡紗機、走錠精紡機和動力織布機相繼問世，紡織機、織布機的發展和改良持續進行。

紐科門實現了蒸汽幫浦實用化後，瓦特以此改良了蒸汽機。從此之後，以紡織機、織布機爲首，蒸汽成爲所有機械的動能，生產力得以有飛躍性的成長。蒸汽船和蒸汽火車的問世，使運輸量也大幅成長。

棉織工業的發展培植了機械工業，作爲機械工業原料的鐵因爲需求增加，使鐵工業也得以繁盛。

工業革命的影響

工業革命興起後，資本家建設工廠僱用工人（勞動者），透過大量生產獲取利潤，形成了資本主義體系。

英國成爲「世界工廠」後，人口逐漸集中於曼徹斯特等工業城市。在工廠工作的工人形成工人階級（勞動階級），和爲了追求利潤而壓榨勞力的資本家產生對立。

工業革命也擴散至周邊國家，德國和美國在國家的保護政策下進行工業化，並呈現後來居上的情況。

誕生於工業革命時期的發明

紡織機．織布機

西元1733年
飛梭：約翰．凱伊發明
經紗能快速反覆穿越緯紗，使生產效率達2倍以上

西元1764年左右
珍妮紡（多軸）紗機：
詹姆斯．哈格里夫斯發明

西元1768年
水力紡紗機：阿克萊特發明
因開始的動力為馬和水力，之後則改用蒸汽

西元1779年
走錠精紡機：賽米爾．克隆普頓發明
能夠織出強韌而細緻的紗線

西元1785年
動力織布機：卡特萊特發明
使用蒸汽作為動力的織布機

蒸汽機

西元1712年
紐科門將其實用化

西元1769年
瓦特大幅改良蒸汽機，使熱效率達2倍以上

西元1807年
富爾頓製造出世界第一艘蒸汽船

西元1814年
史蒂文生發明蒸汽火車

西元1830年
利物浦至曼徹斯特的鐵道開通

瓦特

工業革命發生於英國的原因

- 重商主義和工廠手工業帶來資本累積
- 廣大的殖民地成為巨大的市場
- 農業生產力提高，為了大量生產實施了「圈地運動」，失去土地的農人提供了勞動力來源
- 國內擁有豐富的碳和鐵礦資源藏量
- 自然科學發達，科學技術的水準提高

→ 英國工業革命

以宮廷為中心的絢爛藝術蓬勃發展，哲學和思想界展開對君主專制的批判

君主專制下的藝術與文學

西元17世紀時的歐洲處於君主專制的時代，文化發展的中心在王公和貴族生活的宮殿裡。他們爲了誇耀自己的權勢，興建起許多外觀雄偉、裝飾豪華的巴洛克式建築。其中最具代表性的即爲法國的凡爾賽宮。

繪畫方面，這一時期產生了許多王公貴族們的肖像畫和裝飾在宮廷裡色彩豐富的作品，法蘭德斯的魯本斯、范戴克，西班牙的艾爾·葛雷、柯維拉斯奎茲，荷蘭的林布蘭都是活躍在此時期的畫壇巨匠。

進入西元18世紀後，開始流行起細緻優美的洛可可風格（Rococo），普魯士國王腓特烈二世建於波茨坦的無憂宮是代表性建築。

音樂之都則非奧地利的維也納莫屬。巴哈、韓德爾、海頓、莫札特等古典音樂大師的許多作品，至今仍豐富著我們的生活。

法國是當時的文學重鎮，高乃依、拉辛和莫里哀都是著名作家。德國的歌德和席勒的創作活動也相當活躍。

韓德爾

自然科學和哲學·人文思想

在自然科學領域方面，英國的牛頓發現了萬有引力，法國的拉瓦錫證實了

Point

- 巴洛克式的凡爾賽宮和洛可可風格的無憂宮（Schloss Sanssouci）
- 近代哲學發展出經驗主義（empiricism）和理性主義（rationalism）
- 自然法（Natural law）理論和啓蒙思想問世

認識當代的一句話

「我思故我在。」（笛卡兒）

笛卡兒在《方法論》說到，「我確信，懷疑所有既存事實的我是存在的。」

質量守恆定律。瑞典的林內確立了植物的分類法，英國的詹納開發出種痘的預防接種方式。

哲學方面，英國的法蘭西斯．培根提倡經驗主義（歸納法），法國的笛卡兒建立了理性主義（演繹法）的基礎。將兩者合而爲一的是德國的康德，並產生了德國觀念論。

荷蘭的格老秀斯、英國的霍布斯和洛克都宣揚自然法思想和社會契約論。

其後，啓蒙思想興起於法國，孟德斯鳩、伏爾泰、盧梭等啓蒙思想家聯袂登場。狄德羅和達朗貝爾著手編纂《百科全書》。

西元17、18世紀時歐洲的哲學與思想

經驗主義（歸納法）	透過觀察事實現象，從中推導出一般理論的思考方式	培根《新工具論》
理性主義（演繹法）	透過理性的思維推導出結論的思考方式	笛卡兒《方法論》
批判哲學	認識人類認知的侷限性	康德《純粹理性批判》
自然法思想	應該保障人類自出生後，即被賦予來自「自然規律」的權力	格老秀斯《戰爭與和平法》
社會契約論	國家和個人是基於自由和平等之下簽署的契約關係	霍布斯《利維坦》 洛克《政府論》
啓蒙思想	透過理性掃除威權、迷信和陋習，將民衆從無知中解放	伏爾泰《哲學通信》 孟德斯鳩《法意》 盧梭《社會契約論》

格老秀斯

康德

孟德斯鳩

法國的身分制度讓人民不滿的情緒爆發，巴士底監獄遭襲是大革命的信號彈

Point

- 資產階級的成長使他們對身分制度帶來的不平等感到憤怒
- 國民議會獨立於三級會議之外
- 國民議會發表《人權宣言》

從三級會議到人民議會

18世紀的法國社會由第一等級（天主教教士）、第二等級（貴族）、第三等級（農民及一般人民）所組成，這樣的階層社會被稱作舊制度（Ancien Régime）。

占法國人口98%的第三等級有納稅的義務卻沒有參政權，相對的第一和第二等級卻毋須繳稅。

工商業的發展產生了許多有力量的資產階級，他們對舊制度的不滿與日俱增。

而在路易十四執政的末期，法國的財政赤字正在迅速膨脹。

路易十六世執政時，他欲向第一和第二等級徵稅，因此召開了三級會議。然而會議卻因為表決方法無法達成共識產生對立，最後第三等級獨自成立了國民議會，達成在制定憲法之前不解散的決定，這項決定就是著名的《網球場宣言》。在貴族之中也出現第三等級的支持者。

法國大革命爆發

國王為了向國民議會施加壓力，將軍隊調往凡爾賽宮。而且接受了保守派貴族的意見，罷免了主張對第一和第二等級徵稅的財政總監內克爾。

當巴黎市民知道了這件事後，襲擊了象徵專制體制的巴士底監獄。這起事件是法國大革命的第一槍，之後全國各地的農民拿起武器，攻擊貴族的宅邸。

國民議會發表了《人權宣言》，廢除封建特權，使身分制度走入歷史。

革命時期的政局動盪和農作物歉收導致糧食不足，然而國王仍然過著奢侈的生活。當巴黎的婦女們知道了這件事後，她們集結起來從巴黎遊行到凡爾賽宮，迫使國王和她們一同返回巴黎。國民議會也在此時將據點轉移至巴黎。

巴士底監獄

法國的舊制度（Ancien Régime）

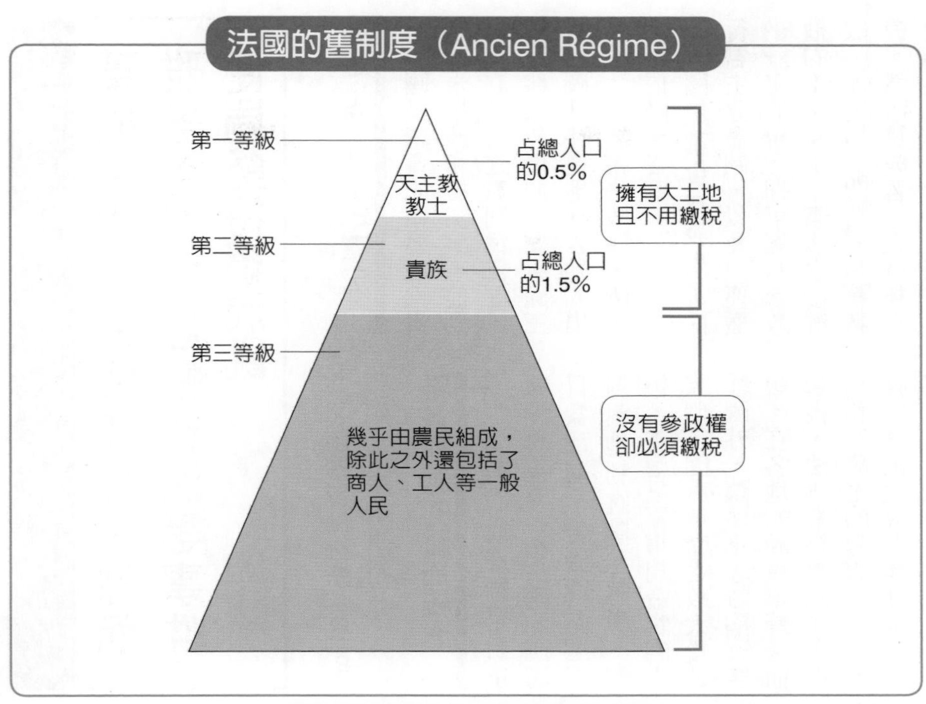

法國大革命的進程

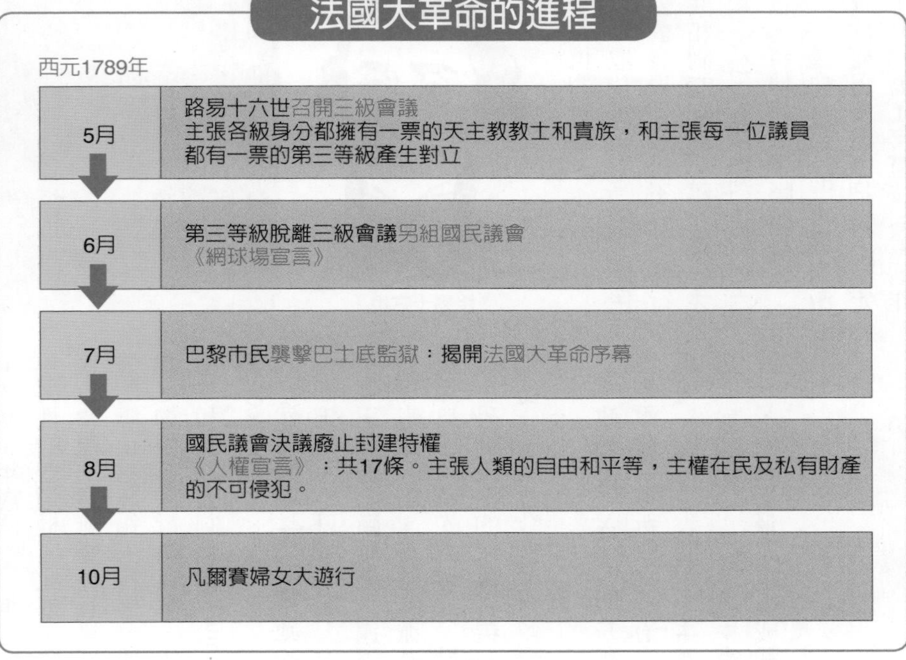

西元1789年
5月
路易十六世召開三級會議
主張各級身分都擁有一票的天主教教士和貴族，和主張每一位議員都有一票的第三等級產生對立
6月
第三等級脫離三級會議另組國民議會
《網球場宣言》
7月
巴黎市民襲擊巴士底監獄：揭開法國大革命序幕
8月
國民議會決議廢止封建特權
《人權宣言》：共17條。主張人類的自由和平等，主權在民及私有財產的不可侵犯。
10月
凡爾賽婦女大遊行

革命催生了共和政權，然而雅各賓派的恐怖統治等事件使局勢持續混亂

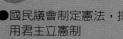

Point

- 國民議會制定憲法，採用君主立憲制
- 國民公會廢除王政，採行共和政治
- 雅各賓派的恐怖統治造成傷亡無數

制定1791年憲法

國民議會的領導者為貴族的米拉波和拉法葉，他們以建立君主立憲制為目標。然而伴隨著瑪麗．安東妮王后企圖逃往奧地利（她的出生地）的計畫失敗後，國王的威信降至谷底。

國民議會在發表了採行君主立憲制，以及只要繳納一定的稅金即可擁有參政權的1791年憲法之後解散，而後召開國民制憲議會。然而贊成君主立憲制的斐揚派（Feuillant）和支持共和制的吉倫特派（Girondins）產生嚴重對立。

雅各賓派的恐怖統治

法國的周邊國家對革命深感恐懼，和法國的鴻溝日益加深，吉倫特派選擇對奧地利宣戰。戰事一開始，本應是軍事司令官的貴族們，因為革命之故大量逃往國外，讓法軍一時陷入苦戰。在各地的義勇軍蜂擁而起後，法國最終擊敗了奧地利和普魯士的聯軍。法國人發現真正的敵人其實是自家國王後，逮捕並軟禁了路易十六世的家族。

路易十六世

取代立法會議的國民公會發表了廢止王政、採行共和制的宣言，建立第一共和。公會還審判路易十六世，將他送上了斷頭臺。

國民公會的實權由激進的雅各賓派所把持，制定了共和曆1年憲法（或稱作1793年憲法），承認成年男性的普選權。此外，國民公會還決議無條件且無補償的廢止封建領主特權，並制定物價、採行徵兵制、使用共和曆和公制系統（metric system）。

然而雅各賓派實施的恐怖統治，不只將瑪麗．安東妮王后送上斷頭臺，還屠殺保皇黨人士、吉倫特派甚至是自己派系的領導人。最後，恐怖統治的領導者羅伯斯比本人也死於熱月政變中。

政變後，穩健的共和派布爾喬亞重新取得政治主導權，制定了共和3年憲法（或稱作1795年憲法），由五名督政官組成督政府。

法國大革命的進程

西元1791年6月	瓦雷納出逃：路易十六世和王后企圖逃亡，卻在瓦雷納遭到逮捕
西元1791年9月	國民議會制定1791年憲法
西元1791年10月	國民議會解散，國民制憲議會成立
西元1792年9月	由男性普選產生的國民公會成立取代了國民制憲議會 瓦爾密戰役：法國的義勇軍擊敗了奧地利和普魯士的聯軍 建立共和政權（法蘭西第一共和～西元1804年）
西元1793年1月	路易十六世被送上斷頭臺
西元1793年6月	雅各賓派掌權 制定共和曆1年憲法：雖然制定了主權在民和男子普選等內容，卻沒有實際施行
西元1793年7月	廢止封建時代的領主特權且無須賠償領主
西元1793年10月	採行法國共和曆
西元1794年7月	熱月政變：羅伯斯比遭到逮捕後處決
西元1795年8月	制定共和曆3年憲法
西元1795年10月	督政府成立

學更多，長知識　世界史ABC

《馬賽進行曲》

由魯日・德・李爾作詞譜曲的進行曲。馬賽的義勇軍在進入巴黎時正在高歌此曲，這首曲子象徵了對法國大革命和祖國的忠誠，日後成為了法國的國歌。

以英雄之姿收拾革命後混亂局面的拿破崙，最終稱帝

Point

- 督政府無法安定政局，情勢持續動盪
- 擊敗義大利後，拿破崙聲勢看漲
- 遠征埃及回到法國後，拿破崙稱帝

拿破崙躍上歷史舞臺

拿破崙．波拿巴出生於科西嘉島的貧窮貴族家庭，年輕時在巴黎的軍官學校學習。法國大革命期間他曾鎮壓保皇黨的叛亂，隔年被任命爲征討義大利的軍事司令官。

當時，深恐法國大革命擴散的周邊諸國，在英國倡議下組成了第一次反法同盟。由拿破崙率領的法軍和參加同盟的奧地利及義大利聯軍在倫巴底發生戰爭。在擊敗了奧義聯軍後，拿破崙一躍成爲英雄。

遠征埃及

拿破崙下一步將矛頭指向最大的敵人英國。埃及處於英國及其殖民地印度之間的中繼位置，拿破崙以此爲口實向埃及進軍。然而在遠征途中，他聽聞第二次反法同盟成立，於是拋下軍隊急忙返回法國。回國後他推翻督政府成立執政府，實行獨裁政治。

拿破崙還設立法蘭西銀行，爲日後法國的工商發展奠定基礎。外交方面他和羅馬教皇和解，並和英國簽訂休戰的《亞眠和約》。

拿破崙

爲了深化革命精神，拿破崙下令編纂《拿破崙法典》（《民法典》），規定了個人財產的不可侵犯性以及契約自由原則。

透過國民投票，拿破崙

認識當代的一句話

「『這不可能』，這句話根本不是法文。」（拿破崙）

這是拿破崙在一封信中寫下的一段話。雖然「我的字典裡沒有不可能」這句話的知名度相當高，但卻出處不詳。

「我的榮耀不在於打了40次勝仗，而是會流傳後世的《民法典》。」（拿破崙）

說這句話時的拿破崙正處於政治失意時期。《拿破崙法典》成為日後多國民法的模範。

成爲終身執政，之後更進一步稱帝，成爲拿破崙一世。至此第一共和結束，進入第一帝政。

拿破崙的生涯①

西元1769年	出生於科西嘉島
西元1789年	法國大革命爆發
西元1795年	鎮壓保皇黨的叛亂
西元1796～1797年	遠征義大利：擊敗奧地利軍
西元1798～1799年	遠征埃及：尼羅河海戰敗於英國後逃回法國
西元1799年	霧月政變：推翻督政府成立執政府，任第一執政
西元1800年	成立法國銀行
西元1801年	和羅馬教皇達成和解：承認教會的合法性
西元1802年	簽訂《亞眠和約》 成為終身執政
西元1804年	制定《拿破崙法典》 即皇帝位

學更多，長知識　世界史ABC

拿破崙與貝多芬

貝多芬在法國大革命期間以作曲家的身分活躍於維也納樂壇。出身平民的他相當崇拜為歐洲社會帶來自由與平等的拿破崙，並為拿破崙譜寫了頌揚他的交響樂曲《拿破崙》。據說當貝多芬知悉拿破崙稱帝後，憤怒地撕毀了樂譜的封面。之後這首曲子只被冠上「英雄」之名傳世。

貝多芬

拿破崙帝國及其崩壞

支配歐洲大陸的拿破崙，在民族意識抬頭下走向衰亡

Point

- 拿破崙從普魯士取得大片領土，支配歐洲大陸
- 各國的民族意識高漲並掀起叛亂
- 俄羅斯遠征失敗後，拿破崙退位

拿破崙帝國

對於拿破崙稱帝一事充滿危機感的周邊諸國集結了第三次反法同盟。拿破崙為了進攻英國本土，派出了戰艦應戰，然而卻在特拉法加海戰中敗給了納爾遜率領的英國艦隊。

雖然海上失利，拿破崙在奧斯特里茲戰役中擊敗了俄羅斯和奧地利的聯軍，並組成萊茵邦聯，使神聖羅馬帝國走入歷史。

戰後，拿破崙和俄羅斯及普魯士簽訂了《提爾西特條約》，普魯士損失了大半國土。新成立的華沙大公國則為法國屬國。

拿破崙讓自己的哥哥就任那不勒斯和西班牙國王，弟弟擔任荷蘭國王。除了英國和俄羅斯外，此時的拿破崙幾乎統治了整個歐洲。

從全盛走向衰亡

拿破崙征伐歐洲大陸的同時，也為各地帶來了自由平等的精神。這件事反過來促成了遭到支配的各國民族意識的高漲。

率先發難的是西班牙。普魯士也以打倒法國為目標，廢除農奴制和進行軍隊制度的改革，提升了國力。

拿破崙為了在經濟上打擊英國，發布了大陸封鎖政策（《柏林詔令》），要求各國禁止和英國通商。然而俄羅斯首先犯禁，拿破崙雖遠征俄國，卻以失敗收場。

在萊比錫戰役（民族會戰）中敗於普奧俄聯軍的拿破崙最終走下帝座，被流放到厄爾巴島上。路易十六世的弟弟路易十八世成為法國國王，波旁王朝復辟。

拿破崙其後雖然逃離了厄爾巴島，重新登上皇帝寶座，卻在滑鐵盧之戰中敗於英軍。隨後他被流放至聖赫勒拿島，並在那度過了剩下的人生。

拿破崙帝國

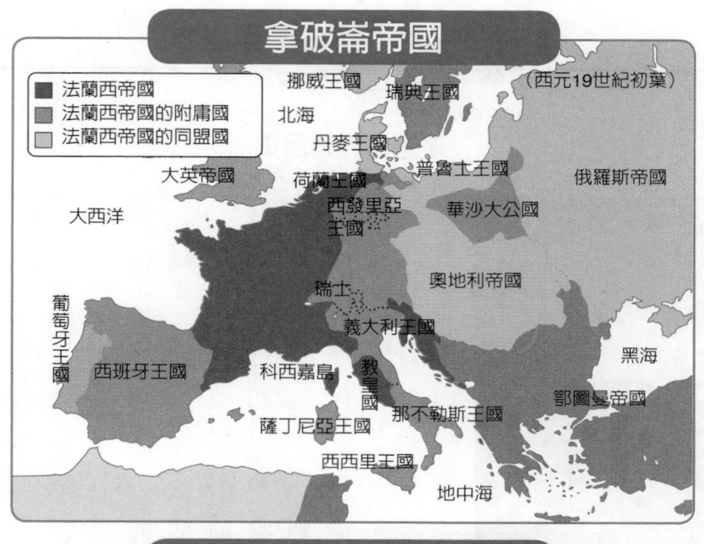

拿破崙的生涯②

西元1805年10月	特拉法加海戰：敗於英國艦隊
西元1805年12月	奧斯特里茲戰役：擊敗俄奧聯軍
西元1806年7月	組成萊茵邦聯：神聖羅馬帝國走入歷史
西元1806年11月	發布大陸封鎖政策（《柏林詔令》）
西元1807年7月	簽訂了《提爾西特條約》：和普魯士及俄國的和約 獲得普魯士大半國土，成立華沙大公國。
西元1808年3月	西班牙叛亂
西元1810年4月	和哈布斯堡家族的瑪麗．路易莎再婚
西元1812年10月	遠征莫斯科失敗
西元1813年10月	萊比錫戰役（民族會戰）：敗於普奧俄 聯軍後退位
西元1814年5月	被流放至厄爾巴島
西元1815年2月	逃出厄爾巴島，重新即帝位。
西元1815年6月	滑鐵盧之戰：敗於英普荷聯軍
西元1815年10月	被流放至聖赫勒拿島
西元1821年	過世

倫敦塔
（英國・倫敦）

其實並沒有特定的一座塔叫倫敦塔，它是建於城牆中的塔、教會、監獄和軍火庫的總稱。倫敦塔始建於西元11世紀征服王威廉時期，而後歷代都有擴建，到西元17世紀詹姆士一世爲止，歷代英國國王都居住於此。

因爲也作爲監獄和刑場使用，亨利八世的妻子安妮・博林和湯瑪斯・摩爾等許多人都在這裡遭到處決或囚禁。庭院裡仍保留著放置犯人頭顱的石頭，作爲監獄的房間中，牆上仍留有囚禁者刻出的簽名。

馬丘比丘遺跡
（祕魯）

馬丘比丘遺跡是位於標高２２８０公尺山頂上的印加帝國遺跡。傳聞，西元16世紀西班牙人征服印加帝國的首都庫斯科後進行劫掠時，有一部分的印加人逃到此地。然而至今爲止，馬丘比丘建於何時、如何建造，當地的居民又去了哪裡等問題仍然讓歷史學家傷透腦筋。

沿著山坡斜面上有耕地的痕跡，從汲水場到耕地之間建有灌溉用的渠道。神殿、宮殿和住宅皆以多角形的石頭經過精密計算搭建而成。從這些地方我們可以得知這裡曾經存在過高度的文明。

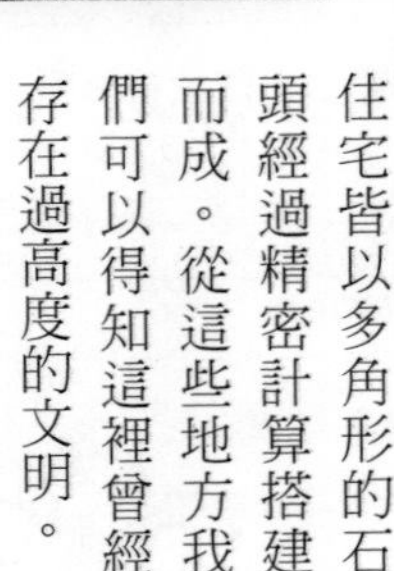

第 6 章

歐洲和美洲的發展

第6章

動盪的歐洲和美國南北戰爭

維也納體制與七月・二月革命

為了處理拿破崙戰爭後的問題，歐洲各國在維也納召開了會議。會中決定恢復法國革命之前歐洲的狀態。

恢復王政的法國，因為國王與資產階級的對立爆發了七月革命，為了訴求修改選舉法案爆發了二月革命。其後，在共和政府擔任總統的拿破崙三世雖然發動政變稱帝，但在他被廢以後恢復了共和制。法國的政治局勢動盪不安。

英國、義大利和德國

領先世界發動工業革命的英國，擁有凌駕他國絕對優勢的經濟實力。然而在背後支撐英國國家經濟利益的殖民地印度卻深受其害。

原本由一些小國家和自由都市組成的義大利迎來了統一的契機，透過加里波底等人的努力，成立了義大利王國。

受到法國二月革命影響的德國自由主義分子，為了訴求德國的統一和制定憲法，發動了三月革命。然而對於未來的統一國家是否包含奧地利一事上意見出現分歧。等到以普魯士為核心完成國家統一時，已經度過了20年以上的歲月。

開發西部與南北戰爭

美國可以分成以工業為主的北方和以農業為主的南方，彼此之間有著利害衝突的關係。美國北方主張廢除黑奴制度，但黑奴卻是南方種植棉花時重要的勞動力。南北雙方在廢奴一事上對立日漸加深，終於發展為南北戰爭。

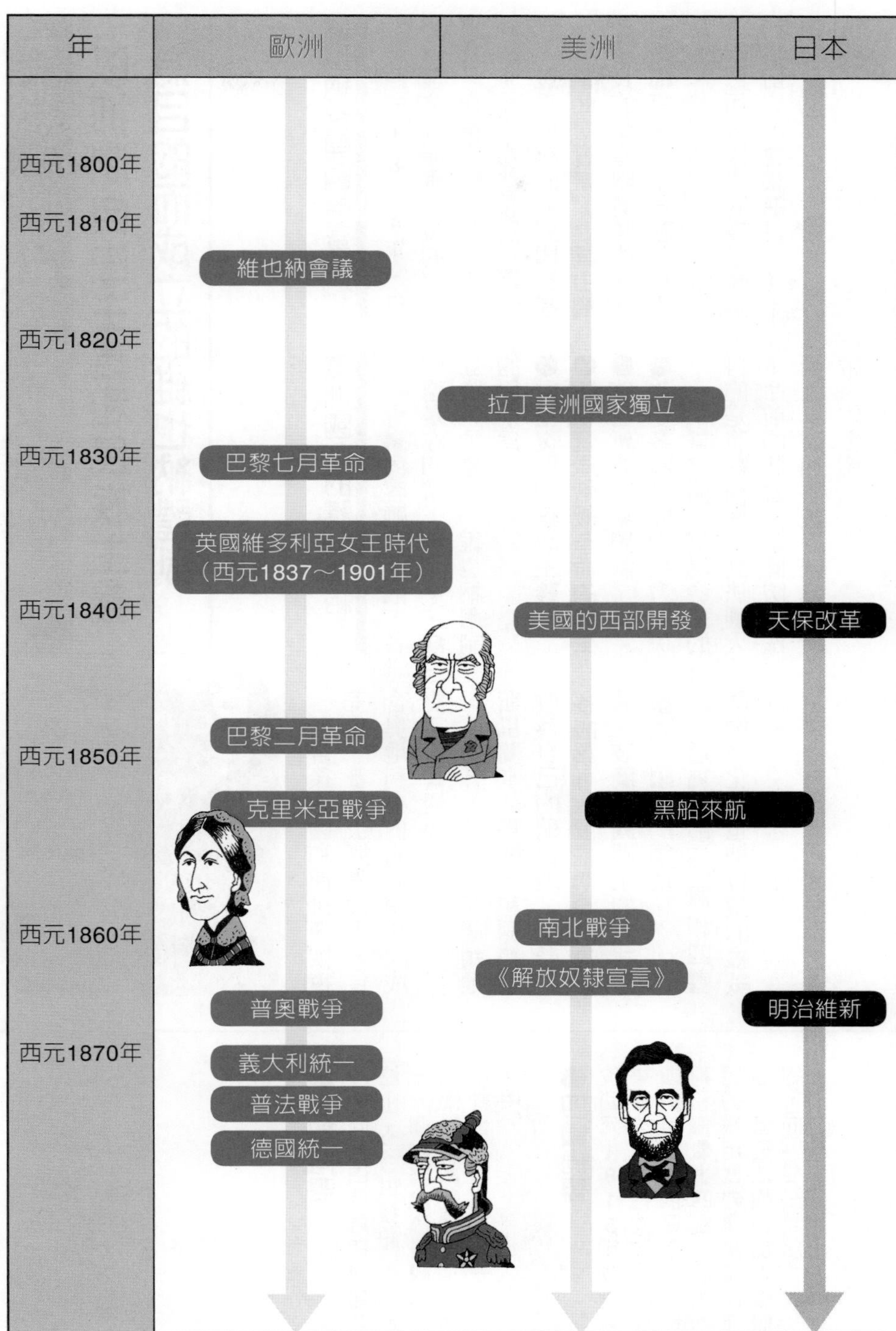
年
歐洲
美洲
日本
西元1800年
西元1810年
維也納會議
西元1820年
拉丁美洲國家獨立
西元1830年
巴黎七月革命
英國維多利亞女王時代
（西元1837～1901年）
西元1840年
美國的西部開發
天保改革
巴黎二月革命
西元1850年
克里米亞戰爭
黑船來航
西元1860年
南北戰爭
《解放奴隸宣言》
普奧戰爭
明治維新
西元1870年
義大利統一
普法戰爭
德國統一

維也納體制的確立與鬆動

以抑制自由主義和民族主義為目的而成立的維也納體制

Point

- 維也納會議的召開為解決拿破崙戰敗後的後續事宜
- 防止資產階級革命的發生
- 與會各國算計的是君主復辟和擴大領土

維也納召開國際會議

西元1814年，爲了處理拿破崙戰敗後的諸多事宜，在維也納召開了國際會議。除了鄂圖曼帝國以外，幾乎所有的歐洲國家都參與了此次會議。會議中擔任議長的是當時奧國的外交部長梅特涅（之後晉升爲宰相）。

然而各國之間爲了調解利益衝突，會議進行得並不順利。

歐洲國家的體制重組

會議內容雖然鬆散，各國還是在和議上簽了字，成立維也納體制。維也納體制的原則爲：

●君主復辟的正統主義
●防止資產階級革命的發生
●確立新的國家體制
●改變各國之間的權力關係

不言自明，這場會議的目的是將歐洲恢復到法國大革命前的狀態。企圖防堵法國大革命和拿破崙統治下所帶來的影響。

會後法國和西班牙恢復王政，普魯士擴張領土，包含奧地利在內的39個邦國成立了日耳曼邦聯。

此外，英國將荷蘭領地斯里蘭卡（錫蘭）和開普敦收爲自己的殖民地，並受到各國認可。俄羅斯沙皇也以兼任波蘭王國國王的方式，擴大了國家的領地。

透過神聖同盟和四國同盟強化維也納會議的權威性。

●神聖同盟

神聖同盟由俄羅斯沙皇亞歷山大一世發起，為唯一一個聯繫歐洲各國君主之間的象徵性盟約，對強化維也納體制起到一定的作用。

●四國同盟

於西元1815年成立的軍事．政治性同盟。同盟國為英國、俄羅斯、奧地利和普魯士四國。同盟的目的為用武力鎮壓革命運動。隨後法國也加入該盟約，而成為五國同盟。

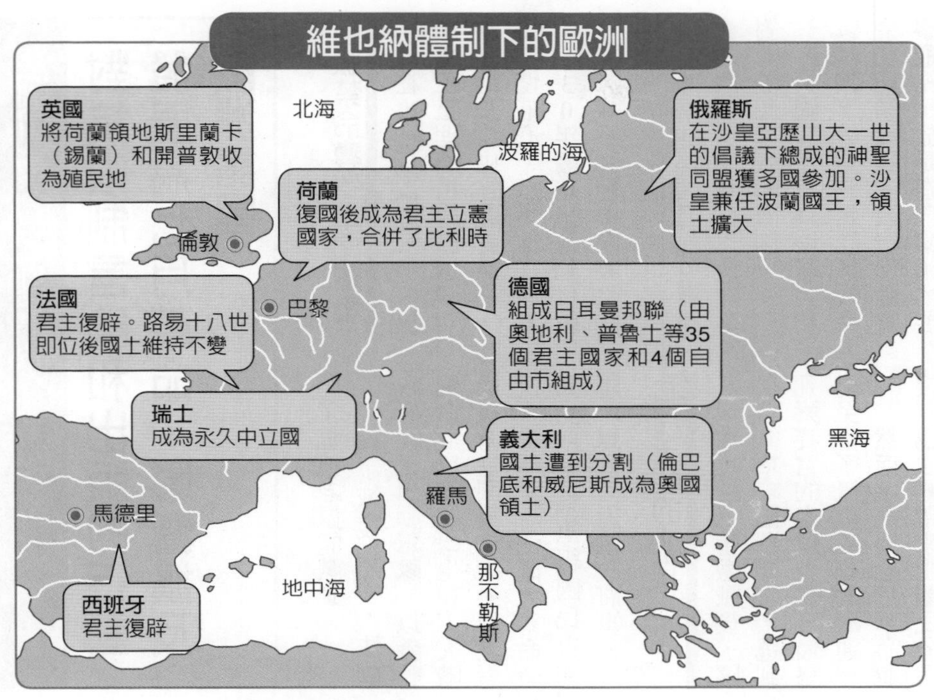
維也納體制下的歐洲
北海
波羅的海
黑海
地中海
倫敦
巴黎
馬德里
羅馬
那不勒斯
英國
將荷蘭領地斯里蘭卡（錫蘭）和開普敦收為殖民地
荷蘭
復國後成為君主立憲國家，合併了比利時
俄羅斯
在沙皇亞歷山大一世的倡議下締成的神聖同盟獲多國參加。沙皇兼任波蘭國王，領土擴大
法國
君主復辟。路易十八世即位後國土維持不變
德國
組成日耳曼邦聯（由奧地利、普魯士等35個君主國家和4個自由市組成）
瑞士
成為永久中立國
義大利
國土遭到分割（倫巴底和威尼斯成為奧國領土）
西班牙
君主復辟

學更多，長知識 世界史ABC

維也納體制的鬆動

維也納體制的目的是恢復法國大革命前歐洲社會的秩序。然而，法國大革命和拿破崙所播下的自由主義、民族主義的火種，不是這麼輕易就能撲滅的。德國學生發起反抗運動（青年會社運動），拉丁美洲諸國相繼追求獨立，俄國於尼古拉一世在位時，貴族出身的青年士官為了追求自由主義理想，發動了十二月黨人起義。反體制的抗爭遍地開花。

認識當代的一句話

「大會不行動，大會在跳舞。」

西元1814年召開的維也納會議，因為與會諸國各懷鬼胎，會議中各國代表都在進行舞會而少有實質的建樹。這句話揶揄的就是當時會議的狀態。

對抗限制言論和出版的行動發展為七月革命，影響擴及歐洲諸國

出版禁令導致革命爆發

在維也納體制下，法國國王查理十世對於選舉活動有助長自由主義者氣焰一事深懷戒心。於是他在西元1830年發布了《七月敕令》，成爲七月革命發生的原因。

敕令的內容爲解散議會、限制選舉資格以及加強對言論和出版的限制。

《國家》、《地球》和《論壇》等報刊雜誌無視命令仍繼續發行，政府出動警察取締，於是在巴黎市內展開了貓抓老鼠的戲碼。

爲了恢復秩序，法國政府甚至出動軍隊。以發動革命爲目的的學生和工人階級在巷道間築起街壘與之對抗。曾活躍於法國大革命時期的拉法葉重組國民自衛軍，以武力對抗政府軍。

七月王朝的成立

在經過一番激戰後，國民自衛軍攻陷羅浮宮。逃到凡爾賽宮的查理十世，最終仍免不了流亡英國的命運。

然而，這場七月革命並沒有爲法國帶來由國民參與政治的共和制。奧爾良家族的路易・菲利浦雖然以自由主義者爲人所知，但是當他登上王位後，不過是再現了君主立憲制。

反對查理十世的革命勢力，將勝利曙光初現的7月27號開始的3天稱爲「光榮的3天」。革命成功後成立的奧爾良王朝又被稱作七月王朝。七月革命是反對維也納體制一方的勝利，其影響擴及歐洲各國。

Point

- 不滿報紙遭到停刊的抗議活動為革命的導火線
- 國民自衛軍武裝對抗政府
- 革命後仍為君主立憲體制

七月革命對各國的影響

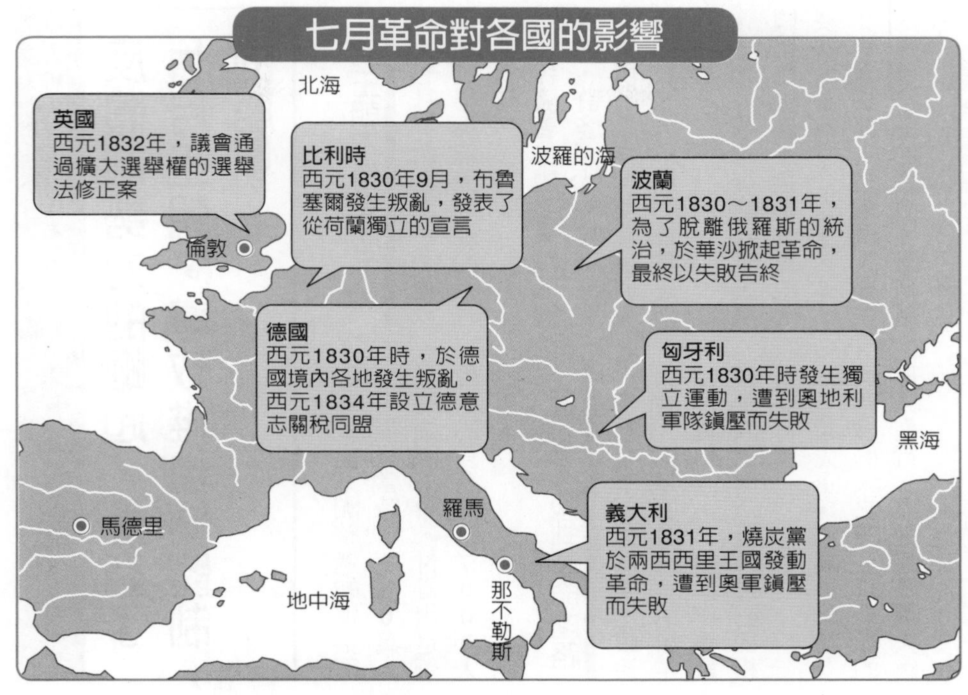
北海
英國
西元1832年，議會通過擴大選舉權的選舉法修正案
倫敦
比利時
西元1830年9月，布魯塞爾發生叛亂，發表了從荷蘭獨立的宣言
波羅的海
波蘭
西元1830～1831年，為了脫離俄羅斯的統治，於華沙掀起革命，最終以失敗告終
德國
西元1830年時，於德國境內各地發生叛亂。西元1834年設立德意志關稅同盟
匈牙利
西元1830年時發生獨立運動，遭到奧地利軍隊鎮壓而失敗
黑海
羅馬
馬德里
義大利
西元1831年，燒炭黨於兩西西里王國發動革命，遭到奧軍鎮壓而失敗
地中海
那不勒斯

學更多，長知識 世界史ABC

《紅與黑》的成書背景

《紅與黑》是法國作家斯湯達爾於西元1816～1830年間寫成的小說。小說寫作期間正值拿破崙戰敗、波旁王朝復辟和七月革命方興未艾之時。斯湯達爾17歲時曾以騎兵少尉軍銜投效拿破崙，對於深受資產階級革命衝擊的他而言，波旁王朝復辟時期的法國沉悶而抑鬱。

《紅與黑》的故事裡，充滿企圖心的青年于連．索海爾和雷納夫人相戀，他雖然身為神職人員卻以世間的名利為目標。是一部描述愛情和野心的小說。對於「紅」與「黑」有以下解釋，「紅」代表了拿破崙軍的光榮，「黑」暗示了波旁王朝復辟時，天主教神職人員手中的權力。

法國巴黎的二月革命

反體制勢力的崛起，推翻了七月王朝，導致維也納體制的崩壞

Point

- 人民對七月王朝的不滿勢不可遏
- 政治介入宴會運動（Campagne des banquets）為二月革命的導火線
- 路易・拿破崙當選總統

七月王朝不得民心

七月革命之後，法國以限制選舉爲統治基礎的七月王朝執政。

伴隨著法國工業革命的進展，許多工人被迫在惡劣的環境下工作。無緣參與政治的民眾，不滿的情緒逐漸升高。

七月革命後的隔年，法國雖然實施了選舉改正法，要成爲選舉人仍需要繳納200法郎，被選舉人則是500法郎的稅金。雖然這已經是向下調整過的稅金額度，但以當時3200萬人口的法國來看，付得出這筆稅金的只有16萬7000人而已。

從宴會運動到革命之路

七月王朝雖然禁止政治集會，但以宴會形式「掛羊頭，賣狗肉」，被稱作宴會運動的選舉法改革運動卻相當盛行。

起先這樣的集會只在有投票權的人之間，以沙龍的形式進行。之後逐漸擴大爲共和派、無投票權者和一般市民都參與的大眾化活動。

西元1848年2月22日，基佐內閣試圖干預宴會運動的行爲激起民怨，許多人挺身反抗政府。23日基佐掛冠求去，24日國王路易・菲利浦流亡英國。七月王朝就在群眾前應聲倒塌。二月革命的影響力擴及全歐，使維也納體制土崩瓦解。

法國在杜邦・德厄爾領導下，成立了共和制的臨時政府。12月時舉行總統選舉，由拿破崙的侄子路易・

認識當代的一句話

「想要投票權，先當有錢人。」（基佐）

七月王朝時期，法國的工業化進展迅速，銀行家等資產家的勢力成長。另一方面，勞動階級的不滿與日俱增，展開了爭取投票權的政治運動。這句話是當時的首相基佐對勞動階級爭取政治權利時所說過的一句名言。

基佐

二月革命的影響和維也納體制的崩壞

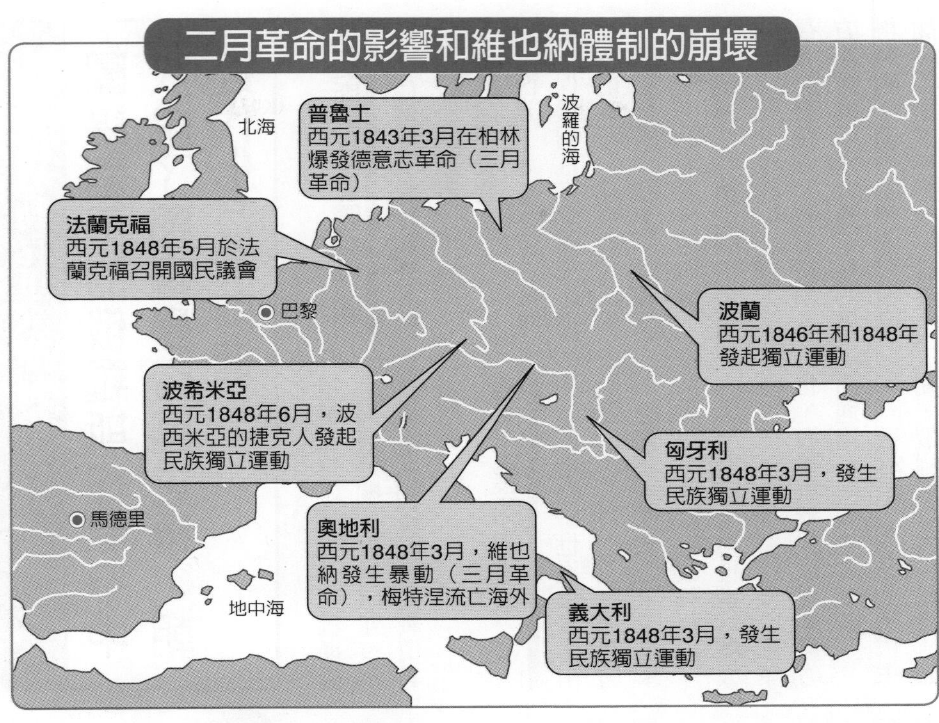
北海
波羅的海
普魯士
西元1843年3月在柏林爆發德意志革命（三月革命）
法蘭克福
西元1848年5月於法蘭克福召開國民議會
巴黎
波蘭
西元1846年和1848年發起獨立運動
波希米亞
西元1848年6月，波西米亞的捷克人發起民族獨立運動
匈牙利
西元1848年3月，發生民族獨立運動
馬德里
奧地利
西元1848年3月，維也納發生暴動（三月革命），梅特涅流亡海外
地中海
義大利
西元1848年3月，發生民族獨立運動

西元19世紀法國政體的變遷

西元1792年～ 第一共和
西元1793年　路易十六世遭到處決
西元1804年～ 法蘭西第一帝國
拿破崙一世（拿破崙・波拿巴）
西元1814年～ 波旁王朝復辟
路易十八世（在位期間1814～1824年，路易十六世的弟弟） 西元1815年召開的維也納會議承認其正統地位 查理十世（在位期間1824～1830年，路易十八世的弟弟） 西元1830年的七月革命後退位，流亡英國
西元1830年～ 七月王政
路易・菲利浦（在位期間1830～1848年） 西元1848年，二月革命後流亡英國
西元1848年～ 第二共和
路易・拿破崙（在位期間1848～1852年，拿破崙一世的侄子）
西元1852年～ 法蘭西第二帝國
拿破崙三世（在位期間1852～1870年） 西元1851年，路易・拿破崙發動政變 隔年，透過國民投票成為皇帝，稱為拿破崙三世 西元1870年，普法戰爭時成為普魯士的俘虜被廢， 結束了第二帝國。
西元1870～1940年～ 法國第三共和

拿破崙當選。之後透過國民投票，路易・拿破崙成爲皇帝，稱爲拿破崙三世。

圖謀南下的俄羅斯在戰爭中敗給了鄂圖曼帝國之後，朝近代化方向前進

俄羅斯對抗鄂圖曼帝國

在很長一段時間裡，為了獲得不凍良港，俄羅斯一直企圖向南發展。

西元1853年，俄羅斯以保護居住在鄂圖曼帝國境內的東正教徒為藉口，對鄂圖曼帝國宣戰。這場戰役就是著名的克里米亞戰爭。

法國二月革命時，俄國的尼古拉一世在歐洲發揮了很大的影響力，戰爭初期各方都認為俄國會壓倒性的獲得勝利。然而當英國和法國加入了鄂圖曼帝國陣營後，情勢發生了變化。俄羅斯領土幅員遼闊，但當時並沒有連接南北的鐵路，使戰情異常吃緊。

戰敗後展開的改革

尼古拉一世過世後，由亞歷山大二世即位。他簽署《巴黎和約》，結束克里米亞戰爭，並改走改革路線。

亞歷山大二世進行農奴制度改革、推行產業的工業化，向建立近代社會制度方向邁出了一大步。

西元1860年代末期，俄羅斯國內公司行號如雨後春筍般增加，帶來顯著的經濟效果。俄羅斯在西元1865年時，鐵路的總長只有3500公里，但是在政府刻意扶持鐵道業之下，到了西元1874年時，鐵路總長已經延伸到1萬8200公里，這是個令人吃驚的數字。隨著鐵道的鋪設，重工業也有長足的發展。此外俄羅斯還進行石油開發和紡織工業的機械化，工業革命的速度令人目不暇給。

Point

- 俄羅斯希望擁有不凍港而向南發展
- 英國和法國的介入使俄羅斯鎩羽而歸
- 戰敗成為俄羅斯大力改革的契機

年表

- 克里米亞戰爭
- ▼西元1853年
  克里米亞戰爭爆發
- ▼西元1854年
  英國和法國加入鄂圖曼帝國陣營
- ▼西元1855年3月
  尼古拉一世過世，亞歷山大二世即位
- ▼西元1856年3月
  簽署《巴黎和約》

西元19世紀時的俄羅斯文學

作家	代表作	內容
果戈里 西元1809～1852年	《檢察官》	這部喜劇描寫地方上的市長，聽說有聖彼得堡的檢察官要來，對他極盡巴結賄賂之能事。
杜斯妥也夫斯基 西元1821～1881年	《罪與罰》	故事描述犯下殺人罪的拉斯柯尼科夫，在遇見了心地善良的娼婦索妮之後，贖罪的意識在內心覺醒，邁向靈魂救贖之路。
屠格涅夫 西元1818～1883年	《父與子》	尊重道德與信仰的父親（舊時代），和否定舊價值觀的兒子（新時代）之間發生衝突的故事。兒子的朋友醫學生巴扎羅夫為一名虛無主義（Nihilism）者，否定一切道德和信仰。
托爾斯泰 西元1828～1910年	《戰爭與和平》	以拿破崙遠征俄羅斯為背景，是一部描寫俄羅斯貴族一家的興衰長篇大作。
契訶夫 西元1860～1904年	《櫻桃園》	這部劇作以櫻桃花盛開的季節為背景，描述了俄羅斯革命前夕，貴族階層不得不放棄世代相傳土地時的哀愁。

俄羅斯文學的全盛時期

此一時期的俄羅斯，在杜斯妥也夫斯基、托爾斯泰和屠格涅夫等人的生花妙筆之下，一批批俄國文學的代表名著相繼問世，大大擴充了俄國的文學內涵。車爾尼雪夫斯基以探討何謂眞正的男女平等爲主題的小說深受大衆好評，讓俄羅斯成爲世界上率先推動女性解放的國家。

托爾斯泰

杜斯妥也夫斯基

學更多，長知識　世界史ABC

南丁格爾（西元1820～1910年）

南丁格爾的家庭在英國屬於上流社會階層，父母在佛羅倫斯度蜜月時生下了她。當時上流社會女性很少有人對護理和社會議題感興趣，她不顧周遭的反對，在30歲時取得了護士資格。西元1854年10月，她率領38位志願者，在克里米亞戰爭時的英國軍野戰醫院裡從事護理工作，而被稱為「克里米亞的天使」。她對世界的貢獻卓著，其中以建立護理學最具代表性。

南丁格爾

維多利亞女王時代自由主義運動興起，兩黨政治成熟

英國的自由主義運動

西元19世紀前半的英國，隨著工業革命的推進，產業資本家和工人們對選舉制度越發不滿。

有許多地區的人口流向新興市鎮，選民雖然減少，被選舉出來的議員數卻維持不變，不斷增加的腐敗選區成爲明顯的問題。透過《1832年改革法案》，使新興城市獲得了應有的席位，產業資本家也獲得了選舉權。

其後，在《1832年改革法案》中沒有獲得選舉權的階級，以都市工人爲核心，爲了實現普選權而展開憲章運動。使政界又吹起一股改革風潮。

改革不只限於政治，也影響了經濟領域。限制輸入的穀物法和航海法均遭廢止，改行自由主義貿易。

維多利亞女王時代

西元1837~1901年之間，在維多利亞女王的帶領下，英國迎來了國力的全盛時期。除了積極經營在印度和中國的殖民地，英國國內在保守黨和自由黨爲主的兩大政黨之下，實踐了政黨政治。

自由黨政治家格萊斯頓重視內政改革，修訂了選舉法，賦予農人和礦工選舉權。制定《教育法》和《工會法》，增設公立學校，並承認工會的合法性。

保守黨的迪斯雷利收購蘇伊士運河，將觸手伸向埃及。成立印度帝國，由維多利亞女王兼任印度女皇。

Point

- 工業革命後，腐敗選區（rotten borough）增加，促使選舉法修正
- 憲章運動（Chartism）為歷史上首次由工人階級組織的政治運動
- 在維多利亞女王統治下，大英帝國的國勢達到頂峰

年表

英國的自由主義運動

▼西元1828年
廢止宣誓法（除了英國國教徒以外不得出任公職的法律）
天主教以外的非國教徒可以出任公職

▼西元1829年
天主教解放法
天主教徒也可以出任公職

▼西元1832年
《1832年改革法案》
廢止腐敗選區，擴大選舉權範圍

▼西元1833年
格雷內閣成立奴隸解放法，廢止奴隸制度

▼西元1834年
廢止英國東印度公司的中國貿易獨占權

維多利亞女王時代的政治形勢

	保守黨	自由黨
由來	西元1830年左右，從托利黨更名而來	西元1830年左右，從輝格黨更名而來
支持者	地主階層	新興的布爾喬亞階層
政策	維持傳統社會價值觀，推動大國主義外交政策	推行自由主義改革
代表人物	**德比** 1867年改革法令（賦予都市的工人選舉權） **迪斯雷利** 西元1875年 收購蘇伊士運河 西元1877年 成立印度帝國	**格萊斯頓** 西元1870年《教育法》 西元1871年《工會法》 西元1872年 不記名投票選舉 西元1874年 修正選舉法（賦予農人和礦工選舉權）

迪斯雷利

格萊斯頓

學更多，長知識 世界史ABC

世界最早的勞動基準法

工業革命後確立了資本主義體系，潤澤英國的經濟，為國家帶來利益。然而，資本主義壓榨工人的問題也袒露在世人面前。隨著工業的發展，貧窮地區的農民為了謀得一份工作，不斷向都市集中，產生了大量的勞動人口。當時沒有社會福利的概念，也沒有明確的勞動基準，工人一天的工作時數長達16～19個鐘頭。英國的工廠法於1802年問世，可以說是世界上最初的勞動基準法，同時也為近代的勞動法打下基礎。

▼西元1837～1858年左右
憲章運動

▼西元1846年
廢止穀物法（對國外的穀物課以高關稅，並限制輸入）

▼西元1849年
廢止航海法，確立自由貿易體系

政府和民衆雙方共同進行的統一運動

雙向並進的統一運動

古代羅馬帝國滅亡以後，義大利內小國和自由都市林立，使其容易受到外力支配。

直到西元19世紀中期，統一義大利的行動才活絡起來。青年義大利黨透過群衆的力量，從「下方」推動民族復興運動。以薩丁尼亞國王爲中心，從「上方」齊頭並進。

「下方」的運動以青年義大利黨的領導者馬志尼等人主導，建立起羅馬共和國。然而拿破崙三世（路易・拿破崙）成爲法國總統後，考慮到和教皇的關係，而進軍羅馬。羅馬共和國僅存在了5個多月，就向法軍投降滅亡了。

另一方面，薩丁尼亞王國在和奧地利（義大利統一之路上的障礙）的戰爭中吃了敗仗，統一大業看似前途茫茫。然而加富爾就任薩丁尼亞首相之後，開創了新的局面。義法聯軍在義大利獨立戰爭中擊敗了奧地利，拿回倫巴底。

加里波底的貢獻

加里波底是義大利統一過程中不可或缺的要角。他曾參加青年義大利黨，行動力十足。

他在西元1860年時，曾率領一支千人的遠征隊伍「千人隊」登陸西西里島。同年7月占領全島，並於9月時攻下兩西西里王國。至此，除了羅馬和威尼斯以外，薩丁尼亞王國完成了義大利的統一，成立義大利王國。

Point

- 羅馬共和國成立僅5個月就滅亡了
- 加里波底征服西西里島
- 穩紮穩打的行動最終實現了義大利的統一

年表

義大利統一年表

▼西元1831年
青年義大利黨成立，黨首為馬志尼

▼西元1848年
薩丁尼亞王國和奧地利開戰，薩國戰敗

▼西元1849年2月
馬志尼成立羅馬共和國

7月
羅馬共和國向法國投降

▼西元1852年
加富爾就任薩丁尼亞首相，推動工業化

▼西元1859年
義大利獨立戰爭：薩丁尼亞王國和拿破崙三世聯手擊敗奧國，收回倫巴底

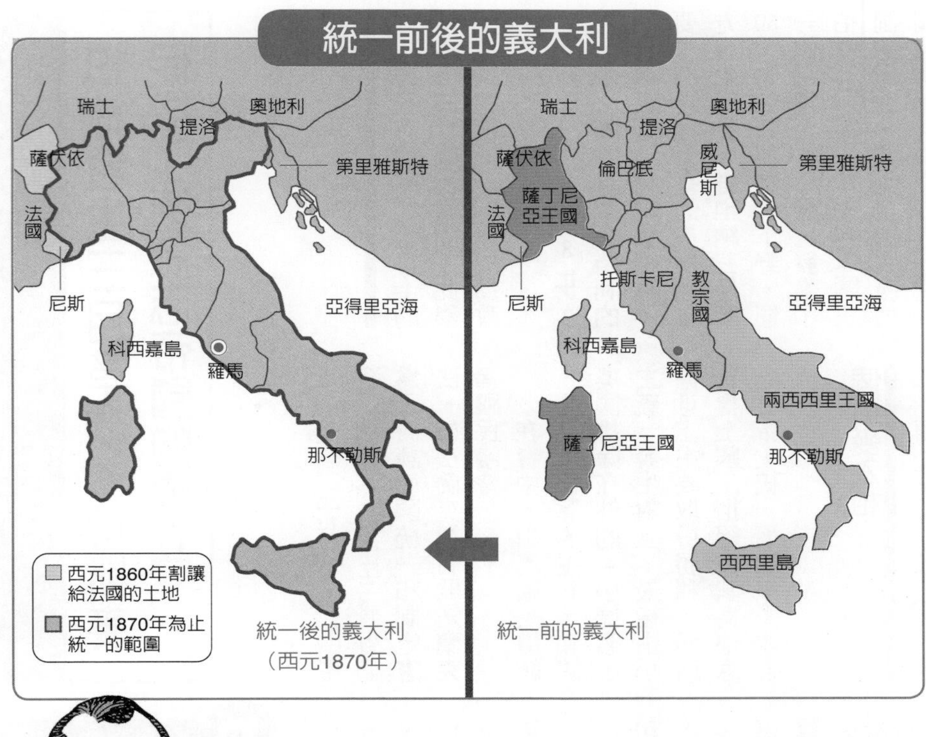

之後，義大利進一步合併了奧國管轄的威尼斯，並占領教宗國，統一宣告完成。

▼西元1860年
薩丁尼亞王國合併中義大利，青年義大利黨的加里波底占領兩西西里王國
▼西元1861年
義大利王國成立
▼西元1866年
合併奧地利轄下的威尼斯
▼西元1870年
占領教皇國，完成義大利統一

德國的統一

柏林發生三月革命。俾斯麥促成了德意志帝國的成立

Point

●民衆渴望自由主義甚囂塵上
●召開法蘭克福國民議會
●俾斯麥籌組北日耳曼聯邦

柏林的三月革命

德意志地區在普魯士的領導下成立關稅同盟。此舉推進了經濟統一，也成爲政治統一的基礎。

西元1848年3月，當法國二月革命勝利的消息傳入奧地利維也納時，要求梅特涅下臺的市民和軍方發生衝突（維也納三月革命），梅特涅黯然下野。同一個月裡，普魯士也發生了柏林三月革命，迫使國王制定憲法，成立自由主義內閣。

受到三月革命的影響，德國的自由主義者們爲了商談德國統一和制定憲法，於法蘭克福召開法蘭克福國民議會。

在會中，由奧國主導統一的「大德意志主義」和將奧國排除在外的「小德意志主義」發生對立，最後由小德意志主義取得勝利。然而普魯士國王拒絕登基爲德意志皇帝，統一最終以失敗告終。

俾斯麥入相

西元1862年，容克（德語爲Junker，地主貴族之義）出生的俾斯麥在普魯士國王威廉一世任命下成爲首相。俾斯麥壓制議會的反對，執行他的「鐵血政策」，擴張軍備。

普魯士從丹麥手中奪得什勒斯維希（Schleswig）和霍爾斯坦（Holstein）後，和奧國進行了一場戰爭（普奧戰爭），普軍勝利。隔年解散了德意志邦聯，建立了以普魯士爲中心，將奧國剔除在外的北日耳曼邦聯。

接下來發生的普法戰

認識當代的一句話

「鐵與血。」（俾斯麥）

俾斯麥在國會的演講中，將「血」比喻為士兵，「鐵」比喻為武器。因為這句話讓他成為著名的「鐵血宰相」。

俾斯麥

爭中，法軍戰敗，拿破崙三世甚至成爲普魯士的俘虜。戰勝的普魯士在法國的凡爾賽宮中宣告德意志帝國的成立。

德國統一

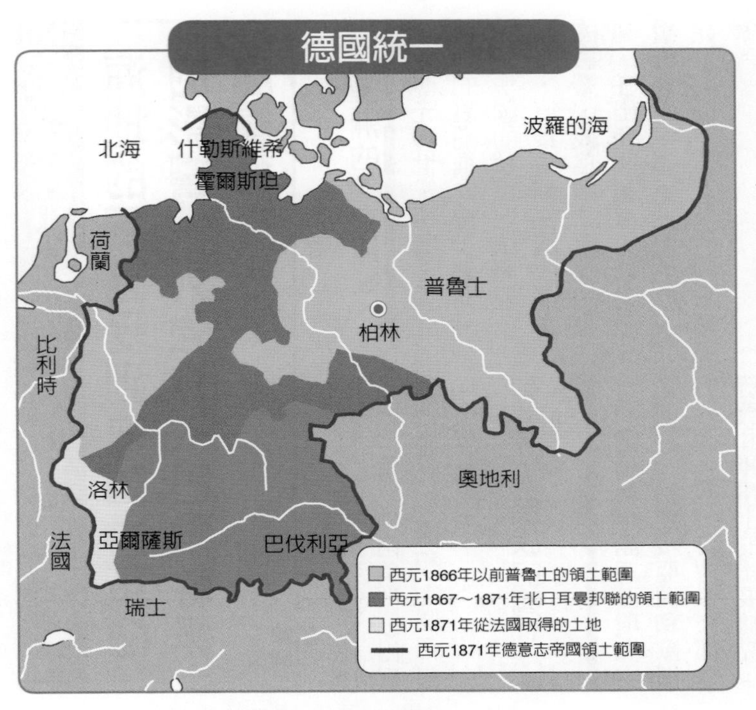

學更多，長知識 世界史ABC

俾斯麥體制

普魯士贏得普法戰爭後，取得了法國的亞爾薩斯和洛林兩地以及鉅額的賠款，為此俾斯麥深恐法國會進行報復。為了孤立法國，俾斯麥致力於和他國締結同盟以孤立法國，成立了「俾斯麥體制」。俾斯麥於西元1873年和奧地利及俄羅斯締結了三帝同盟。然而西元1878年時，俄羅斯在巴爾幹半島問題上和奧地利及英國發生齟齬。為了解決衝突，雖然在柏林召開了會議，然而對於會議內容不滿的俄羅斯卻於中途離席。西元1881年，俾斯麥再度向俄羅斯伸出友誼之手，促成了第二次三帝同盟。隨後更於西元1882年與奧地利和義大利組成三國同盟。

年表

德國統一之路

▼西元1834年
組成以普魯士為核心的德意志關稅同盟

德國在經濟統一上向前推進

▼西元1848年3月
柏林爆發三月革命

5月

召開法蘭克福國民議會

▼西元1862年
俾斯麥就任首相

整軍經武

▼西元1866年
普奧戰爭

▼西元1867年
德意志邦聯解體，另組北日耳曼邦聯

▼西元1870～1871年
普法戰爭

▼西元1871年
德意志帝國成立

海地的獨立受到法國大革命的影響，列強介入巴爾幹半島事務

拉丁美洲的獨立運動

西元19世紀初葉，獨立運動的浪潮推向拉丁美洲。

法國的殖民地法屬聖多明哥，直接受到法國大革命的影響，成爲獨立運動的先驅。在出色的領導人杜桑·盧維杜爾率領下，海地於西元1804年成爲獨立國家。

西班牙治下的區域裡，出生於殖民地的白人被稱爲克里奧人（Creole），他們期待自治，相繼成立臨時政府。墨西哥的獨立運動也進行得如火如荼。西元19世紀中葉，中南美洲已出現了17個共和國和1個帝國（巴西帝國）。

列強介入民族的獨立運動

巴爾幹半島三面環海交通便利，爲連接亞洲和歐洲的要衝之地，自古以來都是經貿和軍事上的重要據點，許多民族生活於此。

西元19世紀後半，支配此地的鄂圖曼帝國（土耳其）國力日衰，埃及的自治和希臘完成獨立，鼓勵了各地興起的民族運動。然而歐洲列強的介入，使這個地區的紛爭演變爲國與國之間的對立，是爲「近東問題」。近東問題成爲日後第一次世界大戰爆發的導火線。

Point

- 海地的成功獨立，鼓舞了拉丁美洲各國獨立運動的興起
- 支配歐亞要衝之地巴爾幹半島的鄂圖曼帝國，國力持續衰退
- 近東問題（Eastern Question）成為日後第一次世界大戰爆發的原因

年表

西元19世紀巴爾幹半島的動靜

▼西元1804～1813年 塞爾維亞第一次革命

▼西元1815～1817年 塞爾維亞第二次革命

▼西元1821年 希臘獨立戰爭

▼西元1822年 希臘宣布獨立

▼西元1829年 希臘得到英、法、俄的支援，正式從鄂圖曼帝國獨立出來

▼西元1831～1833年 西元1839～1840年 土埃戰爭

▼西元1853年 俄羅斯和鄂圖曼帝國爆發

拉丁美洲各國的獨立

學更多，長知識 世界史ABC

門羅主義（Monroe Doctrine）

在維也納體制下，熱衷於獲取殖民地的歐洲列強，對於剛建國不久的美國而言是一大威脅。美國的門羅總統為了排除歐洲列強對拉丁美洲國家獨立運動的干涉，在國會中發表了美洲和歐洲互不干涉的聲明並獲得通過，此即為門羅主義。

克里米亞戰爭

▼西元1856年
克里米亞戰爭結束，鄂圖曼帝國勝利簽訂《巴黎和約》

▼西元1875年
鄂圖曼帝國境內的波士尼亞和赫塞哥維納發生希臘正教徒叛亂

▼西元1877年
俄羅斯和鄂圖曼帝國之間爆發俄土戰爭

▼西元1878年
俄羅斯贏得俄土戰爭。俄羅斯掌握了巴爾幹半島的實權（戰後俄羅斯和鄂圖曼帝國簽訂《聖斯特凡諾條約》。之後在柏林會議中，因為遭到歐洲列強的干預而無效。）

拓荒精神（frontier spirit）與原住民

在「年輕人們，到西部去」的號召下，美國的國界向西推進

美國的西進運動

西元1840年，「年輕人們，到西部去」的口號在美國各地喊得震天價響。美國的西部有著廣闊的土地，對許多美國人來說，這是個充滿機會和自由的天地。透過西進運動，美國西部的國界線不斷向西擴張。

美國西部一群被稱作山人（Mountain Man）的男性們聚集的土地上，陸續遷入商人和從事買辦生意的人，隨後開墾的農民也在固定時期定居於此，形成了村落規模的聚落。來此開墾的農民隨後購入土地，成為定居農民，教師和牧師也緊隨在他們的腳步之後來到，村落發展為城鎮，開發勢不可擋。

遭到迫害的美洲原住民

美國的西進運動同時也造成美洲原住民（他們曾被稱作『印地安人』，現在則正名為美洲原住民）的家園遭到剝奪。白人的拓荒者們憑恃武力，將他們驅趕到更西邊。如果在他們的土地上發現了金銀礦的話，拓荒者們更是不留情面的將其據為己有，獲取大筆利益。

美國史上第一位出身西部的總統傑克遜在任時，制定了《印第安人遷移法案》，此法強制原住民遷往貧瘠的保留地內。

Point

- 美國人口往西部移動，許多地方從村莊發展為城鎮
- 拓墾成功的自信衍生出拓荒精神
- 美國的西進運動，讓原住民族印第安人蒙受巨大的苦難

●**拓荒者**

拓荒者們如果擁有強健的體魄、勤勉的精神和靈活的頭腦，就有可能成為大農場主，在事業上取得成功。事業上成功的人充滿自信，具有樂觀主義的思考傾向。美國的西部就是培育這種「拓荒精神」的地方。

美國的西部開發

1846
奧勒岡
1818
芝加哥
聖地牙哥
1783
華盛頓
1848
1803
密蘇里
新墨西哥
1845
1853
德克薩斯
1819
佛羅里達

■建國之初的國土 ■（建國之初）英國割讓的土地 ■購自法國的土地 ■英國割讓的土地
■購自西班牙的土地 ■合併德克薩斯 ■合併奧勒岡 ■墨西哥割讓的土地 ■購自墨西哥的土地

學更多，長知識 世界史ABC

土地法令

美國西部擁有廣袤的土地，關於土地的所有權，於西元1785年時制定的《土地法令》裡有相關的法條規定，不是誰都能擅自地各取所需。

法令規定，將6平方英里的土地設為一個鎮區，鎮區再細分為36個地段，一個地段為640英畝，個人向政府購買土地時以一個地段為最低買賣單位。西元1785年時，1英畝土地的價格相當於1美元。購買土地的方法為現金一次性支付。對許多農民來說，這不是個小數字，因此紛紛向政府請願，希望能用更低廉的價格購買土地。

年表

美利堅合眾國的發展

▼西元1803年
向法國購買路易斯安那地區（傑佛遜總統時期）

▼西元1812～1814年
美英戰爭（第二次獨立戰爭）

▼西元1819年
向西班牙購入佛羅里達州

▼西元1820年
密蘇里協定（Missouri Compromise）

▼西元1823年
門羅總統發表《門羅宣言》

▼西元1830年
制定《印第安人遷移法案》（傑克遜總統）

▼西元1838年
切羅基人（Cherokee）被迫遷徙（又被稱作血淚之路）

▼西元1845年
德克薩斯州併入美國

▼西元1846年
合併奧勒岡州

▼西元1848年
加利福尼亞和新墨西哥州併入美國

▼西元1853年
蓋茲登購地（Gadsden Purchase）

工業重鎮的北部和農業中心的南部，在蓄奴州設置的爭議上發生對立

Point

- 美國南方大農場的經營者，對奴隸的需求增高
- 反對奴隸制的政治人物組成共和黨
- 蓄奴州的設置爭議直接導致了南北戰爭的爆發

美國建國後，南北對立不斷加深

西元19世紀後半，伴隨著西進運動的快速推進，美國的發展看似一帆風順。然而，自建國以來南部和北部之間的矛盾逐漸加深。

從產業面來看，南北方有著嚴重的差距。工業都市主要集中在北部，並已形成資本主義的社會型態。南部則盛行棉花的栽種，經營大農場需要許多作爲勞動力的黑奴。

西元1860年時，美國南部的黑人奴隸約有400萬人，占南方總人口的三分之一以上。與之相較，北方的奴隸則僅有數百人之譜。

共和黨的林肯當選總統

西進運動產生了許多新的州，北部的自由州和南部的蓄奴州對於新的州可否蓄奴進行激烈的攻防。

其中，透過居民投票決定是否爲蓄奴州的《堪薩斯－內布拉斯加法案》（Kansas-Nebraska Act），更激化了雙方的對立。

此時反對奴隸制度的人士組成共和黨，使南北情勢陷入一觸即發的危機。

西元1860年，共和黨的林肯當選總統後，南方11州隨即脫離聯邦，選出傑佛遜・戴維斯擔任總統，成立美利堅聯盟國（The Confederate States of America，簡稱CSA）。南北戰爭由此揭開序幕。

戰爭進行中林肯制定了《公地放領法案》（Home-

認識當代的一句話

「民有、民治、民享。」（林肯）

這句話出自林肯的《蓋茲堡演說》。內容直指民主主義的核心為人所知。

stead Acts），發表《解放奴隸宣言》。在蓋茨堡戰役勝利並攻下南方陣營的首都里奇蒙後，南北戰爭宣告結束。

奴隸制與南北戰爭

西元1820年	密蘇里協定（Missouri Compromise） 密蘇里州屬於自由州或蓄奴州，南北雙方意見分歧最後以北緯36度30分為界，此線以北禁止蓄奴
西元1854年	《堪薩斯－內布拉斯加法案》 密蘇里協定遭到廢棄，蓄奴問題深化了南北雙方的對立
西元1861年	共和黨的林肯當選總統後，爆發南北戰爭
西元1862年	《公地放領法案》 此法規定，只要在公有地上居住、耕種滿5年，就可以無償得到160英畝的土地
西元1863年	林肯發表《解放奴隸宣言》 北軍贏得蓋茲堡戰役
西元1865年	北軍攻下南方的首都里奇蒙， 南北戰爭結束 林肯遭到暗殺

學更多，長知識　世界史ABC

林肯的《蓋茲堡演說》

西元1863年7月，試圖進攻北方的南軍和迎戰的北軍在蓋茲堡發生了一場激戰，北軍最終拿下勝利。同年11月，在此地舉行了祭奠陣亡將士的儀式上，林肯發表了這段長度不足3分鐘，卻擲地有聲的《蓋茲堡演說》。演說中，林肯認為自己是美國民主主義的象徵，使他成為美國人心目中最偉大的總統。

林肯

●《解放奴隸宣言》

這個宣言以南方的奴隸為對象，第一部分為預備性質，發表於西元1862年，第二部分的正式宣言發表於西元1863年。林肯雖然對蓄奴持否定態度，也反對蓄奴州的擴大，但他並非一位積極的解放奴隸人士。《解放奴隸宣言》在呼籲南方黑奴響應北方行動上起到戰略性的作用。西元1865年美國憲法第十三修正案將《解放奴隸宣言》的內容明文化，正式廢除奴隸制度。但是對於黑人的種族歧視至今仍沒消失。

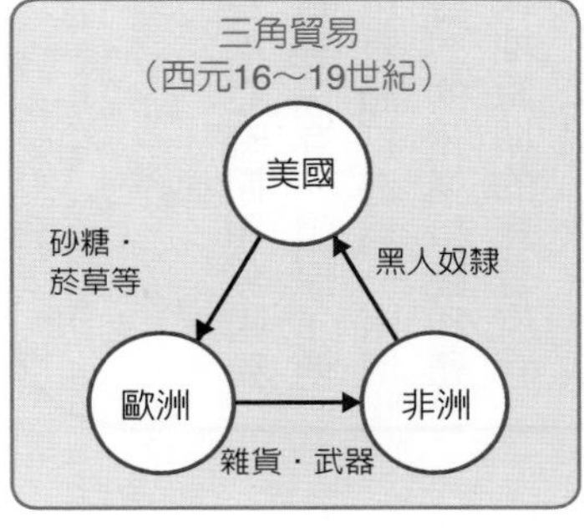

熊布朗宮
（奧地利・維也納）

這座擁有廣大庭院的豪華洛可可式宮殿為哈布斯堡家族的夏宮，建築內擁有1400個房間。包含莫札特6歲時曾在瑪麗亞・特蕾莎（哈布斯堡王朝的女王）和瑪麗・安東妮（法國國王路易十六世的妻子）面前演奏的「鏡廳」在內，有40多個房間公開展示。

這座宮殿在拿破崙占領維也納時作為司令部使用，也是日後召開維也納會議時的會場。「會議在跳舞」這句話就出自在此舉行的舞蹈大會。西元1961年時，美國的甘迺迪總統和俄國的赫魯雪夫曾在此會面，是一座充滿歷史風情的建築。

殖民地威廉斯堡
（美國・維吉尼亞州）

威廉斯堡是殖民地維吉尼亞時期和美國獨立後維吉尼亞州的首府。這裡保存、復原了西元18世紀時的街景，將城市整體打造為一座博物館。發表《美國獨立宣言》的州議事廳和殖民地時期的總督府官邸，法院、教會、武器彈藥庫、鞋店、小酒館和奴隸小屋等都維持原狀。除了可以到建築物內部參觀外，還有重現當時生活情景的活動和表演。殖民地威廉斯堡內有觀光巡迴巴士，並提供住宿旅館。

第 7 章

亞・非兩洲成爲歐洲的殖民地

第7章

蔓延全球的帝國主義浪潮

帝國主義的時代

歐洲列強從西元17世紀就開始建設殖民地。進入西元19世紀後，伴隨著工業革命的進展，各國間為了取得資源、開拓市場，獲取殖民地的競爭進入白熱化階段。在結合資本主義後，以帝國主義的樣貌問世。

印度的棉產業受到來自英國的沉重打擊，反英情緒高漲，隨後爆發的印度土兵兵變遭到英國鎮壓後，英國政府決定直接統領印度。

積弱不振的中國與清朝的滅亡

英國因為大量進口中國茶葉導致財政赤字，為了解決這個問題，英國向中國輸出鴉片。當中國查禁鴉片後，英國以此為藉口發動鴉片戰爭，積弱不振的中國吃了敗仗。

中國又和企圖將朝鮮半島作為殖民地的日本發生戰爭，結果仍吃了敗仗，只得割地賠款。

隨後中國國內掀起義和團的排外運動，列強出兵鎮壓並占領了北京。中國受到列強的擺弄，成為半殖民地化。

在國運風雨飄搖的情況之下，漢民族為了重建國家發動了辛亥革命，推翻了清朝建立中華民國。

非洲和太平洋地區

帝國主義的魔掌也伸進了太平洋地區。

非洲大陸上，列強僅憑自國的利害關係瓜分了非洲。此舉影響深遠，至今非洲的民族糾紛仍為其遺毒。

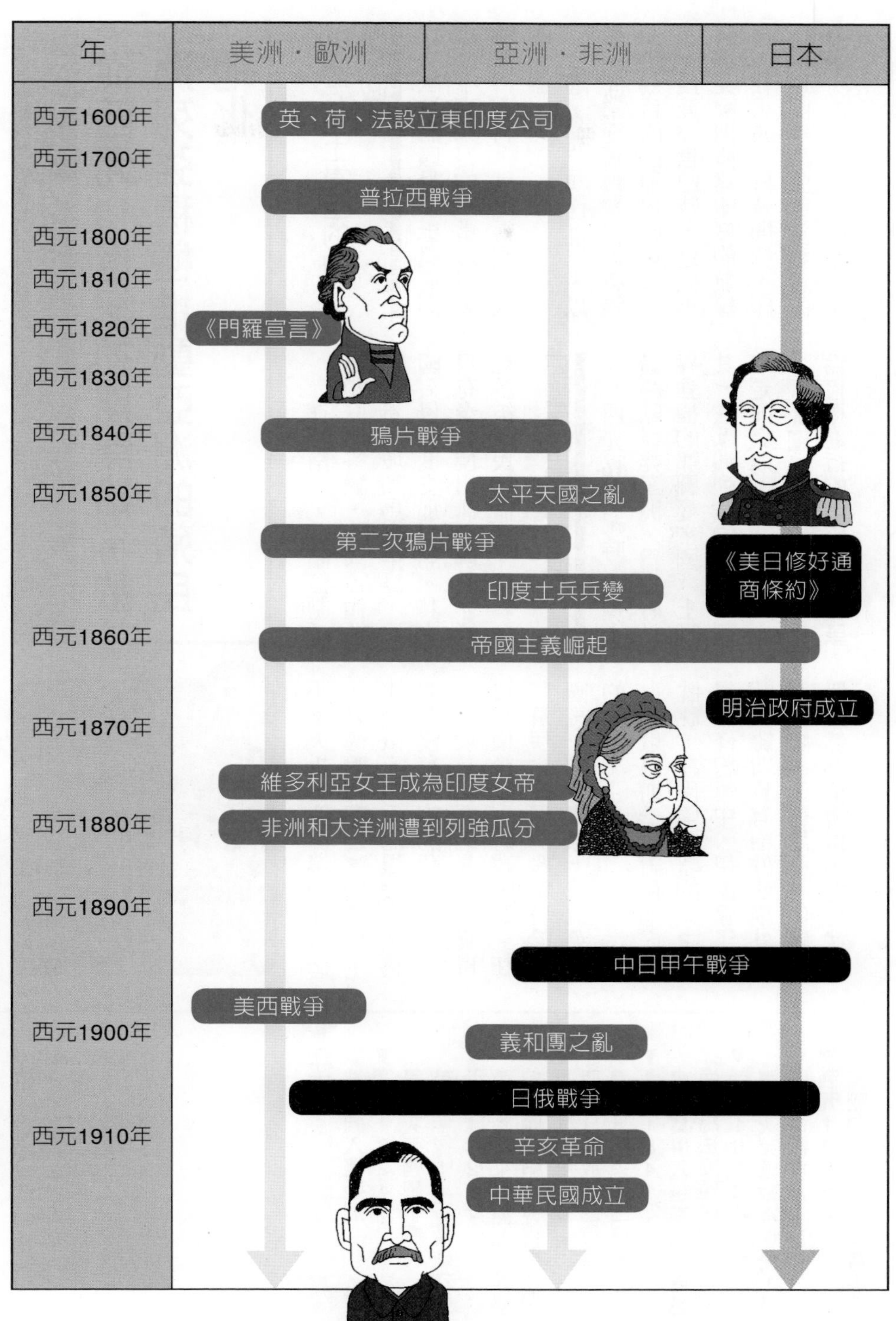
年
美洲・歐洲
亞洲・非洲
日本
西元1600年
英、荷、法設立東印度公司
西元1700年
普拉西戰爭
西元1800年
西元1810年
西元1820年
《門羅宣言》
西元1830年
西元1840年
鴉片戰爭
西元1850年
太平天國之亂
第二次鴉片戰爭
《美日修好通商條約》
印度士兵兵變
西元1860年
帝國主義崛起
明治政府成立
西元1870年
維多利亞女王成為印度女帝
西元1880年
非洲和大洋洲遭到列強瓜分
西元1890年
中日甲午戰爭
美西戰爭
西元1900年
義和團之亂
日俄戰爭
西元1910年
辛亥革命
中華民國成立

從西元19世紀初期開始，歐洲列強積極推動亞洲的殖民地化

Point

- 透過殖民地化，歐洲列強實現領土的擴張
- 除了泰國以外，東南亞各國皆淪為殖民地
- 西元19世紀的鄂圖曼帝國成為「中東病夫」

以擴大領土為目的的殖民政策

歐洲諸國最初抵達亞洲是爲了商業目的，當時只要能取得香料，就能得到巨大的利益。

進入西元19世紀以後，商業逐漸轉變爲以擴張領土爲目的的殖民政策。

西元15世紀時，達伽馬發現從歐洲直達印度的航線後，在很長一段時間裡，印度成爲歐洲列強競逐利益的舞臺。

在東南亞，荷蘭控制爪哇和蘇門答臘，英國占領緬甸、新加坡和馬來半島，法國入侵印度支那半島。其中只有泰國使出渾身解數才能免於被殖民的命運。

鄂圖曼帝國的衰退

西元16世紀時，領土橫跨歐亞非三洲，爲當時世界強權的鄂圖曼帝國（土耳其）在歐洲列強的侵略下逐漸走向衰敗。

鄂圖曼帝國以西歐化爲目標進行的坦志麥特改革不幸夭折，亞洲第一部憲法《米德哈特憲法》的問世，也因俄土戰爭的爆發，成爲遲遲沒有實施的藉口。

埃及從鄂圖曼帝國獲得自治權後陷入財政困難。在將蘇伊士運河的股票賣給英國後，埃及實際上成爲英國的屬地。

俄羅斯一直對伊朗虎視眈眈，在兩國簽署的《土庫曼徹條約》中，伊朗除了承認俄羅斯具有治外法權外，還割讓了亞美尼亞。伊朗民眾雖然群情激憤，進行武裝

年表

歐洲列強入侵亞洲

▼西元1824年
第一次英緬戰爭爆發
英國從荷蘭手中奪得麻六甲

▼西元1826年
英國將馬來半島上的3座城市聯合組成海峽殖民地

▼西元1834年
西班牙開放馬尼拉港
西班牙結束獨占貿易

▼西元1841年
柬埔寨併入越南（之後越南成為法國殖民地）

▼西元1852年
第二次英緬戰爭爆發，英國併吞緬甸

▼西元1855年
英國和泰國簽訂《寶寧條

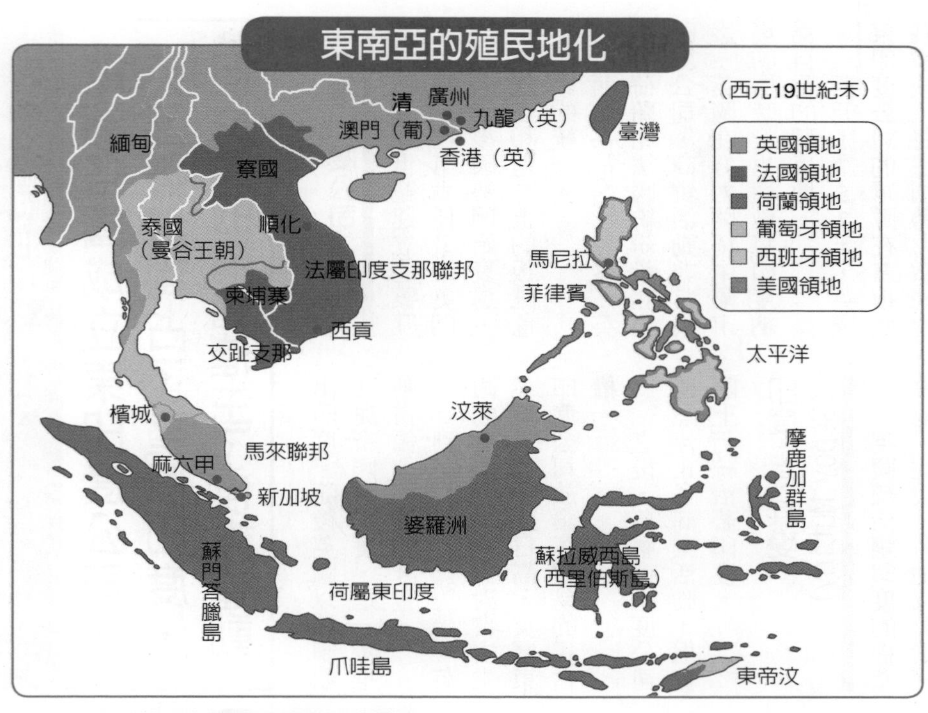

抗爭，卻遭到政府的無情鎮壓。

學更多，長知識 世界史ABC

泰國為何能夠免於成為歐洲列強的殖民地呢？

當東南亞國家都苦於歐洲列強節節進逼時，只有泰國能免於淪為殖民地的命運。當時泰國處於曼谷王朝（查克里王朝），國王拉瑪五世（朱拉隆功）透過靈活的外交手段保護了自己的國家。拉瑪五世斡旋於英法等列強中，一方面維持列強之間的勢力均衡，另一方面聘用外國的專家，並派遣留學生出國深造，實現了近代化目的。

約》（泰國王室廢止獨占貿易）

▼西元1856年
泰國和美法兩國簽訂通商條約

▼西元1862年
越南和法國簽訂《西貢條約》
越南割讓給法國交趾支那（Cochinchine）的東部三省

▼西元1883年
越南和法國簽訂《第一次順化條約》
法國領有越南的北部和中部

▼西元1887年
法國建立印度支那聯邦

▼西元1895年
英國組建馬來聯邦

歐洲各國成立東印度公司。英國雖然獨占了整個印度，但反英的情緒催生了民族運動

Point

- 普拉西戰爭後英國邁出統治全印度的一大步
- 印度的民族運動皆遭到英國的鎮壓
- 維多利亞女王兼任印度皇帝

成立東印度公司

西元16世紀建立的蒙兀兒帝國，在第六任皇帝奧朗則布過世後國勢開始衰退，宗教對立和地方上的叛亂危及國家的統一。

西元17世紀初葉，英國、荷蘭和法國紛紛設立東印度公司，商貿活動非常興盛。英國在努力開拓中國市場的同時，也積極將印度納爲自己的殖民地。

西元1757年，英國東印度公司的軍隊在普拉西戰爭後，將法國勢力徹底趕出印度。隨後英國以控制蒙兀兒帝國爲口實，進一步推動占領全印度的計畫。

到了19世紀初葉，英國的產業資本家們對自由主義貿易的呼聲日高，英屬東印度公司放棄了貿易的獨占權。

之後，英屬東印度公司雖然停止了商業活動，但實際上仍統治著印度。

印度士兵兵變（Sepoy Mutiny）

英國統治讓印度的棉產業陷入絕境，各地反英情緒高漲。西元1857年時，東印度公司的傭兵西帕希（sipahi）發動武裝暴動，這個事件被稱爲印度士兵兵變。

事件爆發後，整個北印度各地雖然烽煙四起，最終都遭到英國的鎮壓。蒙兀兒帝國也在煙硝中走入歷史。

蒙兀兒帝國滅亡後，英國爲了加強統治、避免混亂的局面擴大，解散了英屬東印度公司，對印度採行直接統治。西元1877年，英國的維多利亞女王宣布登基爲印度皇帝。印度帝國的國

認識當代的一句話

「光榮孤立。」

西元19世紀時，英國採取不和他國結盟的孤立政策，光榮孤立指的就是此一政策所追求的目標。這個政策一直維持到西元1902年和日本締結英日同盟為止。

祚一直延續到西元1947年為止。

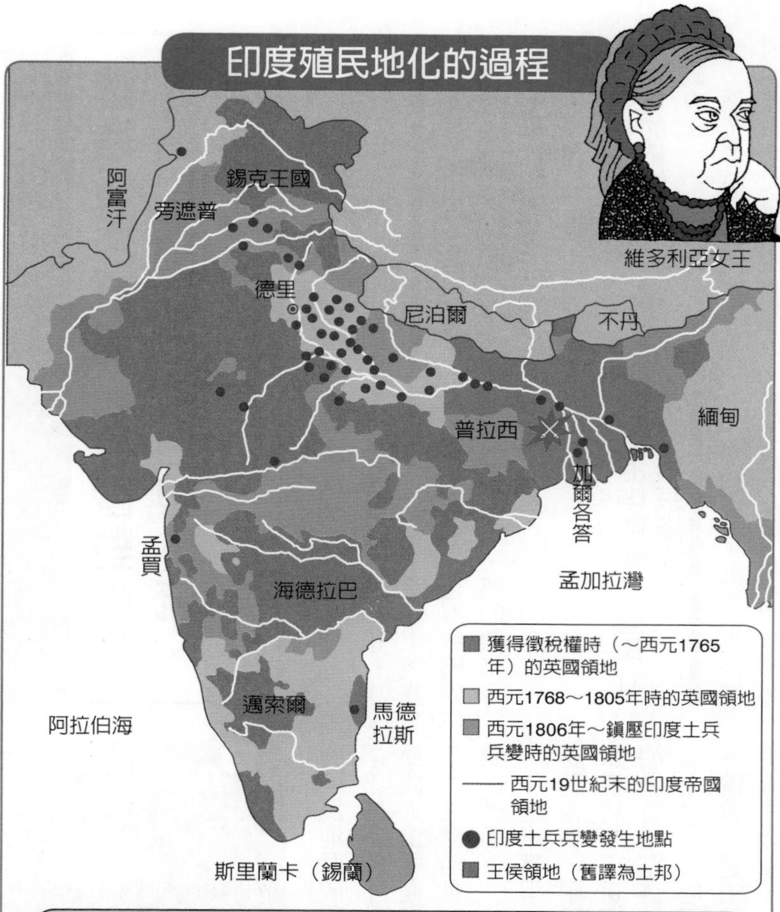

西元1744年～　卡那提克戰爭

發生在南印度英法之間的殖民地爭奪戰，英國獲勝。

西元1757年　普拉西戰爭

英國東印度公司的軍隊擊敗法國・孟加拉王公的聯軍。

西元1767年　邁索爾戰爭

英軍和邁索爾王國的戰爭，英國獲勝。

西元1775年～　馬拉塔戰爭

英國和馬拉塔同盟（或稱馬拉塔帝國，馬拉塔印度教諸侯的封建聯合體）之間的戰爭，英國獲勝。

西元1845年～　錫克戰爭

英軍擊敗西北印度錫克教徒，併吞旁遮普地區。

西元1857年～　印度土兵兵變

西元1858年　蒙兀兒帝國滅亡

西元1877年　印度帝國成立

中英鴉片戰爭

透過三角貿易，英國對中輸入鴉片導致中國白銀外流，成為戰爭的導火線

Point

- 從中國進口紅茶讓英國的白銀不足
- 中印英形成三角貿易
- 中國的禁菸活動直接導致了鴉片戰爭

中國的鴉片中毒者急遽增加

工業革命後，飲用紅茶成爲英國市民階級間的日常習慣。英國的紅茶主要來自清朝（中國），向中國購買紅茶使得白銀大量流出。白銀不足的嚴峻情形困擾著英國政府。

爲了解決這個問題，英國遂在印度大量種植鴉片，將印度的鴉片銷往中國，這樣一來白銀的流向又重新回到英國。英國還將生產的棉製品銷往印度，進行中印英的三角貿易。

從那之後，鴉片橫行中國本土，社會上除了出現許多鴉片上癮者，也導致國庫裡的銀量不足。銀的價格暴漲。

鴉片戰爭後，戰敗的中國和英國簽訂了《南京條約》

清朝爲了解決這個問題，認爲杜絕鴉片的危害勢在必行，宣布禁止從英國輸入鴉片，並任命林則徐查禁銷毀鴉片。

終止鴉片貿易將使英國的殖民地財政陷入困難，這讓當時景氣不佳的英國政府爲此大傷腦筋。爲了對抗清朝的查禁活動，英國發動了鴉片戰爭。

這場戰爭以英國的絕對勝利告終，兩國簽訂了《南京條約》。這個條約迫使清朝將香港割讓給英國，並開放上海等5個通商口岸，此外清政府還須賠償英國鴉片的損失金額。

太平天國之亂

鴉片戰爭後，中國的一般民衆爲了保障自身的生

年表

- 中國淪為殖民地
- ▼西元1823年 驅趕鴉片貿易商人（廣州）
- ▼西元1840年 鴉片戰爭爆發
- ▼西元1842年 鴉片戰爭結束，英軍勝利，締結《南京條約》
- ▼西元1851～1864年 太平天國之亂
- ▼西元1856年 第二次鴉片戰爭（英法聯軍之役）
- ▼西元1858年 英法聯軍占領廣州，和清朝簽訂《天津條約》
- ▼西元1859年 英法聯軍再次對清朝發動

活，民間社團出現了許多結社活動。

其中影響力最大的為洪秀全所領導的宗教結社——太平天國。太平天國之亂席捲了半個中國，並曾定都於南京。

太平天國的全盛期曾經占領了半個中國，然而在內部的紛爭和獲得外國勢力支援的清朝夾擊之下，逐漸失去優勢。西元1864年，太平天國的首都南京淪陷，動亂結束。

攻擊

▼西元1860年
第二次鴉片戰爭結束，英法聯軍勝利，簽訂《北京條約》

學更多，長知識 世界史ABC

第二次鴉片戰爭（英法聯軍之役）

鴉片戰爭後，英國認為沒有達到預期的經濟效益，不斷尋找和清朝改約的機會。西元1856年時，英國終於找到了改約的藉口。當時在廣州有一艘宣稱為英國籍的船上，發生了有海盜嫌疑的中國水手遭到逮捕的事件（亞羅號事件）。英法兩國為此事件組成聯軍，對清朝發動第二次鴉片戰爭（英法聯軍之役）。清朝戰敗後先是簽訂了《天津條約》，然後是《北京條約》。除了增開天津等11座港口外，還割讓了九龍的一部分給英國。

日本為了獲得殖民地而侵略朝鮮半島，和清朝的關係陷入緊張

Point

- 日本開國後，從德川幕府時代進入明治時代
- 為了迫使朝鮮開國，日本發動了江華島事件（韓國稱為雲揚號事件）
- 日清之間的不平等條約，使兩國之間關係惡化
- 朝鮮半島的內亂為甲午戰爭的導火線

日本開國

日本也無法置身於近代的經濟大變革浪潮之外。對太平洋充滿野心的美國屢次向日本提出通商的要求。

西元1853年，美國對日本採取武裝的強硬手段，培里率領了4艘軍艦叩關日本。隔年，日美締結了《神奈川條約》（又稱《日美和親條約》），之後雙方更進一步簽訂了《美日修好通商條約》。

培里

不平等的《日朝修好條規》（又稱《江華條約》）

日本進入明治政府後，和歐美列強協商，解除江戶時代簽訂的不平等條約，成爲重要課題。明治政府還仿效列強，將獲取殖民地當作自己的治國政策之一。

這個政策的苦主就是當時還維持鎖國狀態的朝鮮。日本爲了迫使朝鮮開國，挑釁在江華島進行軍事訓練的朝鮮軍並發生軍事衝突（江華島事件）。隔年日朝簽訂了《日朝修好條規》，迫使朝鮮開國。條約中規定，日本擁有對朝的領事裁判權和免除關稅的優待，對朝鮮而言無疑是一紙不平等條約。

● **《美日修好通商條約》**

這是一個於西元1858年時，美國和日本簽訂的不平等條約。西元1854年，美日兩國就曾簽訂迫使日本打開國門的《神奈川條約》，條約中規定日本必須開放下田和箱館兩港作為通商之用。到了《美日修好通商條約》時，日本進一步開放了神奈川等四個港口，並放棄本國的關稅自主，並承認美國的領事裁判權。

從甲午農民戰爭到甲午戰爭

日本和朝鮮簽訂不平等條約之舉，讓朝鮮的宗主國中國對日關係惡化。

此時朝鮮國內掀起稱爲東學的新興宗教，得到廣大農民的支持，進而演變爲甲午農民戰爭（東學黨之亂）。

朝鮮政府無法平亂，轉而向清廷求援。爲了和清朝作對，日本也向朝鮮派遣軍隊。以此爲導火線，最終於西元1894年8月，中日雙方爆發了甲午戰爭。

西元1895年，清政府在甲午戰爭中敗給日本，戰後簽訂了《馬關條約》。條約的內容規定清朝必須承認朝鮮的獨立，將臺灣澎湖諸島及遼東半島割讓給日本，此外還需支付賠款，並賦予日本在通商上的特權。

甲午農民戰爭和中日甲午戰爭

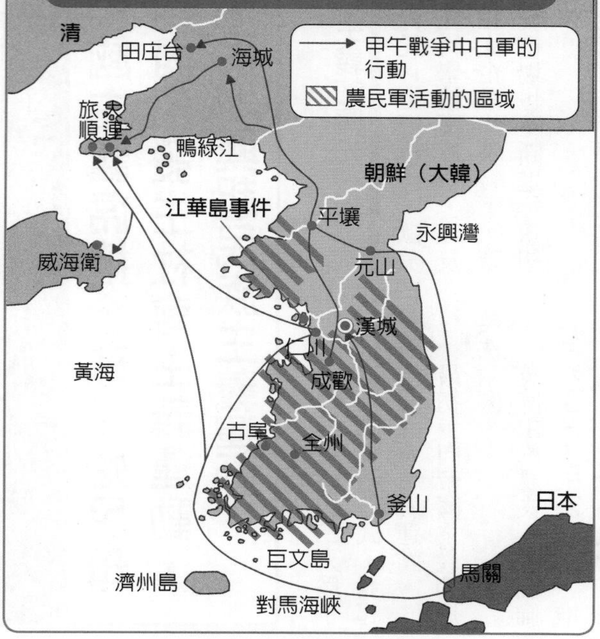

→ 甲午戰爭中日軍的行動
▨ 農民軍活動的區域

清、田庄台、海城、旅順、大連、鴨綠江、朝鮮（大韓）、江華島事件、平壤、永興灣、威海衛、元山、漢城、仁川、黃海、成歡、古阜、全州、釜山、日本、巨文島、濟州島、馬關、對馬海峽

學更多，長知識 世界史ABC

三國干涉還遼

甲午戰爭戰敗後，歐美各國摸清了清朝的底細，都想從中國的利益上分一杯羹。俄羅斯一直希望能獲得不凍港，屢屢試圖南下。日本在《馬關條約》中得到遼東半島一事，讓在修築西伯利亞鐵路的俄羅斯有所警覺。於是俄國邀請了法國和德國一起對日施壓，要日本將遼東半島還給清朝。俄德法的這個行動稱為「三國干涉還遼」。

年表

日本的近代化

- ▼西元1853年　培里率領艦隊來日，要求日本開國
- ▼西元1854年　培里再度來日，締結《神奈川條約》
- ▼西元1858年　締結《美日修好通商條約》（承認美國領事裁判權的不平等條約）。爾後荷蘭、俄羅斯、英國和法國紛紛要求和日本簽訂同樣的條約
- ▼西元1867年　大政奉還，日本進入明治政府
- ▼西元1875年　江華島事件
- ▼西元1876年　締結《日朝修好條規》
- ▼西元1894年　甲午農民戰爭引發了中日甲午戰爭
- ▼西元1895年　甲午戰爭結束，日本勝利。中日簽訂《馬關條約》（中國將遼東半島、臺灣、澎湖諸島割讓給日本，並支付賠款）

帝國主義席捲全球。殖民母國內部發生社會主義運動，殖民地興起民族主義運動

Point

- 在追求本國財富的過程中，列強之間發生激烈的競爭對抗
- 英法兩國率先在帝國主義競賽中打頭陣
- 為了對抗帝國主義，各地的民族主義運動層出不窮

帝國主義的興起

西元19世紀後半，歐美各國在科學技術革新，以及銀行和大企業的整合下，資本主義市場也不斷進行重組整合。

德國和義大利實現國家統一之時，歐洲各國之間也興起第二次工業革命浪潮，資本主義更加興盛，邁入了獨占資本主義的階段。列強之間相互爭奪資源的供應地和市場，以獲取更多的殖民地爲目標。

帝國主義就是這個時代下的產物。各國的工人爲了反抗這樣的統治方式，發起了廣泛的社會主義運動。

最初步向帝國主義的是英法兩國。

英國由約瑟夫·張伯倫（Joseph Chamberlain）推動帝國主義政策的執行。法國國內軍人勢力崛起，雖然出現了布朗熱事件和屈里弗斯事件，但最後皆以失敗告終。

德國、義大利、俄羅斯和日本緊接在英法之後。德國的俾斯麥還制定了《社會黨人法》來鎮壓社會主義者。

民族運動在各地風起雲湧

在列強實行帝國主義統治的殖民地中，謀求獨立的抵抗運動異常激烈，這樣的行動稱作民族運動。

在印度，擁有民族自決意識的本土精英，和在政策性上利用他們，以求英、印和諧的英國殖民政府之間，擁有共同的害關係。雖然在西元1885年時成立了印度國民大會黨，但英國在西元1905年發布孟加拉分

年表

西元19世紀的民族運動

- ▼西元1825年 爪哇戰爭：為了對抗荷蘭的統治，蒂博尼哥羅（Pangeran Dipone-goro）起義
- ▼西元1857年 印度民族起義
- ▼西元1858年 第一次法越戰爭
- ▼西元1869年 朝鮮發生農民武裝起義
- ▼西元1894年 朝鮮發生甲午農民戰爭（東學黨之亂）
- ▼西元1900~1901年 義和團之亂 八國聯軍入北京

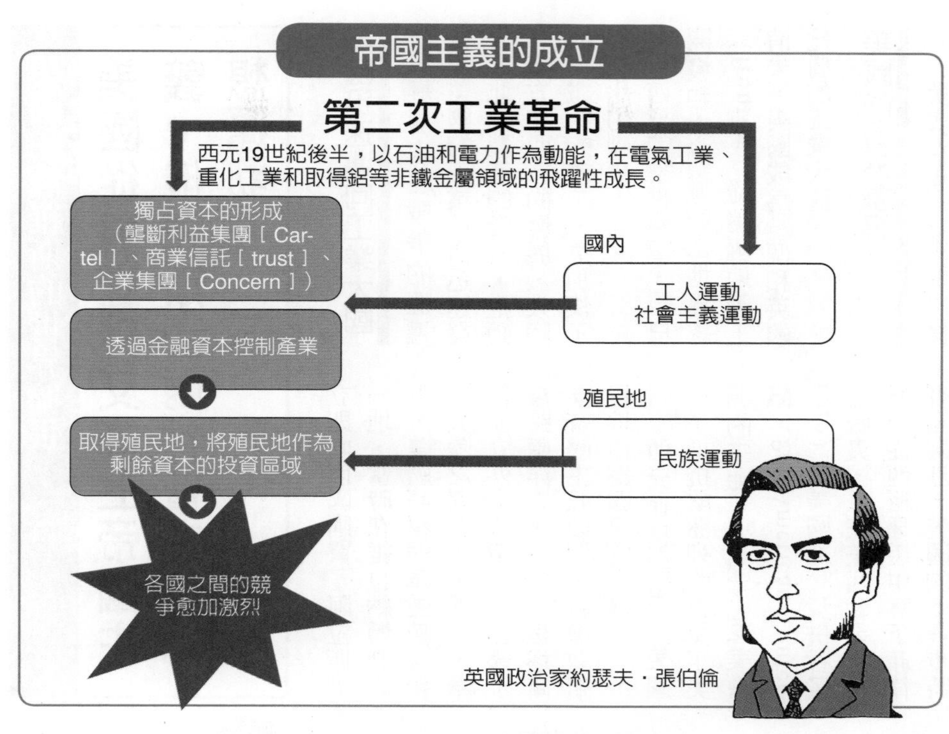

英國政治家約瑟夫・張伯倫

治後，反對人士開始集結，打著抵制英國貨、愛用國貨（swadeshi）、民族教育和爭取自治大旗的運動獲得很大的迴響。

此時的中國也興起排外運動，尤其以義和團這個宗教武裝集團發起的抵抗運動最爲激烈。雖然清朝仗著義和團向多國宣戰，但在八國聯軍占領北京後，只得被迫簽下《辛丑條約》（或稱《北京議定書》）。

列強的對外政策

英國	3C政策（將連結開羅、開普敦和加爾各答的區域殖民地化）、收購蘇伊士運河、成立印度帝國、波耳戰爭
法國	在非洲橫向占領政策、法屬印度支那
德國	3B政策（建設連結柏林、伊斯坦堡和巴格達的鐵路）、泛日耳曼主義
俄羅斯	建設西伯利亞鐵路、入侵巴爾幹半島、泛斯拉夫主義
美國	美西戰爭、門戶開放政策
日本	侵略中國和朝鮮

●帝國主義

帝國主義（imperialism）的語源來自於拉丁文imperium，引申自古代羅馬帝國在進行領土擴張和支配其他民族時的行為。

美國從孤立外交步上帝國主義，俄羅斯國內社會主義思想蓬勃

Point

- 南北戰爭過後，美國成為和英國比肩的工業大國
- 西元19世紀末，美國的國土已達太平洋
- 資本主義在俄羅斯發展的同時，社會主義思想也同時興起

美國迅速邁向工業大國

經歷南北戰爭的洗禮後，美國的工業革命迅速發展。北方豐沛的資本，推動著南方和西方的發展，大陸橫貫鐵路的竣工，更加快了工業化的腳步。

西元19世紀末，已開發和未開發的土地界線（frontier）從美國地圖上消失，美國成爲一個和英國比肩的工業大國。

美國的海外擴張

美國在南北戰爭之後立即向俄國購買了阿拉斯加一地，當時在維也納體制之下，美國高舉門羅主義（新舊大陸之間互不干涉），奉行孤立外交政策。但在國土橫跨兩洋之後，美國也逐漸向帝國主義傾倒，將獲取殖民地作爲國家的政策。

西元19世紀末，美國爲了抵抗歐洲列強對拉丁美洲的干涉，召開了泛美會議（Pan-American Conference）。美國進一步併吞了夏威夷，並在美西戰爭獲勝後，從西班牙手中奪下菲律賓和關島。美國的下一步將矛頭指向中國。

此時中國各地已遭列強蠶食鯨吞，出手較晚的美國提出門戶開放政策，有意在中國利益上分一杯羹。

俄羅斯的發展與變化

在近代化的腳步上，俄羅斯落後於歐美各國。克里米亞戰爭後，俄國解放農奴，資本主義在產業急速的發展過程中逐漸茁壯。

俄土戰爭後簽訂的《聖斯特凡諾條約》，讓巴爾幹半島置於俄羅斯的控制下，強化了俄羅斯向東擴張

●門戶開放政策

這是美國為了介入中國的事務，由國務卿海約翰對歐美列強所做的一個宣言。這個政策的大原則為中國的門戶對各國平等開放，並保有領土的完整性。

●布爾什維克和孟什維克

布爾什維克有「多數派」的意思，由列寧領導。主張以工人和農民為中心，進行排除布爾喬亞勢力的武裝革命。孟什維克為「少數派」的意思，成員為布爾喬亞和廣大的一般群眾。

美國勢力的海外擴張

（西元19世紀末～20世紀初）

海約翰

勢力進入亞洲

提出對中國的門戶開放政策

美國

干預古巴獨立

獲得波多黎各

併吞夏威夷

獲得菲律賓

勢力進入太平洋

獲得關島

巴拿馬運河開始興建

勢力進入拉丁美洲

泛美會議

的力度。西元1905年西伯利亞鐵道建成後，俄國更積極地推進它的遠東策略。

然而在俄羅斯國內，農民和工人的生活水準低劣，以被稱作民粹（Narodniks）的人們爲活動的中心，向農民宣揚社會主義思想。

之後，列寧和普列漢諾夫雖然組織了俄國社會民主工黨，後來因理念不合分裂爲布爾什維克和孟什維克。一些以社會主義爲目標的民粹派人士，則組成社會革命黨。

年表

美國勢力的海外擴張

▼西元1867年 從俄羅斯購得阿拉斯加

▼西元1868～1878年 古巴第1次獨立戰爭

▼西元1889年 召開第1次泛美會議

▼西元1895～1898年 古巴第2次獨立戰爭

▼西元1898年 美西戰爭：美國從西班牙獲得菲律賓、關島和波多黎各。併吞夏威夷

▼西元1899、1900年 門戶開放政策：美國也想在中國利益上分一杯羹，推翻了門羅主義的原則

▼西元1904年 巴拿馬共和國開始興建巴拿馬運河

列寧

「黑暗大陸」非洲和太平洋地區成為帝國主義列強的殖民對象

Point

- 西元18世紀以後，歐美列強開始將勢力伸進太平洋和非洲地區
- 比利時占領剛果為列強瓜分非洲的端倪
- 柏林西非會議裡制定了歐洲列強瓜分非洲的原則

太平洋地區的殖民化

擁有獨特文化、多民族並存的太平洋地區，到了西元19世紀也難逃淪爲歐洲列強殖民地的命運。

西班牙、葡萄牙和荷蘭早在西元17世紀時，就已經來到此地。

進入西元18世紀，英國也開始涉足於此。一開始英國將澳洲當作流放犯人的地方，後來自由移民也逐漸遷入。然而澳洲原住民（Aboriginal）卻遭到驅趕，只能不斷遷居大陸內部。

英國更進一步將紐西蘭、斐濟、北婆羅洲和新幾內亞的一部分納入自己的領土。

法國則將大溪地和新喀里多尼亞收爲領土。德國也不落人後，占領了俾斯麥群島、加羅林群島、馬里亞納群島、馬紹爾群島和帛琉群島。

非洲的殖民地化

歐洲人到西元19世紀前半爲止，對於非洲大陸的認知只限於北部和沿海區域，對歐洲人來說，非洲大陸的內陸地區，是籠罩著一層神祕面紗的「黑暗大陸」。然而在這些地方傳承著非洲人深厚而獨特的文化。

西元19世紀以後，伴隨著歐洲人的探險活動，非洲內陸地區的樣貌逐漸撥雲見日，爲人所知。列強們也開始競相獲得非洲的殖民地。

一直沒有海外殖民地的比利時，於西元1883年突然宣布占領剛果。英國和葡萄牙對此強烈抗議。德國的俾斯麥作爲調停者，召開了柏林西非會議，共有14個國家與會。

年表

非洲遭到瓜分

▼西元1875年
英國取得埃及蘇伊士運河的管理權

▼西元1881年
突尼西亞受到法國管理

▼西元1883年
比利時宣布占領剛果

▼西元1884年
柏林西非會議

▼西元1890年
法國獲得薩哈拉沙漠以南的土地

▼西元1898年
法紹達事件：英法兩國在蘇丹的法紹達發生衝突

▼西元1899年
英國和埃及共同管理蘇丹

太平洋地區的列強勢力

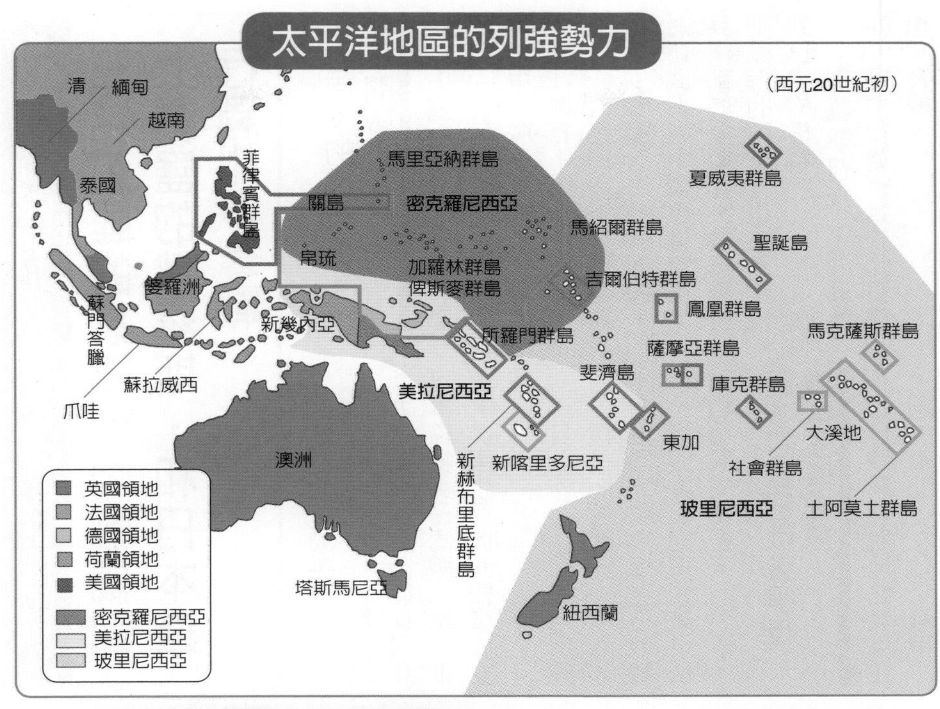

列強瓜分非洲

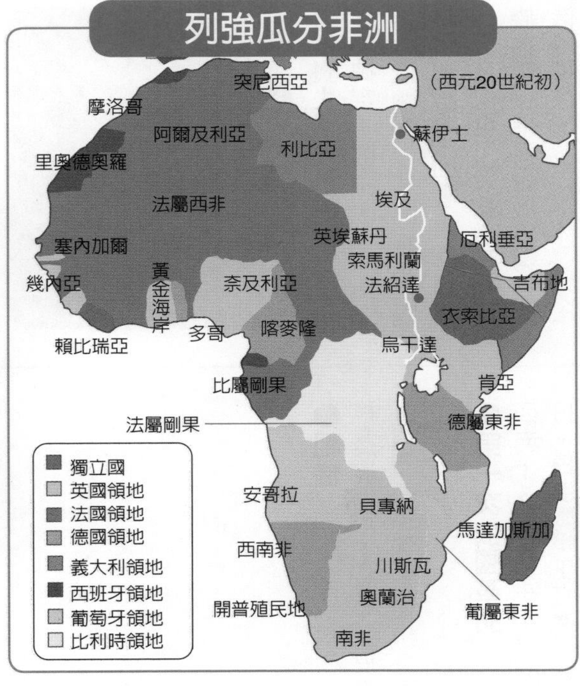

▼西元1899~1902年波耳戰爭爆發於英國的開普殖民地（事後英國合併了川斯瓦共和國和奧蘭治自由邦）

這個會議中，列強制定了瓜分非洲的「遊戲規則」。之後在短短的20年裡，非洲大陸幾乎遭到列強瓜分殆盡。

在「沉睡的獅子」中國傷口上灑鹽的俄羅斯，和日本進行滿州爭奪戰

Point

- 對俄羅斯南下行動心懷警戒的日本與之宣戰
- 在美國總統羅斯福的調停下日俄雙方簽訂《朴茨茅斯條約》
- 勝利的日本獲得多項權益

一心南下的俄羅斯和日本開戰

中國這隻「沉睡的獅子」一直是列強垂涎的對象，甲午戰爭失敗後，國力更是江河日下。

一直企圖南下的俄羅斯看準了中國無法抵禦外侮，憑藉武力向中國租借遼東半島南部的旅順和大連，獲得不凍港的同時，也在滿州得到巨大的權益。

俄羅斯還步步進逼朝鮮，日本和英國對於此舉都相當警戒。

然而此時的英國正忙於波耳戰爭（南非），無法以武力牽制俄國，因此採取和日本締結英日同盟以圍堵俄國。美國也對此同盟表態支持。

日本在得到英美兩國的支援後，於西元1904年向俄國宣戰，爆發日俄戰爭。俄國方面則得到來自法國和德國的奧援。

日本打贏日俄戰爭後獲得多項權益

日俄戰爭的地點發生在中國的東北，在這場戰爭中日本喪失了大量的士兵，也幾乎掏空了國庫。

俄國則在開戰的隔年，爆發了血腥星期日事件，並引發了後續激烈的民族運動。進而發展爲第一次俄國革命。

爲此，日俄兩國都無意於持久戰，此時美國的西奧多·羅斯福總統出來調停，雙方簽訂了《朴茨茅斯條約》。

條約中寫到，日本擁有南滿鐵路及其沿線的權利、遼東半島港口的使用權、韓國的保護權以及擁有庫頁島

●租借

根據條約規定，A國可以租借B國領土的一部分來使用。

●第一次俄國革命

西元1905年1月22日，日俄戰爭正打得火熱時，俄國的首都聖彼得堡發生了反戰的示威遊行，俄國的軍隊向參加者開火，造成多人傷亡，這就是「血腥星期日」事件。事件過後，俄國的農民、工人和知識分子揭竿起義，各地暴動頻傳。在聖彼得堡成立了工人的自治組織蘇維埃（Soviets），海軍之中也有叛亂發生。

南部的土地。此外，為了維護鐵路的安全，日本還得到留置守備兵的許可。

如此一來，日本完成了為防範俄羅斯南侵的一條防衛線。

調停日俄戰爭的羅斯福總統

學更多，長知識 世界史ABC

日本併吞韓國

西元1904、1905、1907年，經過了三次日韓協約，日本強化了對韓國的支配。並在這個基礎上，日本於西元1910年強迫韓國簽訂《日韓合併條約》，將韓國併入日本。為此，韓國的高宗向正在召開萬國和平會議的荷蘭海牙派遣密使，希望向各國傳達《日韓合併條約》的無效以及日本的非法統治（海牙密使事件）。然而日本以此為藉口逼迫高宗退位，更進一步抓牢韓國的內政事務。

孫文在南京宣布中華民國成立。袁世凱稱帝後，溥儀成為清廢帝

Point

- 義和團事件後，清朝朝向君主立憲制發展
- 鐵路國有化的爭端促使辛亥革命的爆發
- 中國終結了2000多年來的帝政

鐵路國有化的政策使各地革命蜂起

西元19世紀末，中國人民對於不斷入侵的外國勢力感到極度不滿，進而發展爲激烈的排外運動。

義和團既是宗教也是武術集團，他們高喊「扶清滅洋」的口號，破壞鐵路和教會，最後進了北京城。清廷認爲義和團民氣可用，有恃無恐地向諸列強宣戰，結果北京反遭日、俄等八個國家的聯合軍所占領，此爲「義和團事件」。

之後保守的清朝政府廢除了科舉，發表憲法大綱，朝君主立憲制的方向調整。

然而，清朝爲了重建財政，欲將民間的鐵路收歸國有，以此爲擔保向列強借款。此舉受到資本家和有力人士的激烈反彈，四川省各地暴動頻仍。

其中，由中國多個革命團體組成的中國同盟會（簡稱同盟會），在湖北省武昌的軍隊中發起叛亂，是爲辛亥革命的濫觴。

孫文宣布中華民國成立

革命運動瞬間席捲了中國各省，並成立了革命政府。

流亡海外的孫文回到中國後，革命軍推選他爲臨時大總統，宣布中華民國的成立。

清政府雖然派出袁世凱和革命軍交涉，但袁世凱卻背叛清朝，以自己成爲臨時大總統和維持共和制爲條件，逼宣統帝（溥儀）退位。

然而要維持共和制並非

●扶清滅洋

「扶清滅洋」是宗教性質的武術集團「義和團」高舉的口號，意為「扶助清朝，消滅洋人」。以反基督教起家的義和團在發展過程中逐漸發展為激烈的排外運動。

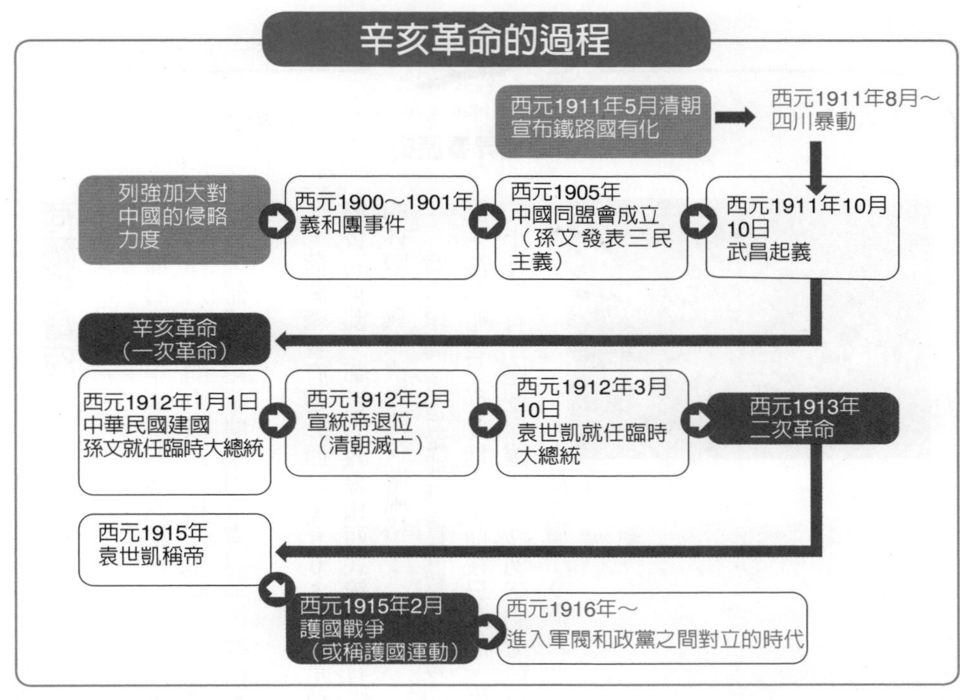

辛亥革命的過程
西元1911年5月清朝宣布鐵路國有化
西元1911年8月～四川暴動
列強加大對中國的侵略力度
西元1900～1901年義和團事件
西元1905年中國同盟會成立（孫文發表三民主義）
西元1911年10月10日武昌起義
辛亥革命（一次革命）
西元1912年1月1日中華民國建國孫文就任臨時大總統
西元1912年2月宣統帝退位（清朝滅亡）
西元1912年3月10日袁世凱就任臨時大總統
西元1913年二次革命
西元1915年袁世凱稱帝
西元1915年2月護國戰爭（或稱護國運動）
西元1916年～進入軍閥和政黨之間對立的時代

易事。袁世凱一心想要削弱革命派的實力，和推動改革由孫文領導的國民黨發生激烈衝突。

學更多，長知識 **世界史ABC**

三民主義

打響辛亥革命第一槍的同盟會由多個革命團體所組成。組織過程中孫文曾發表該會的基本理念，即「三民主義」。三民主義的內容為：民族主義、民權主義和民生主義。

孫文

年表

西元19世紀末～20世紀初的中國

▼西元1896年
俄羅斯從清政府手中得到東清鐵路的鋪設權

▼西元1898年
英國租借威海衛和九龍半島

▼西元1899年
法國租借廣州灣

▼西元1900年
義和團事件爆發

▼西元1904年
中國東北發生日俄戰爭

▼西元1905年
日俄戰爭結束
日俄締結《朴茨茅斯和約》（日本取得遼東半島南部的租借權，和南滿鐵路的經營權）
中國同盟會成立

▼西元1911年
鐵路國有化的政策促成了辛亥革命

▼西元1912年
孫文宣布中華民國成立，溥儀退位。袁世凱就任臨時大總統

荷蘭總督府
（馬來西亞・麻六甲）

面對麻六甲海峽的麻六甲市，自古以來就因為作為貿易的中繼站而相當繁榮。西元17世紀後，葡萄牙和荷蘭來到東南亞，相繼統治過此地。

荷蘭總督府建於西元1605年，是荷蘭總督的官邸。鄰近的教會和西式鐘樓擁有紅色的外牆，具有濃厚的荷蘭風格。

麻六甲同時也是耶穌會傳教士傳教的據點，沙勿略也是從此地出發前往日本的。附近的小丘上有一座聖保羅堂，沙勿略的遺體曾在此安置了9個月。

滑鐵盧古戰場
（比利時・滑鐵盧）

西元1815年，拿破崙率領的法軍和英國、普魯士、荷蘭及比利時聯軍在此決一死戰。激戰過的戰場遺址上建有人工小山，上面安放了一尊獅子像。這尊獅子像用來紀念於作戰中負傷的荷蘭・比利時軍的指揮官威廉二世。山腳下有一座可以觀望全景的展覽館，上映著當時激戰的過程。

位於當時拿破崙司令部隔壁的村莊如今也成為博物館。滑鐵盧的市中心還有紀念英國將軍威靈頓的博物館可供遊客參觀。

第 8 章

大恐慌與兩次世界大戰

第8章

兩次世界大戰和美國的經濟大恐慌讓世界陷入混亂

第一次世界大戰的爆發

歐洲帝國主義國家的殖民地爭奪戰越演越烈，因為不同的利害關係所造成的對立產生兩個集團，協約國由英國、法國、俄羅斯和日本等組成，德國和奧地利等組成同盟國，第一次世界大戰就由這兩大集團揭開序幕。

第一次世界大戰持續了4年多，戰爭中使用了飛機、坦克車和毒氣等新式武器，造成大量的傷亡。最後以同盟國方敗北告終。

戰爭中，俄國發生革命，羅曼諾夫王朝被推翻。取而代之的是共產主義國家蘇維埃俄國（簡稱蘇俄）。

法西斯政權的誕生

第一次世界大戰結束後，由英、法、美所主導成立的《凡爾賽條約》裡制定了新的國際體系。為了各國之間能有更好的協調管道，成立了國際聯盟（簡稱國聯）。

德國戰後改採共和體制，制定了民主色彩濃厚的《威瑪憲法》。然而如天文數字般的巨額賠款讓德國經濟陷入困境，激烈的通貨膨脹使德國民不聊生。

西元1929年，美國紐約股市大崩盤，影響席捲全球。德國和義大利的經濟尤其深受其害，導致極權主義（Totalitarianism）政權興起。

走向第二次世界大戰

在國際情勢動盪中，德、義、日組成軸心國，美、英、法組成同盟國，第二次世界大戰即為這兩個集團之間爆發的戰爭。

在德義兩國受到盟軍激烈進攻，日本遭到投放原子彈之後，三個國家選擇無條件投降，至此第二次世界大戰落幕。

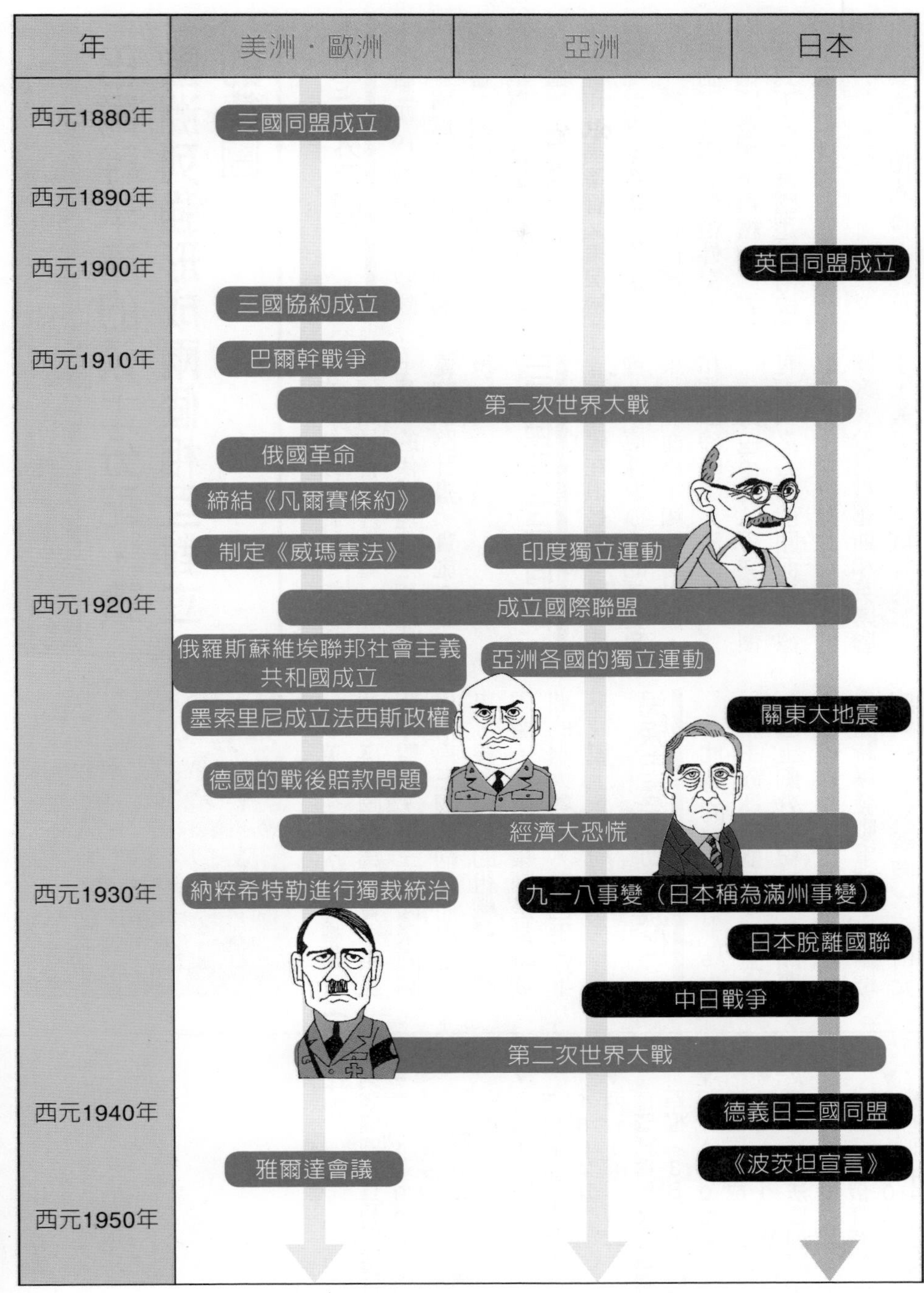
年
美洲．歐洲
亞洲
日本
西元1880年
三國同盟成立
西元1890年
西元1900年
英日同盟成立
三國協約成立
西元1910年
巴爾幹戰爭
第一次世界大戰
俄國革命
締結《凡爾賽條約》
制定《威瑪憲法》
印度獨立運動
西元1920年
成立國際聯盟
俄羅斯蘇維埃聯邦社會主義共和國成立
亞洲各國的獨立運動
墨索里尼成立法西斯政權
關東大地震
德國的戰後賠款問題
經濟大恐慌
西元1930年
納粹希特勒進行獨裁統治
九一八事變（日本稱為滿州事變）
日本脫離國聯
中日戰爭
第二次世界大戰
西元1940年
德義日三國同盟
雅爾達會議
《波茨坦宣言》
西元1950年

巴爾幹半島的領土分配，讓歐洲列強形成兩個相互對立的集團

不穩定的外交關係

西元19世紀末的歐洲，各國爲了爭取自己國家的利益，國與國之間的外交關係呈現不穩定的狀態。

德國過去爲了孤立法國，曾和俄國簽訂《再保險條約》（Reinsurance Treaty）。然而這項條約後來反而限制了德國的自由外交，因此德國選擇不再續約。對此感到不滿的俄國選擇向法國靠攏，兩國簽訂了法俄同盟。

其後，德國爲了和英國的3C政策對抗，加快建設連結柏林、拜占庭（今爲土耳其的伊斯坦堡）和巴格達的鐵路計畫，實施3B政策。

三國協約和三國同盟

英國在很長的一段時間裡，一直採取孤立的外交政策。然而爲了和德國對抗，和法國締結了英法協約。

對巴爾幹半島一直懷有虎狼之心的俄國而言，德國也是一個欲除之而後快的國家。於是俄羅斯和英國聯手，簽訂了《英俄條約》。

英、法、俄三國都將德、奧兩國視爲威脅，相互締結盟約，這三個國家的關係稱爲三國協約。而由德、奧、義所組成的組織稱三國同盟。這兩個集團是當時歐洲的兩大勢力，在巴爾幹半島問題上意見紛歧。

民族主義運動的激化

此時的巴爾幹半島上民族主義運動盛行。列強介入國土劃分的紛爭，使問題更加複雜化，巴爾幹半島成爲隨時爆發戰爭都不足爲奇的「歐洲火藥庫」。西元

Point

- 為了和英國的3C政策抗衡，德國推出3B政策
- 以德國為核心的三國同盟和以英國為核心的三國協約互相對立
- 斯拉夫民族的民族主義運動，因為列強的介入更為複雜化

年表

列強間的對立和巴爾幹問題

▼西元1890年　德、俄之間的再保險條約因為德方不再續約而失效

▼西元1891年　法俄同盟成立（～西元1894年）

▼西元1899年　德國獲得巴格達鐵路的築路權（3B政策的一環）

▼西元1902年　英日同盟成立

▼西元1904年　締結《英法協約》

▼西元1907年　締結《英俄條約》

▼西元1908年　奧地利併吞波士尼亞和

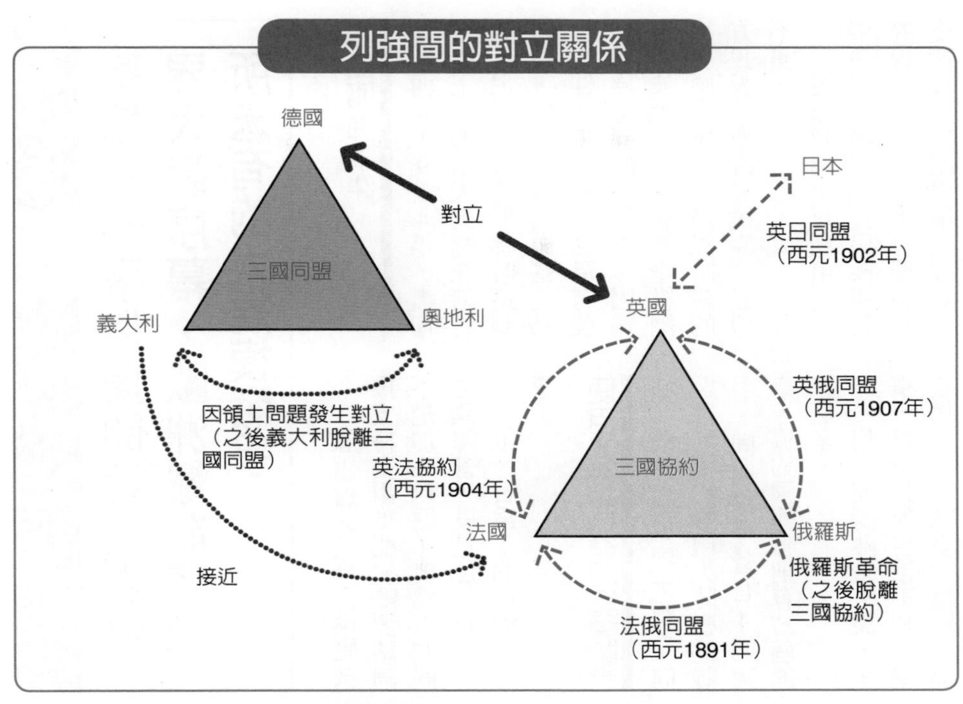

巴爾幹戰爭關係圖

第一次巴爾幹戰爭	第二次巴爾幹戰爭
巴爾幹同盟（在俄國的領導下，由塞爾維亞、希臘、保加利亞、蒙特內哥羅組成）	保加利亞

鄂圖曼帝國	塞爾維亞、希臘、蒙特內哥羅、羅馬尼亞、鄂圖曼帝國

1912年終於爆發了巴爾幹戰爭。

學更多，長知識　世界史ABC

三國同盟的真相

三國同盟的目的為孤立法國，由德、奧、義三國於西元1882年組成。然而就在第一次世界大戰爆發前夕，義大利和奧國交惡，選擇和法國改善關係。因此一戰前夕的三國同盟實際上應該稱作「兩國同盟」才對。

赫塞哥維納
▼西元1912年
俄羅斯和塞爾維亞等4個國家成立巴爾幹同盟
▼西元1912、1913年
第一次巴爾幹戰爭
▼西元1913年
第二次巴爾幹戰爭

塞拉耶佛事件揭開第一次世界大戰序幕，歐洲爆發了前所未有的大規模戰爭

塞拉耶佛事件

西元1914年，奧匈帝國王位繼承人夫婦在造訪波士尼亞的賽拉耶佛時遭到暗殺，這件事被稱做塞拉耶佛事件。犯人是一名具有強烈民族主義的大學生，因為不滿波士尼亞與赫塞哥維納被奧國合併，於是以暗殺的方式表現斯拉夫民族的強烈不滿。

奧國認為可以利用這個事件挫一挫斯拉夫民族運動的銳氣，於是在獲得德國的支持後，對塞爾維亞宣戰。

戰事爆發後，俄國選擇支持塞爾維亞。歐洲諸國不是加入以德、奧為主的同盟國陣營，就是加入以英、法、俄、日為主的協約國陣營。

使用近代武器的總體戰

第一次世界大戰是同盟國和協約國兩大陣營的戰爭，同盟國陣營有4個國家，協約國陣營則有27個國家之多。

對同盟國陣營來說，戰事一旦拉長對自己不利。德國為了縮短戰爭，組織了綿密的作戰計畫。然而戰爭曠日廢時，最後演變為使用坦克、潛水艇和毒氣瓦斯等近代武器的總體戰。

在美國加入協約國陣營後，戰事開始轉向對協約國有利的方向發展。

戰爭期間，俄國因為國內發生革命，在和德國簽訂了《布列斯特—立陶夫斯克條約》後脫離戰場。

Point

- 奧地利向塞爾維亞宣戰
- 第一次世界大戰是同盟國和協約國兩大陣營的戰爭
- 美國參戰後，戰事逐漸轉向對協約國有利的方向發展

年表

▼第一次世界大戰的過程

西元1914年6月
塞拉耶佛事件

7月
奧國對塞爾維亞宣戰

同盟國和協約國揭開第一次世界大戰序幕

8月
日本加入第一次世界大戰

坦能堡戰役：德軍殲滅俄軍

9月
第一次馬恩河戰役：法軍將德軍阻擋於馬恩河畔

10月～
第一次伊普爾戰役：德國和協約國陣營的戰鬥。這場戰役中德國第一次使用毒氣瓦斯（西元1915年4月）

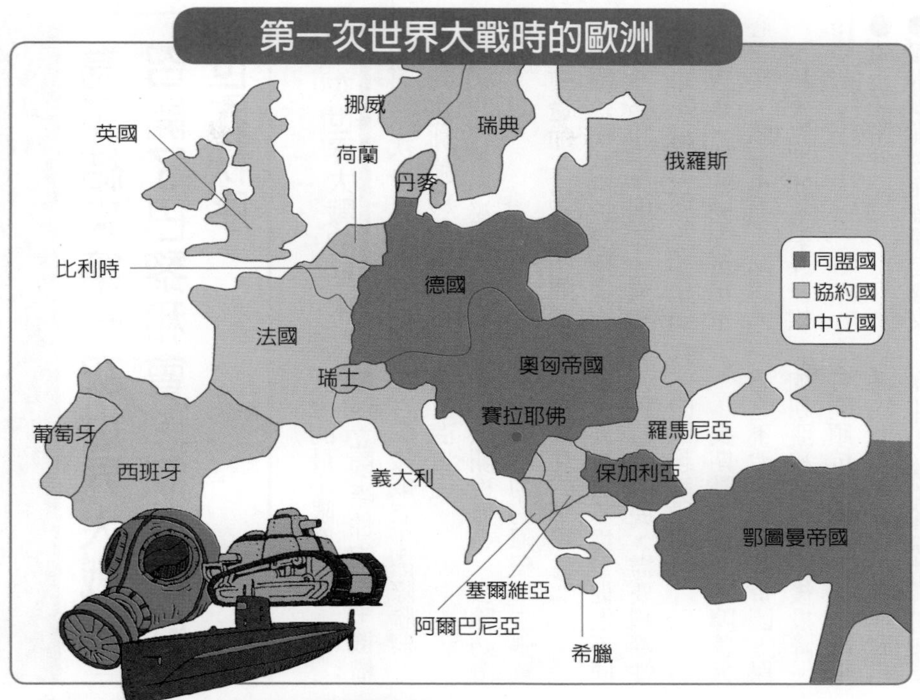

學更多，長知識 世界史ABC

祕密條約橫行

曠日費時的戰爭讓兩大陣營都吃不消，兩邊都希望戰爭能以對己方較有利的方式做結。於是各國私下和中立國暗通款曲，締結了許多祕密條約。祕密條約裡的內容，很多都將戰後如何分配敵國的土地和殖民地作為殺手鐧，從這裡我們可以清楚看到第一次世界大戰的帝國主義本質。

英國的祕密外交

- 《海珊－麥克馬洪協定》（Hussein-McMahon Correspondence）（西元1915年）
  作為阿拉伯人加入協約國陣營對抗鄂圖曼帝國的條件，英國承認阿拉伯人占領區和獨立。
- 《賽克斯－皮科協定》（Sykes-Picot Agreement）（西元1916年）
  英、法、俄對於如何瓜分鄂圖曼帝國，以及將巴勒斯坦置於國際管理下的協定。內容和麥克馬洪協定有矛盾之處。
- 《貝爾福宣言》（Balfour Declaration）（西元1917年）
  支持猶太人在巴勒斯坦建立民族根據地。內容和麥克馬洪協定有矛盾之處。
  ↓
  之後導致巴勒斯坦問題的產生！

▼西元1916年2月～凡爾登戰役：法軍死守來自德國的強烈進攻
6月～索姆河戰役：德軍對英、法聯軍。英國於這場戰役首次使用坦克車應戰

▼西元1917年4月美國加入協約國陣營，投入第一次世界大戰

為了結束第一次世界大戰，召開了巴黎和會，制定新的世界秩序

Point

●美國提出《十四點和平原則》
●戰敗的德國喪失了所有殖民地
●國際聯盟的總部設在瑞士的日內瓦

第一次世界大戰的結束

第一次世界大戰期間，歐洲列強為了爭取自己國家的利益，祕密外交盛行。

中途加入協約國陣營的美國，由威爾遜總統提出《十四點和平原則》，來和蘇俄早先發表的《和平法令》對抗。協約國安定了軍心之後，戰爭也進入尾聲。

和平原則的主要條目如下：

●廢止祕密外交
●縮小軍備（能確保自國安全的最小限度）
●建立國際性的和平機構（戰後成立了國際聯盟）
●航海自由
●廢除關稅壁壘（去除妨礙經濟活動的障礙，主張貿易條件的平等性）
●民族自決（為了促進不同民族的發展，需要國際性的保護手段）

長期戰讓同盟國陣營大感吃不消，鄂圖曼帝國、保加利亞和奧地利先後投降。負隅頑抗的德國也在基爾軍港的海軍起義後，各地興起立即和談的德國十一月革命，革命後德國建立起共和政府，並和協約國簽訂休戰協定，第一次世界大戰至此畫下句點。

簽訂《凡爾賽條約》

第一次世界大戰結束後的西元1919年1月，以美國總統威爾遜提出的和平原則做為基礎，協約國方在法國召開巴黎和會。

同年6月，與會各方簽訂《凡爾賽條約》。條約中規定德國必須放棄所有殖民地，將亞爾薩斯—洛林歸還給法國，同時還需進行縮

認識當代的一句話

「和平必須是沒有勝利的和平。」（威爾遜）

西元1917年1月時，當上美國總統的威爾遜，在對上議院做國情咨文時說了這段話。這句話成為《十四點和平原則》的原則。

威爾遜

小軍備，以及償還天價的賠款。

條約內容還確立了建立由威爾遜總統提出的國際聯盟，聯盟總部設在瑞士的日內瓦。

在巴黎和會上建立的這個體系被稱作「凡爾賽體系」，國際聯盟則爲維持這個體系的主要機構。

凡爾賽體系下的歐洲

學更多，長知識 世界史ABC

另一個世界秩序「華盛頓體系」

第一次世界大戰後，國際的新秩序由凡爾賽體系，以及影響力和它相當的華盛頓體系所共同建構。西元1921～1922年，經美國的哈定總統提議，召開了由美、英、法、日等9國參與的華盛頓會議。會中美、日、法、義簽訂了主力戰艦的噸數以及保有比例等限制海軍軍備的條約。

年表

凡爾賽體制

▼西元1918年11月

德國的基爾軍港發生海軍起義事件

成立德意志國（德國革命）

11月11日

德國政府和協約國達成休戰協定

第一次世界大戰結束

▼西元1919年1月

巴黎和會

6月

協約國方和德國在巴黎近郊的凡爾賽宮簽訂《凡爾賽條約》

▼西元1920年1月

會中決議成立國際聯盟

國際聯盟成立

▼西元1921～1922年

召開華盛頓會議

為戰爭所苦的民眾揭竿而起，建立了世界上第一個社會主義國家

Point

- 糧食暴動是革命爆發的導火線
- 列寧推翻臨時政府掌握政權
- 確立了共產黨一黨獨裁體制

俄國二月革命終結了羅曼諾夫王朝

俄國的經濟基礎較爲薄弱，爲了籌措出參加第一次世界大戰的龐大經費，國內陷入長期的通貨膨脹。

從西年1914年起的兩年間，麵包的價格漲了5倍，奶油的價格更是升至8．3倍。民眾對於長期的戰爭感到非常不滿，終於在首都聖彼得堡發生了糧食暴動。

之後，各地的工人會議組成「蘇維埃」，發動俄國二月革命，結束了長達300年羅曼諾夫王朝的統治。

革命過後，由國會中的自由主義各黨派議員組成臨時政府。但與此同時，工人會議的「蘇維埃」仍然存在。俄國陷入了雙重權力架構的狀態。

列寧率領的布爾什維克奪得政權

臨時政府因爲選擇繼續參戰，反對的民眾在各地發起暴動。

其中列寧率領的布爾什維克擊敗了臨時政府，發表《四月提綱》。提綱內容呼籲將權力集中於蘇維埃並退出第一次世界大戰。

西元1917年11月，布爾什維克推翻臨時政府（十月革命），完成了俄國革命，創立了世界第一個社會主義國家。新政府公布《和平法令》，呼籲交戰國進行和平談判。

列寧率領的布爾什維克雖然掌握了權力，卻在選舉中敗給了民粹派政黨。列寧不服這個結果，並以武力解散國會。確立了布爾什維

●《和平法令》 列寧成立臨時政府後最初的外交政策。主張不兼併他國領土、不賠款及民族自決。

●《土地法令》 和《和平法令》同時公告的國內政策。內容為沒收地主持有的土地，和禁止土地私有化。

●共產國際（第三國際） 由蘇聯共產黨所建立，領導世界各國共產黨或左派勢力的機構，又稱為第三國際。西元1943年解散。

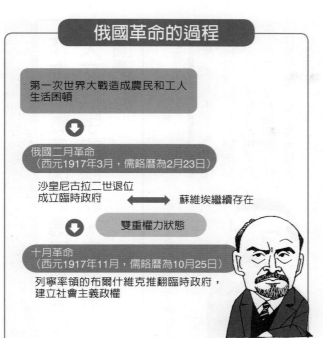

克的一黨專制（無產階級專政）。之後布爾什維克更名為俄國共產黨，將首都遷至莫斯科。西元1922年宣布成立蘇維埃社會主義共和國聯盟（簡稱蘇聯）。

列寧還組織了共產國際（第三國際），以發動世界革命為目標。

俄國革命的過程

第一次世界大戰造成農民和工人生活困頓

↓

俄國二月革命（西元1917年3月，儒略曆為2月23日）

沙皇尼古拉二世退位，成立臨時政府 ↔ 蘇維埃繼續存在

↓ 雙重權力狀態

十月革命（西元1917年11月，儒略曆為10月25日）

列寧率領的布爾什維克推翻臨時政府，建立社會主義政權

列寧

學更多，長知識 世界史ABC

俄國革命後的新經濟政策

俄國革命後，人民對生活受到國家嚴格的管制感到不滿。列寧為了安撫人心，和促進生產活動，允許一定限度的資本主義經營方式存在，嘗試活絡市場經濟。具體作法為，允許農民自由出售剩餘的農作物，以及私人的中小企業經營。這樣的政策被稱作新經濟政策（New Economic Policy，簡寫為NEP）。政策實施後，西元1927年俄國各部門的生產量基本上已恢復到第一次世界大戰前的水準了。

年表

俄國革命

▼西元1917年3月
首都聖彼得堡發生革命
組成蘇維埃，成立臨時政府
4月
布爾什維克的領導人列寧回到俄國
發表《四月提綱》
11月
列寧和托洛斯基等人發動武裝革命推翻政府
宣布建立新政府

▼西元1918年
布爾什維克更名為俄國共產黨，遷都莫斯科

▼西元1919年
創立共產國際（第三國際）

▼西元1922年
成立蘇維埃社會主義共和國聯盟

威瑪（德意志）共和國的經濟危機

作為一戰元凶的德國被課以天文數字的賠款，最終無力償還

制定威瑪憲法

西元1918年11月，推翻帝制的共和制德意志共和國（或稱作威瑪共和國）成立，並和協約國方締結休戰協定，第一次世界大戰就此落幕。

德國在西元1919年的國民議會上選出社會民主黨的艾伯特擔任總統。並制定了世界第一部民主憲法——《威瑪憲法》。

《威瑪憲法》裡明文記載主權在民、實施男女平等的普通選舉，並保障工人有組成工會和集體交涉權。

艾伯特

德國作為戰敗國，被課以巨額罰款

德國雖然作為戰敗國，但對歐洲諸國來說它的威脅性依然存在。協約國陣營想利用一戰後的機會，給予德國致命性的打擊，因此對德國課以巨額的賠款。

西元1921年拍板定案的金額，遠遠超過德國所能負荷的程度。

魯爾工業區遭到占領後，通貨膨脹加劇

因為德國遲遲付不出賠款，法國和比利時以要求擔保為由，紛紛進占德國的魯爾工業區。魯爾地區產的鐵和煤礦占德國全國總量的8成，為德國著名的工業區。

然而這種經濟凌遲從結果上來看，只是讓德國的通

Point

- 伴隨著德意志國的成立，第一次世界大戰落幕
- 德意志國被協約國方提出的戰爭賠款壓得喘不過氣
- 法國占領魯爾工業區後，加劇了德國的通貨膨脹

●德國的惡性通貨膨脹

西元1918年時，0．63馬克可以買到麵包吃。然而在魯爾工業區遭到占領後的半年，即西元1923年7月時，價格飛漲了6000倍。又過了兩個月以後，漲幅達到240萬倍，物價暴漲。德國社會也因此陷入了混亂的狀態。

貨膨脹更加嚴重而已。

此時，以美國人道斯為首的特別委員會提出了道斯計畫（Dawes Plan），提議將美國的資本借貸給德國，並延遲賠款的償還期限。此舉雖然幫助德國重建了經濟，但在隨之而來的世界大恐慌風暴中，德國仍未能倖免。

針對德國賠款提出的道斯計畫

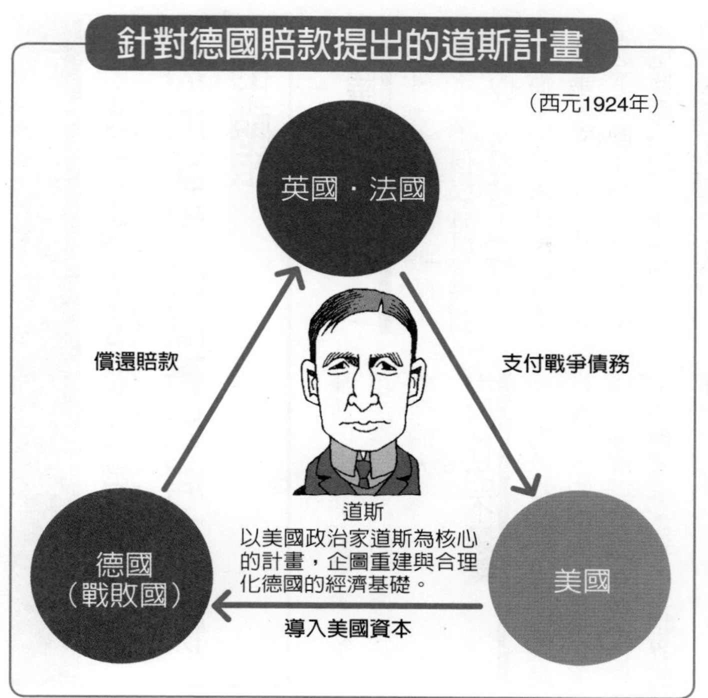

《威瑪憲法》

西元1919年制定（為當時世界上最民主的憲法）

主要內容

- 主權在民
- 男女平等的普通選舉權（20歲以上）
- 工人有組成工會和集體交涉的權力
- 總統的任期為7年（直接選舉制）

年表

▼德國的經濟危機
▼西元1918年 德國戰敗
▼西元1919年 制定威瑪憲法
▼西元1923～1925年 因為德國償還不出賠款，法國和比利時占領德國的魯爾工業區
▼西元1923年 德國陷入惡性通貨膨脹 施特雷澤曼總理力圖重建經濟，安定貨幣
▼西元1924年 道斯計畫問世
▼西元1925年 簽訂《羅加諾公約》
▼西元1926年 德國加入國際聯盟
▼西元1927年 美法兩國簽訂《非戰公約》
▼西元1929年 世界經濟大恐慌

一戰為美國帶來經濟榮景，然而卻也暗藏著經濟大恐慌的禍根

紐約華爾街股災

第一次世界大戰時，美國本土不但沒有直接受到戰火的波及還發了一筆戰爭財，經濟情勢大好，社會富庶繁華。然而在一片歌舞昇平之下，農作物歉收和汽車及電器產品的生產過剩等，都成為之後經濟大恐慌的禍根。

西元1929年10月24日紐約華爾街股災爆發。由於事情太過突然，如驚弓之鳥的投資人爭相釋出股票，股價不斷暴跌，人們感到一種前所未有的恐懼感。銀行和企業相繼倒閉，滿街都是失業的人。

世界性的不景氣

由於當時，美國已經是世界經濟的中心，發生在美國的經濟震盪也波及到世界上其他國家，造成全世界的經濟大恐慌。

英國和法國在一戰後都成為美國的債務國，兩國用來償還債務的資金則來自德國的戰爭賠款。然而德國也深受美國經濟不景氣所害，無力償還賠款。導致英法兩國也陷入經濟危機之中。

美國從發生經濟恐慌開始4年後，也就是到1933年為止時，工業產能降低了50%，失業人口超過1300萬人。

在共和黨的胡佛之後上臺的是民主黨的富蘭克林．羅斯福總統。他努力推行新政，帶領美國克服經濟危機。

Point

- 農業不景氣和工業產品生產過剩造成股市暴跌
- 發生全世界的經濟大恐慌
- 羅斯福總統實施新政（The New Deal）

年表

世界經濟大恐慌

▼西元1929年10月24日
紐約華爾街股災

10月29日
華爾街市場因為投資人爭相賣出股票，從午後開始終止交易。經濟恐慌朝世界規模發展

▼西元1931年
美國總統胡佛宣布暫緩歐洲國家支付戰爭債務一年

▼西元1933年
美國新任總統羅斯福推行新政

各國對應經濟大恐慌的方式

美國	● 羅斯福新政：由國家對於經濟進行積極介入和管理 ● 睦鄰政策：以實現南、北美洲的政經一體化為目標 ● 構建美元集團：加強美國本土和海外領地的連帶，形成自給自足的經濟圈
英國	● 構建英鎊集團：強化英國本土和海外領地的連帶，形成自給自足的經濟圈
法國	● 構建法郎集團：強化法國本土和海外領地的連帶，形成自給自足的經濟圈
蘇聯	● 因為實施社會主義計畫經濟的5年計畫，所以幾乎沒有受到來自資本主義國家經濟大恐慌的影響
德國 義大利 日本	● 法西斯勢力的崛起

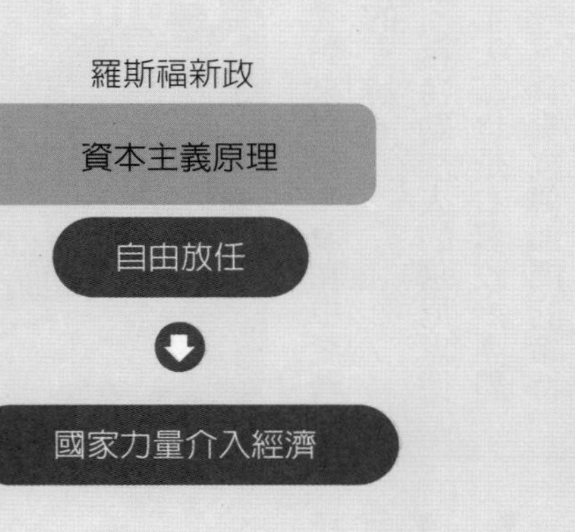

羅斯福總統

①透過調整農產品的產量來穩定價格
②為了促進企業之間的競爭，制定了《國家產業復興法》
③利用推動公共事業來救濟失業者
④制定《華格納法》，確認工人有組成工會以及與資方集體交涉的權利

世界上第一個法西斯政權誕生於義大利，希特勒在德國嶄露頭角

義大利的墨索里尼

法西斯主義認爲，國家和社會整體的利益應該大於個人的自由和利益。在政治上採行極權主義的政治體系。

世界上第一個法西斯政權誕生於義大利。第一次世界大戰後，義大利深受經濟不景氣所苦。

當民衆對政治的不滿達到頂點時，墨索里尼領導的國家法西斯黨（以下簡稱法西斯黨）適時出現，得到資本家和中產階級的支持，終至掌握政權。法西斯黨掌握政權後先是併呑了里耶卡（現爲克羅埃西亞領土），並侵略衣索比亞，進行領土擴張。

墨索里尼

希特勒與納粹黨（全名為國家社會主義德國工人黨，納粹黨為通稱）

第一次世界大戰後，被天文數字的賠款所苦的德國和義大利一樣，右翼政治團體受到來自資本家和中產階級的支持。

希特勒加入的慕尼黑德國工人黨也是右翼政治團體之一。負責宣傳部門的希特勒很快就嶄露頭角，成爲該黨的領導者。黨的名稱也在希特勒成爲領導人的前一年改爲國家社會主義德國工人黨（納粹黨）。

之後納粹黨成爲德國的第一大黨，希特勒開始進行獨裁政治。

納粹黨對一般市民的生活進行全面而嚴格的控管，對於反對者和猶太人則予以迫害。

Point

- 民衆對現狀的強烈不滿助長了法西斯分子的暴力統治
- 法西斯主義獲得中產階級和保守人士的支持
- 希特勒企圖推翻凡爾賽體系

年表

法西斯的崛起

- ▼西元１９２４年 義大利再次併呑里耶卡
- ▼西元１９２６年 墨索里尼在義大利確立了一黨獨裁政治
- ▼西元１９３２年 納粹黨成為德國第一大黨
- ▼西元１９３３年 德國退出國際聯盟
- ▼西元１９３４年 希特勒當選德國總統
- ▼西元１９３５年 德國廢棄《凡爾賽條約》，併呑薩爾
- ▼西元１９３６年 德國進駐萊茵蘭 義大利併呑衣索比亞

納粹黨還恢復了徵兵制，重建德國的軍備。並開始侵略如薩爾和萊茵蘭等周邊地區。

義大利・德國的侵略活動

學更多，長知識　世界史ABC

希特勒如何掌握人心

西元1932年納粹黨成為德國第一大黨後，希特勒開始了他的獨裁統治。希特勒的支持者能遍及社會所有階層，和他與生俱來的極佳口才有相當大的關係。負責納粹宣傳的戈培爾雖然也是個厲害的角色，但和希特勒相比還是略遜一籌。希特勒還運用留聲機和有聲電影等近代而嶄新的手法來打選戰，讓聽眾對他的話語如痴如醉。

希特勒

▼西元1937年
義大利脫離國際聯盟
▼西元1938年
德國併奧地利
▼西元1939年
德國解體捷克斯洛伐克，進攻波蘭
義大利併吞阿爾巴尼亞
第二次世界大戰爆發

和弱化的歐洲相較，經濟榮景刺激著亞洲各國推動獨立運動

東南亞和印度相繼展開獨立運動

第一次世界大戰後，歐洲列強深受資本主義市場經濟危機的影響，元氣大傷。與此相反，此時的東亞卻呈現一片好景氣。日本的重工業和中國的紡織業在此一時期都有長足的發展。

俄國革命的成功，對印尼的蘇卡諾和越南的胡志明等亞洲知識分子造成很大的影響。亞洲各地的獨立運動如雨後春筍般蓬勃發展。

此外，英國雖然制定了《1909年印度政府法》，對印度作出「自治」的約定，但這個法案不過是徒有其名而已。甘地作爲反對該法案的領導人，躍上印度獨立運動的舞臺。

在甘地的領導下，採非暴力・不合作的獨立運動在印度各地展開，西元1935年英國制定了《印度政府法》作爲回應。

然而，印度在新法制定後，依舊爲英國的殖民統治所苦。

甘地

西亞的民族獨立運動

第一次世界大戰戰敗後，鄂圖曼帝國的國土縮小，國內的少數族群也展開各自的分離運動。

穆斯塔法・凱末爾（日後的凱末爾・阿塔圖克）適時站出來力挽狂瀾，召開土耳其大國民議

Point

- 俄羅斯革命的成功對亞洲各國知識分子造成巨大的影響
- 東南亞的獨立運動時機成熟
- 埃及獨立後仍受到英國的掌控

認識當代的一句話

「非暴力絕不是弱者的武器，非暴力是屬於強者的武器。」

（甘地）

提倡非暴力・不合作的甘地說過的名言。

會。凱末爾並和協約國陣營簽訂《洛桑條約》，讓協約國陣營承認土耳其的新國界線、廢除外國在土的治外法權和關稅自主，隨後建立土耳其共和國。

受到英國保護的埃及，以瓦夫德黨爲中心進行獨立運動。

伊朗（舊名波斯）在一戰後拿回了自主權，隨後李查汗發動政變取得了政權。李查汗登基爲沙阿（國王），開創了巴勒維王朝。

亞洲各國的民族運動

蘇卡諾

國名（反抗的對象國）	年表
印尼 （荷蘭）	西元1927年 成立印度尼西亞民族黨（蘇卡諾）
法屬印度支那 （法國）	西元1930年 成立印度支那共產黨（胡志明）
菲律賓 （美國）	西元1935年 成立獨立準備政府
緬甸 （印度・英國）	西元1937年 從印度完全分離出來
泰國	西元1932年 泰國人民黨發動立憲革命
印度 （英國）	西元1919年 制定《1909年印度政府法》 西元1919年～ 甘地領導非暴力・不合作運動 西元1930～1932年 英印倫敦圓桌會議 西元1935年 制定《1935年印度政府法》
土耳其	西元1923年 簽訂《洛桑條約》，成立土耳其共和國
埃及 （英國）	西元1922年 建立埃及王國
伊朗 （英國・俄羅斯）	西元1925年 開創巴勒維王朝（李查汗）
沙烏地阿拉伯	西元1932年 沙烏地阿拉伯王國建國（伊本・沙特）

學更多，長知識　世界史ABC

「越南獨立之父」胡志明

西元1930年，印度支那共產黨（之後的越南勞動黨）結黨，受到來自工人和農民的支持。該黨持續對抗法國和日本，推動獨立戰爭。西元1945年胡志明成為越南民主共和國的第一任總理後，經歷印度支那戰爭和越戰，推進了越南的社會主義建設。雖然胡志明未能在生前目睹越戰的勝利，直到今日他仍受到越南人民的敬愛，被暱稱為胡爺爺（Bac Ho）。

胡志明

中國反日情緒高漲。日本在關東大地震後，擴展海外殖民地

Point

- 中國民族運動勃興，成立國民政府
- 進駐中國東北的日本關東軍行動失控
- 日本成立了偽滿州國後脫離國際聯盟

中國統一

第一次世界大戰後，日本對於袁世凱政府提出無視中國主權的《二十一條要求》。此舉導致中國的反日情緒高漲，並於西元１９１９年於北京舉行反帝國主義・反封建主義的五四運動。

中國國民黨的孫文趁此機會於廣東成立新政府。並承認中國共產黨黨員加入國民黨，實現了國共合作。

接著在上海再度發起反帝國主義運動，這個行動又被稱作五三十運動。在孫文過世之後，掌握國民黨實權的蔣介石以五三十運動爲契機發動北伐。並在熱戰方酣之時成立了南京國民政府。隔年擊敗了親日軍閥張作霖後，完成中國的統一。

日本陸軍的行動失控

第一次大戰結束後，日本經歷了一波爲期不長的經濟榮景。西元１９１８年日本爆發了米騷動事件，其後又發生關東大地震，對經濟帶來沉重的打擊。屋漏偏逢連夜雨，此時又逢席捲全球的經濟大恐慌，日本的物價和股價雙雙下跌，失業人口大增。

在日本國民對政府的一陣撻伐聲中，軍人勢力開始抬頭。駐留在中國關東州和南滿州鐵路的日本陸軍・關東軍，發動了奇襲中國東北的九一八事變（日本稱爲滿州事變），將清朝最後一任皇帝溥儀重新拱上皇位，成立了傀儡政權偽滿州國。

國際聯盟不承認滿州國，並要求關東軍撤出滿州，日本不接受勸告，並退出國際聯盟。

●盧溝橋事變

北京郊外的盧溝橋於西元１９３７年７月７日時，爆發了中日之間的軍事衝突。事件爆發後中日兩國進入全面戰爭的階段。

年表

日本的軍國主義化

▼西元１９１８年 米騷動

▼西元１９２３年 關東大地震

▼西元１９３１年 九一八事變

▼西元１９３２年 偽滿州國成立

事情發展至此，日本受到國際的孤立。在陸軍行動失控的情況下，日本走上了軍國主義的道路。

在中日之間發生了盧溝橋事變（或稱爲七七事變），中國正式進入抗日戰爭（日本稱爲日中戰爭）時期。戰爭初期日本雖然占了上風，但隨著美、英、蘇等國的對中支援，日本逐漸陷入苦戰。

▼西元1933年
日本脫離國際聯盟

▼西元1937年7月
爆發盧溝橋事變，中日爆發全面戰爭

中國的民族運動

《二十一條要求》（日本→中國） 西元1915年

日本向中國要求讓與山東省內舊德國權利，以及在中國東北地方的南部及內蒙等地，擁有支配土地及干涉中國內政的權利

文學革命

西元1915年　發行《新青年》雜誌

西元1917年　白話文運動（新文學運動）

五四運動　西元1919年

巴黎和會時，希望廢除《二十一條要求》遭到駁回時，中國的學生、市民和工人群情激憤走上街頭

西元1919年　中國國民黨成立

西元1921年　中國共產黨成立

第一次國共合作　西元1924年

（孫文過世）

五三十運動　西元1925年

中國工人在日本經營的工廠發動罷工。過程中有工人遭到射殺，導致更激烈的抗議行動

北伐　西元1926～1928年

國民革命軍打倒割據北方的軍閥，統一全中國

四一二事件　西元1927年

蔣介石在上海進行的「清黨」行動

西元1927年　南京國民政府成立

學更多，長知識 世界史ABC

大東亞共榮圈

企圖侵略南亞的日本，用鐵騎相繼征服馬來半島、香港、新加坡、菲律賓和印尼等東南亞國家。日本為了正當化自己的侵略行為，高舉「大東亞共榮圈」的口號，宣稱為了避免歐美列強的侵略，亞洲國家必須團結一致抵禦外侮才行。然而實際上卻是日本對他國的侵略行為。

第二次世界大戰

世界各地展開同盟國和軸心國間慘烈的戰爭

Point

- 德國和英法作戰
- 日本偷襲了美國的珍珠港，開啓了太平洋戰線
- 日本接受《波茨坦宣言》後，結束了第二次世界大戰

德國入侵波蘭

世界經濟恐慌帶來社會普遍的不安，國際社會分化爲以美、英、法爲主的民主主義陣營（同盟國），和以德、義、日爲主的極權主義陣營（協約國），雙方陣營相互對立。協約國陣營持續重劃殖民地，希望從中找到活路。

西元1939年納粹德國侵略波蘭，作爲反擊，英法兩國對德宣戰，揭開了第二次世界大戰的序幕。

開戰後的隔年，德國占領了巴黎，義大利也呼應德國加入戰爭。德國雖試圖入侵英國，卻遭到頑強的抵抗。

對於不斷擴張勢力的德國抱持警戒的蘇俄，和對英法採強硬態度的德國，兩國之間曾簽訂《德蘇互不侵犯條約》。然而在德國片面撕毀協議並將矛頭指向蘇聯後，德蘇開戰。

太平洋戰爭

另一方面，日本在侵略中國的同時，也在思考如何南向用兵，並進占印度支那。

然而日本南向侵略的舉動遭到美、英、中、荷的包圍，使其遲遲無法推進。

西元1941年12月8日，日軍偷襲了美國夏威夷的珍珠港（珍珠港事件），此舉拉開了日本和同盟國陣營的太平洋戰爭序幕。

作戰之初日軍還占有優勢，然而時間拉長後，日美兩國在物資上的差距一覽無遺，日軍在戰場上漸露疲相。

歐洲戰場方面，德國受到來自歐洲東西方的猛烈攻擊，終於在西元1945年5月無條件投降。同年8月，廣島和長崎受到原子彈轟炸後，日本受到了毀滅性的打擊，在接受《波茨坦宣言》後，也宣布無條件投降。至此第二次世界大戰終告結束。

第二次世界大戰的過程

	歐洲戰線	太平洋戰線
西元1939年	8月　《德蘇互不侵犯條約》 9月　德國入侵波蘭 英法對德宣戰 第二次世界大戰爆發 11月　蘇聯向芬蘭宣戰	7月　廢除《日美通商條約》
西元1940年	6月　義大利投入第二次世界大戰。法國投降 德義日三國同盟	
西元1941年	6月　德俄開戰 8月　《大西洋憲章》 12月　德義對美宣戰	4月　《日蘇中立條約》 12月　珍珠港事件 太平洋戰爭爆發
西元1942年	8月　史達林格勒戰役	6月　日軍敗於中途島海戰
西元1943年	2月　史達林格勒戰役德軍慘敗 9月　義大利無條件投降 11月　德黑蘭會議（美國羅斯福．英國邱吉爾．蘇聯史達林與會）	2月　日軍撤出瓜達康納爾島 11月　開羅會議（美國羅斯福．英國邱吉爾．中國蔣介石與會）
西元1944年	6月　諾曼地登陸	6月　美軍空襲日本本土
西元1945年	2月　雅爾達會議（美國羅斯福．英國邱吉爾．蘇聯史達林與會） 4月　希特勒自殺 5月　柏林淪陷，德國投降	4月　美軍登陸沖繩 7月　波茨坦會議（英國邱吉爾．美國杜魯門．蘇聯史達林與會） 8月　美國在廣島和長崎投下原子彈 日本接受《波茨坦宣言》，無條件投降

學更多，長知識　世界史ABC

沖繩的悲劇

沖繩是第二次世界大戰期間，日本國土中唯一發生過地面戰的地區，總共有10萬人在戰爭中犧牲，遭到動員的兒童和學生有許多人選擇自殺，悲慘的事件層出不窮。在廣島和長崎遭到原子彈的轟炸後，日本接受了《波茨坦宣言》，無條件投降，結束了第二次世界大戰。戰後沖繩成為美國的領地，直到戰爭結束後的第27年，也就是1972年（昭和47年）時才歸還日本。然而時至今日，沖繩仍有美軍基地，和基地相關的問題層出不窮。

Let's go to see the history of the world!

環遊世界看歷史

奧許維茲集中營

（波蘭・奧斯威辛）

奧許維茲是德文的發音，波蘭文則是奧斯威辛。在第二次世界大戰中德國占領時，這個集中營裡曾有超過150萬名猶太人、波蘭人和共產主義者，被強迫從事殘酷的體力勞動或遭到處決。

營中還留有30多棟建築，以及監禁室、飢餓室、只能站立的囚室和執行槍決時的「死亡之牆」可供參訪。

營中還展示了當時營內收容人的衣服和隨身物品，這些東西活生生地向人們訴說當時的情境。

克里姆林宮

（俄羅斯・莫斯科）

西元15世紀時沙皇伊凡四世打下了克里姆林宮的基礎，從那之後一直到西元18世紀俄國遷都爲止，這座宮殿都是沙皇的住處。蘇聯成立之後，克里姆林宮再次成爲政治的中樞，列寧也在此生活過。現在爲俄羅斯聯邦政府（總統府）的所在地。

城牆內有宮殿、教會、兵器庫和鐘樓等各式建築，其中一間兵器庫現在改建爲博物館，

館中陳列著多種鎧甲、武器、由金銀精雕細琢而成的珠寶、織品，以及王冠、權杖和馬車等精品。在此遊客可以一窺歷代沙皇的至高權力。

第9章

世界在東西冷戰與南北問題中迎向新的21世紀

第9章

大戰結束後，各地的紛爭仍然沒有停止，人類正在摸索一條通向和平的道路

美蘇冷戰

為了建構新的國際秩序和實現世界和平，聯合國於第二次世界大戰後成立了。

然而美蘇兩個超級強權之間的對立——「冷戰」，使許多國家難以置身事外，其中又以國土分裂為東與西的德國受害最深，朝鮮半島也形成南北對峙的局面。

美國介入越南獨立，使戰爭長期化，同時柬埔寨也陷入內戰。以印度為代表的亞、非等新興國家相繼獨立，這些國家不願從屬於東西任何一個陣營，成為第三勢力。

中國大陸上則成立了社會主義國家中華人民共和國。建國後因為經濟政策的失敗、與蘇聯交惡以及文化大革命帶來的影響，使國內動盪不安。

冷戰後的國際紛爭

東西冷戰最終在美蘇兩方互相折衝中畫下句點。

冷戰後蘇聯進行改革運動，成立獨立國家國協，蘇維埃社會主義共和國聯盟走入歷史。東歐諸國也相繼轉型為資本主義國家，東西德最終也完成了統一。

歐洲諸國組成歐洲聯盟（EU），發行共同貨幣。

儘管如此，世界各地仍然遍地煙硝，紛爭不斷。以色列獨立所引發的以巴衝突、南斯拉夫獨立後發生的民族糾紛、兩伊戰爭、波斯灣戰爭、車臣－俄羅斯衝突以及非洲諸國的民族紛爭等，都造成了大量死傷和難民。

世界就在諸多問題環伺中，迎向西元21世紀。

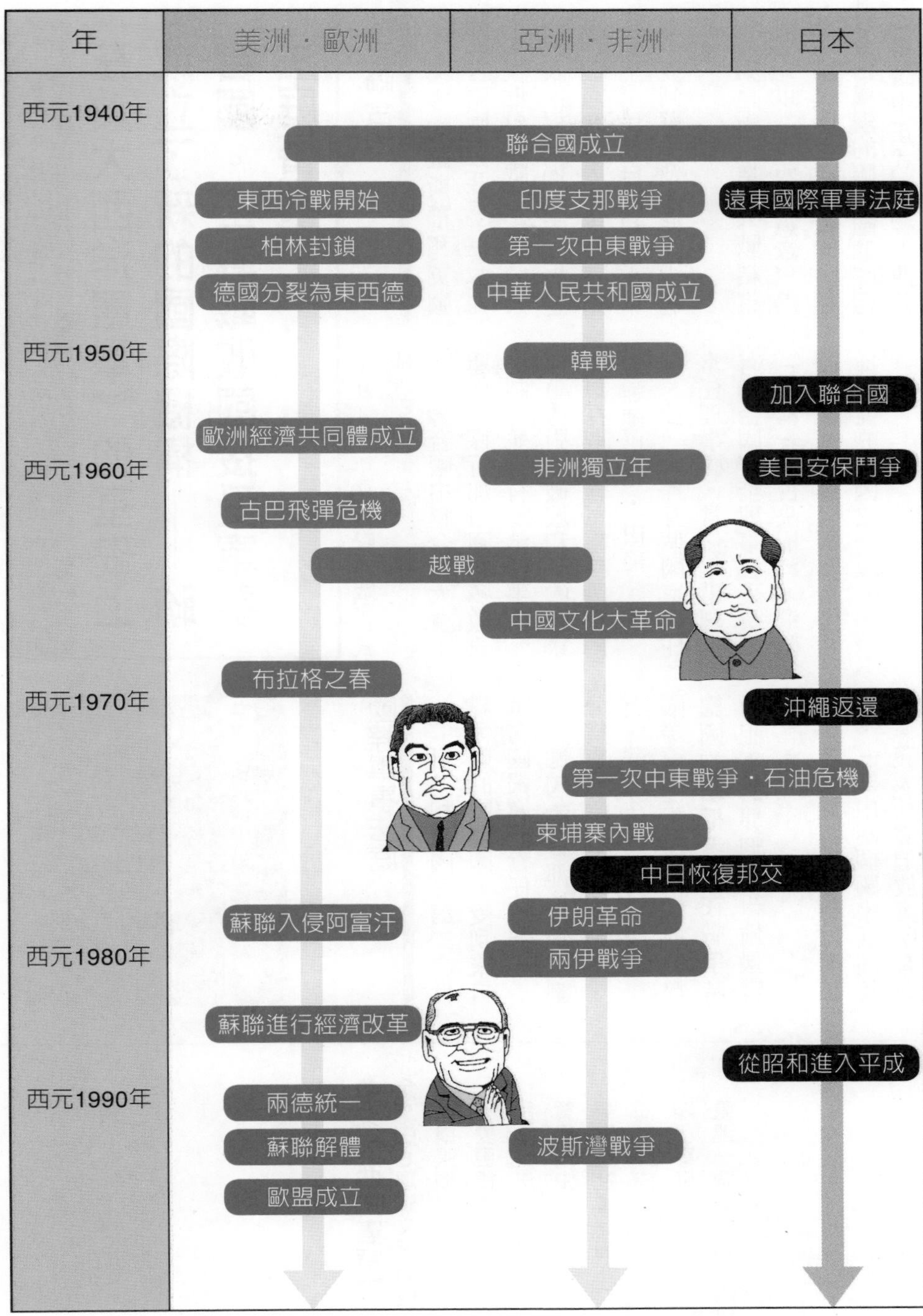

年
美洲・歐洲
亞洲・非洲
日本
西元1940年
聯合國成立
東西冷戰開始
印度支那戰爭
遠東國際軍事法庭
柏林封鎖
第一次中東戰爭
德國分裂為東西德
中華人民共和國成立
西元1950年
韓戰
加入聯合國
歐洲經濟共同體成立
西元1960年
非洲獨立年
美日安保鬥爭
古巴飛彈危機
越戰
中國文化大革命
布拉格之春
西元1970年
沖繩返還
第一次中東戰爭・石油危機
柬埔寨內戰
中日恢復邦交
蘇聯入侵阿富汗
伊朗革命
西元1980年
兩伊戰爭
蘇聯進行經濟改革
從昭和進入平成
西元1990年
兩德統一
蘇聯解體
波斯灣戰爭
歐盟成立

在《大西洋憲章》的基礎上成立了新的國際機構——聯合國。二戰戰敗國接受軍事法庭審判

成立聯合國

美國的羅斯福和英國的邱吉爾兩位元首，曾經在第二次世界大戰惡化之前公開發表、倡議過《大西洋憲章》。憲章的內容提及不擴張領土、民族自決和縮小軍備，受到蘇聯及多個國家的支持。

第二次世界大戰結束前夕，以《大西洋憲章》為基礎的《聯合國憲章》，在舊金山舉辦的聯合國國際組織會議中正式通過，西元1945年10月聯合國正式成立。

聯合國由聯合國大會來運作，採行加盟國的多數表決制，並設有安全理事會。理事會對於破壞和平的國家可以採取包含軍事手段在內的強硬措施，由美、英、蘇、法、中等五個國家擔任常任理事國。常任理事國具有聯合國安全理事會否決權（簡稱一票否決權），這個制度後來成為阻礙聯合國發揮功能的原因之一。

國際軍事法庭

日本和德國等第二次世界大戰的戰敗國，受到來自戰勝國嚴厲的責任追究。

德國的首都柏林被劃分為東西兩半，國土由美、英、蘇、法四國分割管理。國際軍事法庭嚴格審理納粹德國的掌權者們在戰爭時所犯下的罪刑（紐倫堡審判）。

奧地利從德國分離出來，一樣由四個國家共同管理。義大利被迫放棄所有海

Point

- 新成立的聯合國取代了國際聯盟
- 由戰勝國發起的國際軍事法庭，對戰敗國追究戰爭責任
- 駐日盟軍總司令管理日本，德國的首都柏林被劃分為東西兩半

● 《大西洋憲章》

全文由8項條文所組成：

不擴張領土
不變更領土
民族自決
貿易自由
勞動和社會保障
海上自由
縮小軍備
重建一個維持和平的機構

聯合國的組織架構

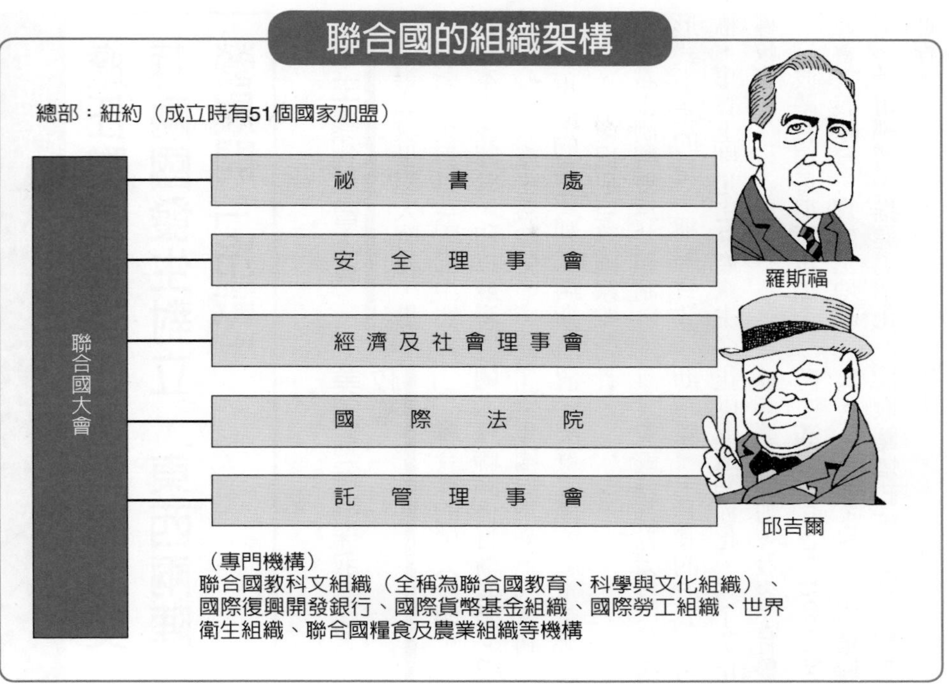

外的領地。

日本則受到以美軍為首的盟軍支配，在駐日盟軍總司令的統治下進行財閥解體、農地解放、解散軍隊和教育改革，並推行民主化。為了審判戰犯（東京審判），設立遠東國際軍事法庭。

學更多，長知識　世界史ABC

聯合國的特質

初始的聯合國成員為第二次世界大戰時的同盟國陣營國家。因為設立的時間點在第二次世界大戰剛結束之後的西元1945年10月，因此像德國、義大利和日本等軸心國被拒之於門外。此外，聯合國的國際合作體系也在美蘇冷戰之下無法順利運作。

年表

第二次世界大戰結束和戰後處理

▼西元1941年
發表《大西洋憲章》

▼西元1945年4～6月
舊金山的聯合國國際組織會議：召集了50個同盟國國家，通過《聯合國憲章》

8月
日本接受《波茨坦宣言》，第二次世界大戰結束

10月
聯合國成立

▼西元1945年11月～1946年10月
紐倫堡審判

▼西元1946年5月～1948年11月
遠東國際軍事法庭（東京審判）

擔任聯合國常任理事國的美蘇兩國發生對立，東西兩陣營展開「冷戰」

資本主義和社會主義

第二次世界大戰後，世界逐漸分化爲以美國爲中心的資本主義陣營，和以蘇聯爲中心的共產主義陣營。

東歐的匈牙利、南斯拉夫、阿爾巴尼亞等國家雖然從君主制轉變爲共和制，形式上走的是一種聯合政權，事實上則是由共產黨主導政事。

波蘭和羅馬尼亞也加入社會主義陣營，實施土地改革、計畫經濟，推進工業化進程。

美國對蘇聯採取圍堵政策

聯合國的兩大巨頭，美國和蘇聯關係日漸緊張。爲了爭奪國際舞臺上的有利位置，美蘇之間的較量越發露骨。

美國總統杜魯門以援助希臘、土耳其的方式，防止兩國遭到赤化。爲了防止蘇聯擴大勢力，發表了杜魯門主義（Truman Doctrine of containment）。對蘇聯採取圍堵政策（Containment）。

爲了防止歐洲向左轉，美國國務卿馬歇爾提出「馬歇爾計畫」，以美國雄厚的財力幫助歐洲經濟復甦。之後更進一步建立了以美國爲中心的多國安全防衛機構北大西洋公約組織

Point

- 共產黨勢力在第二次世界大戰後的東歐迅速成長
- 邱吉爾諷刺蘇聯的封閉性為「鐵幕」
- 美蘇兩國之間的鴻溝不斷加深，聯合國創設的理想無法落實

認識當代的一句話

「在歐洲，北從波羅的海，南到亞得里亞海，一幅橫貫歐洲大陸的鐵幕已經拉下。」（邱吉爾）

這段話出自英國前首相邱吉爾，於西元１９４６年在美國的演講中發表的內容。邱吉爾形容連接波羅的海的斯德丁到亞得里亞海的第里雅斯特連線上拉下了一幅鐵幕，並批判鐵幕東側集團的封閉性。

東西對立和鐵幕

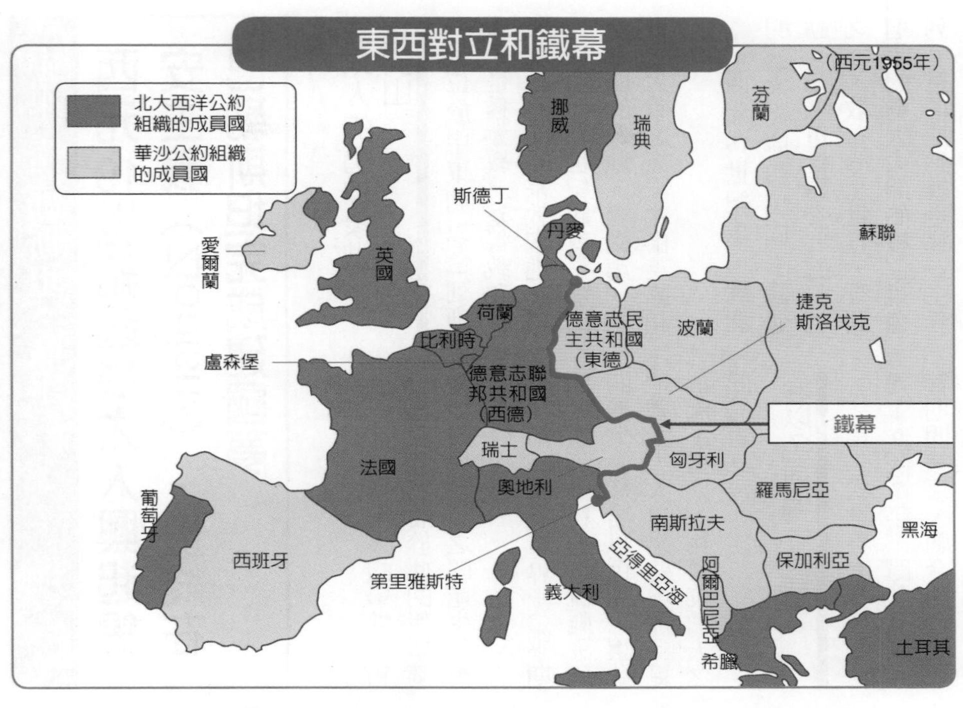

（NATO）。

對於美國的舉動，蘇聯以組織共產黨和工人黨情報局（Cominform）作為回應。為了促進東歐社會主義國家的經濟合作，設立了經濟互助委員會（Com-econ）。華沙公約組織（或稱為《東歐八國友好合作互助條約》）的成立則是為了和北大西洋公約組織互別苗頭，由東歐八國所組成的軍事同盟。

東西兩方陣營就在沒有發生「熱戰」的情況下，持續進行「冷戰」。

年表

東西冷戰

▼西元1947年3月
美國總統杜魯門宣布對蘇聯採取「圍堵政策」
6月
美國國務卿馬歇爾提出歐洲復興計畫（馬歇爾計畫）
9月
共產黨之間的情報交流機關共產黨和工人黨情報局成立

▼西元1948年6月
柏林封鎖

▼西元1949年1月
成立經濟互助委員會
4月
北大西洋公約組織成立

▼西元1955年5月
成立華沙公約組織

西元19世紀起猶太人興起錫安主義（Zionism），最終在巴勒斯坦完成建國夢

猶太人的精神象徵——錫安山

位於中東的以色列地區，是猶太教、基督教和伊斯蘭教共同的宗教聖地。這裡從西元16世紀起就是鄂圖曼帝國的領地，直到第一次世界大戰之後，才由英國託管。

西元19世紀末，歐洲的猶太人興起民族主義運動。在「重返錫安」的口號之下，散布於全世界，受到迫害的猶太人開始移住以色列。這個運動就是錫安主義運動。

然而猶太人的舉動，和已經數代定居於此的伊斯蘭教徒阿拉伯人之間產生了衝突。

第二次世界大戰期間，遭到納粹迫害流離失所的猶太人移居以色列，讓此地猶太人人口迅速增加。更加深了猶太人和阿拉伯人之間的對立。

《以色列獨立宣言》

第二次世界大戰後的西元１９４７年，隨著英國託管期間結束，聯合國對巴勒斯坦地區提出了阿拉伯人和猶太人分治的方案。

接受此案的猶太人於隔年發表了《以色列獨立宣言》，因爲聯合國的分治方案明顯偏袒猶太人，導致阿拉伯人的激烈反彈，終至爆發戰爭。

這場第一次中東戰爭（巴勒斯坦戰爭），以色列憑藉著英美的奧援取得勝利，實現了建國的夢想。然而卻有１００萬名以上阿拉伯人被迫離開自己的家園，成爲巴勒斯坦難民。

之後中東的民族問題越加錯綜複雜，共發生了四次中東戰爭。

Point

- 朝錫安山前進，猶太人大量移住以色列
- 猶太人和長期居住於此的阿拉伯人發生嚴重衝突
- 以色列和反對其建國的阿拉伯國家之間發生多起戰爭

學更多，長知識 世界史ABC

第二～四次中東戰爭

西元1956年，埃及的納瑟總統宣布蘇伊士運河收歸國有，對此美、法和以色列出兵干涉，引發第二次中東戰爭。西元1967年以色列奇襲了埃及和敘利亞，視為第三次中東戰爭。第三次中東戰爭中，以方在美國的支援下建立了強大的軍事體系，在短短6天之內贏得戰爭。西元1973年，埃及和敘利亞想奪回被以色列占領的土地，發動了第四次中東戰爭。值此之際，阿拉伯國家對支援以色列的國家進行石油禁運，招致第一次石油危機爆發。

年表

中東戰爭

▼西元1897年
召開第一次錫安主義大會
錫安主義盛行於猶太人之間

▼西元1947年
聯合國通過巴勒斯坦的分治案

▼西元1948年5月
發表《以色列獨立宣言》

▼西元1948年5月～1949年3月
第一次中東戰爭

▼西元1956年10月～1957年3月
第二次中東戰爭（蘇伊士運河戰爭）

▼西元1967年6月
第三次中東戰爭

▼西元1973年10月
第四次中東戰爭
第一次石油危機

戰爭使歐洲疲敝，殖民地體系開始鬆脫。亞洲各國紛紛走向獨立

Point

- 曾淪為殖民地的亞洲國家發起獨立運動
- 印度分裂為巴基斯坦和印度聯邦
- 法國不承認越南民主共和國

亞洲各國朝近代化邁進

第二次世界大戰後，曾經淪為殖民地的亞洲國家紛紛獨立建國。

印度在第二次世界大戰期間，曾和英國約定於戰後獨立。

但是作為伊斯蘭教徒和全印穆斯林聯盟領導者的真納（Jinnah）主張巴基斯坦脫離印度獨立。這和力求全印度統一，由甘地領導的印度國民大會黨發生對立。

最後，伊斯蘭教徒成立了巴基斯坦，印度教徒建立了印度聯邦，兩方分道揚鑣。

之後，印度聯邦改為印度共和國，第一任總理為尼赫魯。尼赫魯廢除了種姓制度，致力於印度的近代化。

印度支那戰爭

第二次世界大戰中，胡志明在法屬印度支那組織了越南獨立同盟會（簡稱越盟），並於二戰結束後宣布越南民主共和國的獨立。

然而法國不承認此事，擁立阮朝的最後一位君主保大帝為越南國的領導人。於是雙方之間發爆發印度支那戰爭。奠邊府戰役中法軍大敗後，召開日內瓦會議。

胡志明

朝鮮半島．印尼．菲律賓的獨立

朝鮮半島的獨立在開羅會議中雖然得到承認，但在二戰之後，以北緯38度線為邊界，北方由蘇聯、南方由美國所管理。

印尼（荷屬東印度）在發表獨立宣言後，擊退了荷蘭的軍事力量。蘇卡諾成為首任總統，成立印度尼西亞共和國。

蘇卡諾

菲律賓在第二次世界大戰中發生過激烈的抗日運動，最終於西元1946年時成立了菲律賓共和國，完成獨立建國之夢。

亞洲國家的獨立

西元1947年　巴基斯坦獨立
（東、西分立）
西元1947年　通過印度獨立法
西元1950年　印度聯邦共和國成立，實施印度憲法
西元1948年　緬甸獨立
西元1946年　菲律賓共和國獨立
西元1945年　發表印度尼西亞獨立宣言
西元1949年　印度尼西亞聯邦共和國成立
西元1950年　改為印度尼西亞共和國
西元1948年
錫蘭（斯里蘭卡）獨立
西元1957年
馬來亞聯合邦（馬來半島）獨立
西元1963年
馬來西亞聯邦成立（合併馬來亞聯合邦、新加坡、英屬北婆羅洲）

學更多，長知識　世界史ABC

「印度獨立之父」甘地

甘地出生於印度的富裕家庭，在倫敦留學之後成為一名律師，並在南非參與了廢除種族歧視的運動。西元1915年回到印度後，成為印度國民大會黨的領導人，站在第一線對英國採取「非暴力，不合作」的獨立運動，建立了第二次世界大戰後印度獨立的基礎。西元1948年1月時遭到暗殺。

甘地

第二次世界大戰後，作為大國的中國因為內戰分裂為「兩個中國」

國民黨和共產黨

中國在第二次世界大戰後成爲聯合國常任理事國的一員，得到了世界大國的地位。然而在中國內部，國民黨和共產黨的鬥爭從戰前開始就沒有停止過。

二戰後，國民黨的蔣介石成爲總統。然而隨之而來的嚴重通膨帶來經濟的混亂，加上國民黨的幹部因爲貪腐遭到詬病，引起民衆的撻伐。

另一方面，共產黨在毛澤東的領導下，獲得來自農村地區的支持，穩定發展自己的勢力。

朝向社會主義國家邁進

國民黨軍隊和共產黨的人民解放軍之間發生的武力衝突，最終演變爲全面性的內戰。內戰初期，因爲有來自美國的支援，國民黨在形式上較爲有利。然而在農村地區勢力穩固的共產黨捲土重來，讓國民黨最終只能退守臺灣，在臺成立中華民國政府。

內戰勝利後，共產黨在北京發表了中華人民共和國的建國宣言。毛澤東時任主席，周恩來爲首任國務院總理。

中華人民共和國建國後接受蘇聯的援助，朝向建設社會主義國家之路邁進。中共推行以「大躍進」爲口號的第一個五年計畫和第二個五年計畫，實施農業集體化，設立人民公社。然而躁進的工業化招來經濟混亂和農村凋敝的惡果，許多人民死於饑荒之中，計畫最終以失敗結束。

Point

- ●國民黨和共產黨的衝突日漸加劇
- ●共產黨以農村為中心鞏固勢力，最終成立中華人民共和國
- ●國民黨敗給共產黨後，以臺灣為根據地成立中華民國政府

●五年計畫

第一次五年計畫的實施從西元１９５３～１９５７年。以發展重工業為優先的同時，也快速推進農業集體化。人民公社成立後，西元１９５８年開始進入以「大躍進」為口號的第二次五年計畫。

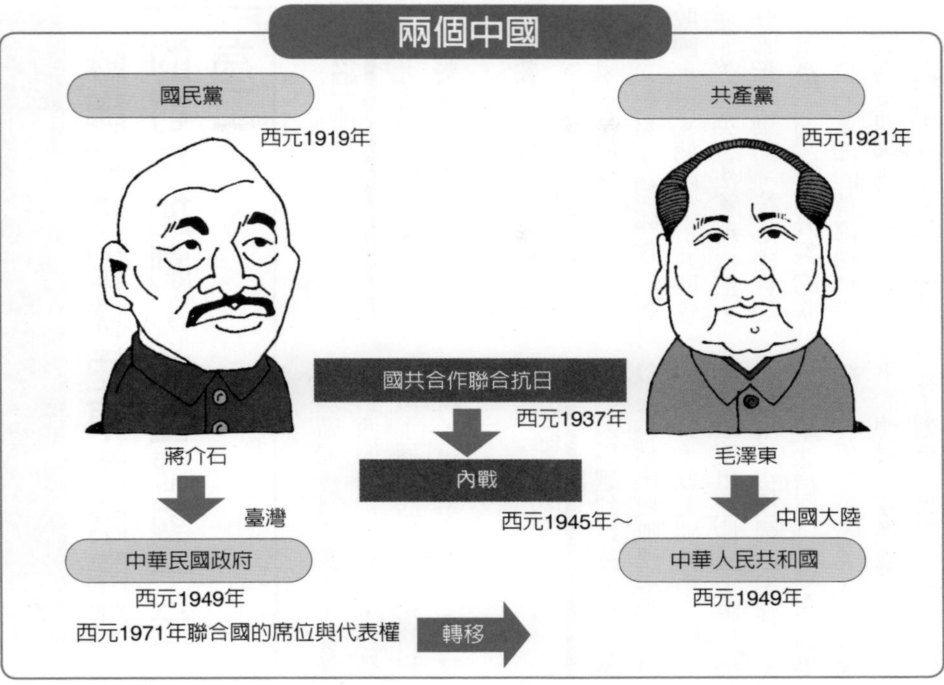

學更多，長知識 世界史ABC

中華人民共和國的國際關係

中華人民共和國於西元1949年發表建國宣言，隔年在莫斯科和蘇聯簽訂《中蘇友好同盟條約》，成為社會主義國家的一員。英國和印度雖然承認中華人民共和國，但美國因為站在支持蔣介石所領導的中華民國政府為中國代表的立場，兩國之間產生對立，美中對立的關係一直要到西元1972年尼克森總統訪問中國後才告結束。

周恩來

年表

中國獨立之道

▼西元1945年11月
國民黨和共產黨勢力在各地爆發衝突，內戰頻仍

▼西元1947年3月
國民政府公布新憲法，共產黨組織「人民解放軍」

▼西元1948年
蔣介石任中華民國總統

▼西元1949年9月
於北京舉行中國人民政治協商會議
毛澤東任共產黨主席，周恩來為總理

10月
中華人民共和國發表建國宣言

12月
蔣介石逃往臺灣，在臺持續中華民國政府

▼西元1950年2月
簽訂《中蘇友好同盟條約》，中華人民共和國加入社會主義陣營

▼西元1971年
聯合國承認中華人民共和國的代表權（中華民國退出聯合國）

分裂的德國

蘇聯封鎖柏林使東西兩陣營的對立加劇，並使德國一分為二

封鎖柏林

社會主義陣營和資本主義陣營之間的東西對立——冷戰，對許多國家的政治和國際關係帶來巨大影響。在歐洲，位於東西對立最前線的國家正是德國。

二戰後，德國作爲戰敗國，由4個國家所共同管理。美、英、法管理西部，蘇聯管理東部，讓德國實際上處於一種國土分裂的狀態。位於東部的首都柏林也分裂爲東西兩側。

西元1948年，西側管理區進行貨幣改革。蘇聯反對西德的貨幣改革，於是封鎖了通向西柏林的水路和陸路，這個事件稱作「柏林封鎖」。

東西德的成立

因爲遭到封鎖，有百萬以上柏林市民無法取得燃料和糧食，以美國爲中心的西部3國使用運輸機，將生活必需用品空投至西柏林。

雖然柏林封鎖在隔年結束，但在美、英、法管理下的德國以波昂爲首都，建立了德意志聯邦共和國（西德）。另一方面，蘇聯占領下的地區則以東柏林爲首都，成立了德意志民主共和國（東德），德國正式分裂

布蘭登堡門

Point

- 社會主義陣營和資本主義之間的對立日益加劇
- 蘇聯封鎖了由四國共同管理的柏林西部
- 德國分裂為德意志聯邦共和國（西德）和德意志民主共和國（東德）

●艾德諾（Adenauer）

艾德諾為西元1949～1963年間的西德總理，他歸屬西方陣營的政治立場明確。在其強而有力的領導下，西德的經濟如奇蹟般迅速復甦。在他任內西德加入了NATO和EEC等組織。

兩個德國

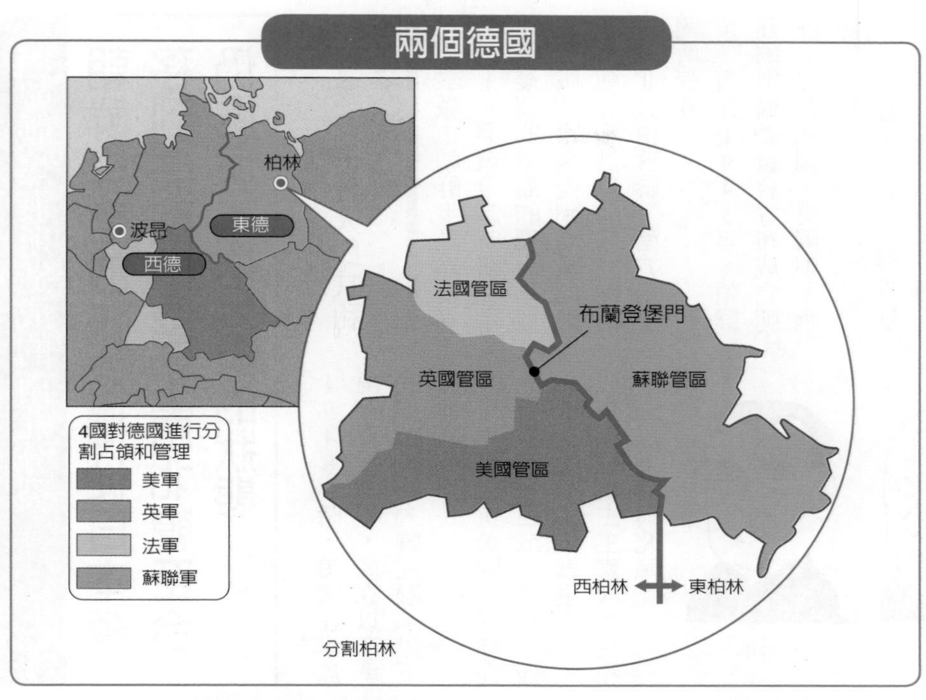

爲兩個國家。

西元1961年，東德方面築起了東西柏林的邊界線「柏林圍牆」，這堵牆也成爲東西冷戰中最具象徵性的標誌。

年表

東西德分裂

▼西元1948年6月
西德進行貨幣改革
蘇聯反對西德的貨幣改革，於是封鎖了通往西柏林的交通路線（柏林封鎖）

▼西元1949年5月
柏林封鎖解除
德國分裂為德意志聯邦共和國（西德）和德意志民主共和國（東德）

▼西元1961年
築起柏林圍牆

學更多，長知識 世界史ABC

柏林圍牆

西柏林是西德在東德境內的所有地。西德和西柏林之間的往來有直通車專用道及空路，但是能夠進入西柏林的飛機只限美、英、法3國，西德的漢莎航空不在其中。東德成為社會主義國家後，許多為了追求自由的東德人，經由西柏林逃向西德。為了防止這種事情發生，東德於西元1961年，幾乎在一天之內築起了隔離東西柏林，長達45公里的柏林圍牆。柏林圍牆是德國分裂的悲劇性象徵。西元1989年，當東西德的國境開放後，失去了作用的柏林圍牆被柏林市民拆毀。

朝鮮半島的統治權從日本轉移到美蘇兩國，南北韓至今仍處於民族分裂的狀態

朝鮮民主主義人民共和國和大韓民國

二戰中朝鮮半島爲日本的領土。開羅會議時雖然承認戰後朝鮮半島的獨立，但在二戰結束後受到冷戰的影響，朝鮮半島以北緯38度爲界，北方由蘇聯、南方由美國所管理。

西元1945年，朝鮮建國準備委員會宣布成立朝鮮人民共和國，美國不予承認。

美蘇兩方在朝鮮半島的統一上意見相左，西元1948年時，美國在半島南方實行選舉，成立以李承晚爲總統的大韓民國（以下簡稱南韓）。

爲了對抗美國，蘇聯在北方扶植金日成爲首相（西元1972年後爲主席），成立朝鮮民主主義人民共和國（以下簡稱北韓）。

金日成

李承晚

Point

- 開羅會議中雖然承認朝鮮半島的獨立，實際上卻由美蘇兩國控制半島南北
- 朝鮮民主主義人民共和國（北韓）和大韓民國（南韓）成立
- 3年韓戰帶來巨大損失

韓戰爆發

西元1950年，南北韓的軍隊於北緯38度線上發生衝突，爆發韓戰。

北韓的軍勢在戰爭初期節節進逼，但南韓在獲得以美國爲首的聯合國軍支援後，形式開始逆轉。

中國對半島的戰局感到不安，於是派出中國人民志願軍支援北韓。中國的參戰雖然挫了聯合國軍的銳氣，卻也使戰況陷入膠著狀態。

西元1953年，兩韓在板門店簽訂停戰協定，然

●南北韓高峰會

西元2000年6月，南北韓的領導人於朝鮮半島分裂後首次於平壤進行會議。南韓總統金大中和北韓總書記金正日之間的這場會談，確立了南北雙方「通過對話和會談，實現自主的和平統一」的一貫立場。

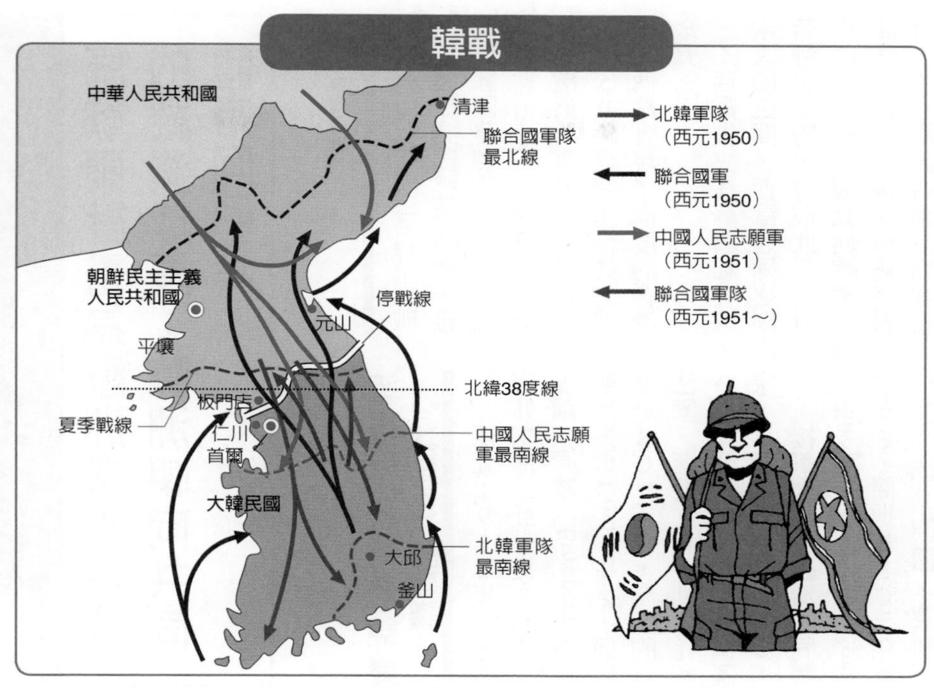

而以北緯38度爲界線的分裂狀態持續至今。南北韓的分裂讓許多家庭分崩離析。

學更多，長知識 世界史ABC

日本大賺戰爭財

韓戰對朝鮮民族是一場手足相殘的悲劇，然而對擔任美軍後方基地的日本而言，卻靠著戰爭帶來的「戰時特需」（譯註：戰爭期間所產生的經濟需求），為戰後日本經濟的復興帶來助益。韓戰的爆發促使日本成立警察預備隊，也就是自衛隊的前身。

年表

▼南北韓分裂

▼西元1943年
開羅會議中朝鮮半島的獨立得到承認

▼西元1948年
朝鮮半島南方成立大韓民國，北方成立朝鮮民主主義人民共和國
南北分立

▼西元1950年
北韓軍隊跨過38度線入侵南韓，韓戰全面爆發

▼西元1953年
簽署《朝鮮停戰協定》，確立以北緯38度為南北韓分界線

馬歇爾計畫為歐洲帶來快速的經濟成長，歐洲朝向共同體方向前進

共同體構想

經過兩次世界大戰後，西歐諸國經濟萎靡，接受美國國務卿馬歇爾提出的「歐洲復興計畫」（或稱作馬歇爾計畫）。該計畫在1950年代交出漂亮的經濟成績，西歐實現了高度的經濟成長。

西歐被夾在蘇聯和美國兩大國之間，西歐各國之間若發生糾紛，對彼此只有百害而無一利。因此西歐國家認爲，創造一個能夠避免對立、共享能源的體系爲當務之急。

法國外交部長舒曼（Schuman）的建議

西元1952年時，法國外交部長舒曼提案的歐洲煤鋼共同體（European Coal and Steel Community，簡稱ECSC）成立，參加的有法國、西德、義大利、比利時、荷蘭和盧森堡等6個國家，具現了共同體的構想。

接下來歐洲經濟共同體（European Economic Community，簡稱EEC）和歐洲原子能共同體（英語：European Atomic Energy Community，簡稱EURATOM）相繼成立。西歐透過採行共同的農、商業政策，使資本和勞動力能夠自由移動，並互相降低關稅，建構了統合的基礎。

然而英國並未參加EEC，而且爲了與之抗衡，於西元1960年時組織了歐洲自由貿易協會（European Free Trade Association，簡稱EFTA）。

西元1967年，以統合全歐爲目標的歐洲共同體（European Community，

Point

- 歐洲接受來自美國馬歇爾計畫的經濟援助
- 受到馬歇爾計畫的影響，歐洲經濟於西元1950年代快速成長
- 雖然歐洲共同體的構想已經出現，但英國選擇觀望

●歐洲自由貿易協會（EFTA）

該協會是一個以英國為中心結構鬆散的經濟統合組織，由英國、瑞典、挪威、丹麥、奧地利、瑞士和葡萄牙所組成。其後隨著歐洲共同體的推進，現在留在協會內的國家只有瑞士、冰島、列支敦斯登和挪威4國。

歐洲統合的範圍不斷擴大

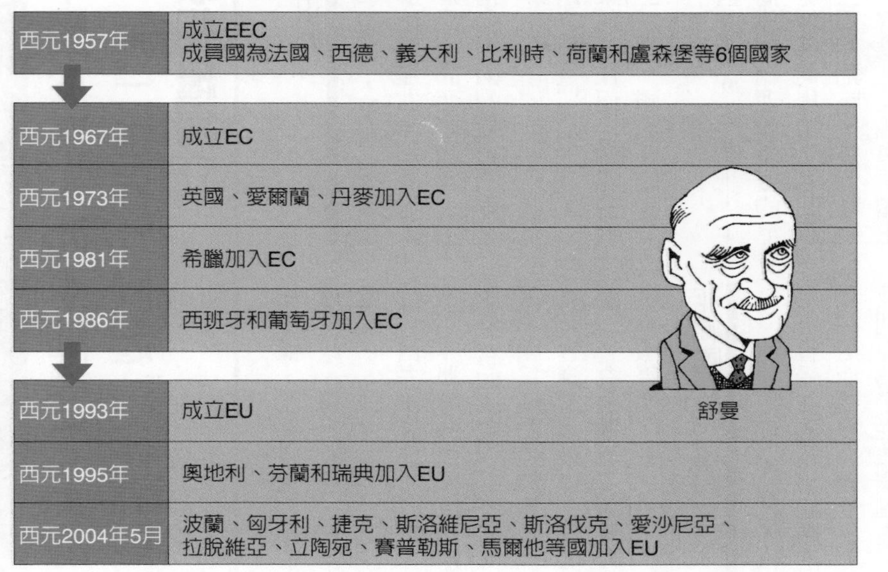

西元1957年	成立EEC 成員國為法國、西德、義大利、比利時、荷蘭和盧森堡等6個國家
西元1967年	成立EC
西元1973年	英國、愛爾蘭、丹麥加入EC
西元1981年	希臘加入EC
西元1986年	西班牙和葡萄牙加入EC
西元1993年	成立EU
西元1995年	奧地利、芬蘭和瑞典加入EU
西元2004年5月	波蘭、匈牙利、捷克、斯洛維尼亞、斯洛伐克、愛沙尼亞、拉脫維亞、立陶宛、賽普勒斯、馬爾他等國加入EU

舒曼

簡稱EC）成立，讓統合不只侷限於經濟面，更擴及到政治面。西元1993年，根據《馬斯垂克條約》的內容成立了歐洲聯盟（European Union，簡稱EU，即歐盟）。

學更多，長知識 世界史ABC

日本此時的局勢

歐洲經濟邁向復甦時，日本正受惠於韓戰帶來的戰爭需求，經濟急速成展。西元1955年，自由民主黨（自民黨）成立，並在很長的一段時間內掌握日本的政權。西元1956年，日本和蘇聯恢復邦交，並加入聯合國。西元1960年，日本國會通過新的《美利堅合衆國與日本國之間互相合作與安全保障條約》（簡稱《美日安保條約》），日本重新成為國際上重要的一員。

年表

歐洲邁向統合的進程

- ▼西元1947年 美國國務卿馬歇爾提出「歐洲復興計畫」
- ▼西元1950年 歐洲進入經濟高速成長期（～西元1970年）
- ▼西元1952年 成立歐洲煤鋼共同體（ECSC）
- ▼西元1957年 成立歐洲經濟共同體（EEC）
- ▼西元1958年 成立歐洲原子能共同體（EURATOM）
- ▼西元1960年 成立歐洲自由貿易協會（EFTA）
- ▼西元1967年 EEC、ECSC、EURATOM等3個機構合併為歐洲共同體（EC），建構了西歐統合的基礎
- ▼西元1993年 從歐洲共同體（EC）進一步發展為歐洲聯盟（EU）

不屬於東、西兩陣營之一的「第三世界」興起，非洲國家相繼獨立

Point

- 周恩來和尼赫魯提出「和平共處五項原則」
- 印尼召開萬隆會議
- 非洲國家相繼於西元1960年時獨立，該年又被稱作「非洲獨立年」

第三世界

二戰後，世界局勢受到美蘇冷戰左右，那些過去作爲殖民地的亞非國家，深恐被捲入大國的權力鬥爭之中。

爲了提高獨立性，不屬於東西方任何一個陣營的「第三世界」國家開始採取行動。

西元１９５４年，中國的周恩來總理和印度的尼赫魯總理共同提出了「和平共處五項原則」，這五項原則的內容爲：互相尊重領土和主權、互不侵犯、互不干涉內政、平等互惠、和平共處。

西元１９５５年，亞洲和非洲等29個國家參加在印尼召開的第一次亞非會議。因爲地點位於萬隆，因此該會議又被稱作「萬隆會議」，會中通過了「萬隆會議十項原則」。

非洲國家相繼獨立

西元１９５０年代中期，曾受法國統治的摩洛哥和突尼西亞獲得獨立。阿爾及利亞爲了從法國獨立，發動長期的武裝抗爭（阿爾吉利亞戰爭），終於在西元１９６２年成功獨立。

在恩克魯瑪（Ｎｋ-rumah）的領導下，迦納成爲世界上第一個自主獨立的黑人共和國。西元１９６０年這一年，非洲誕生了17個新興國家，因此該年又被稱作「非洲獨立年」。

爲了呼籲非洲各國的團結，於衣索比亞的阿迪斯阿貝巴舉行了非洲獨立國家的首腦會議，共有32國與會。爲了增強非洲國家之間的連帶感，反對殖民統治，

●萬隆會議十項原則

1. 尊重基本人權和《聯合國憲章》
2. 保障所有國家的主權和領土
3. 不同人種和國家之間一切平等
4. 不干涉他國內政
5. 尊重各國的自衛權利
6. 集體防禦不為大國服務
7. 否定武裝侵略行為
8. 國家之間的紛爭應該以和平的方式解決
9. 國家之間應促進相互的利益和互助
10. 尊重正義和國際義務

於會議中成立了非洲統一組織（Organisation of African Unity，簡稱ＯＡＵ）。

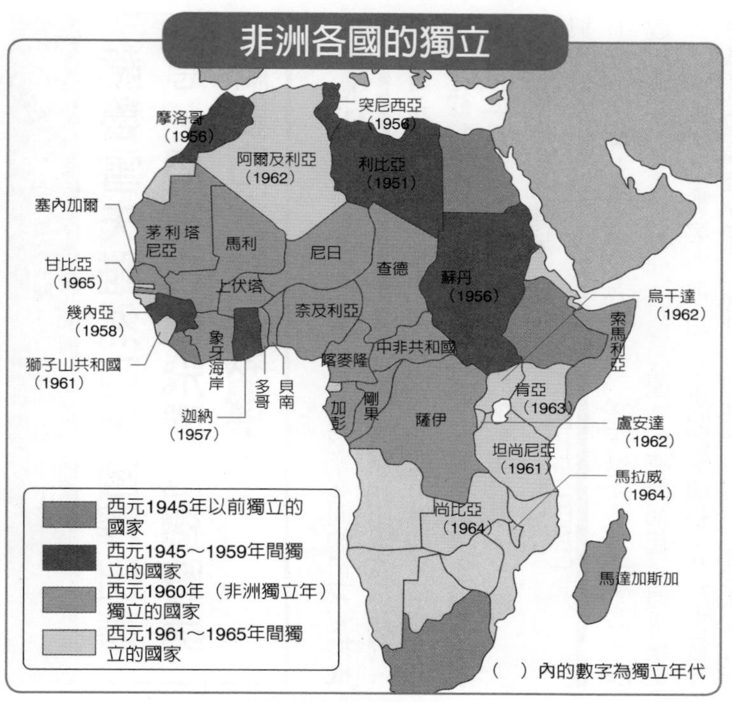

學更多，長知識　世界史ABC

南非種族隔離（Apartheid）

西元1961年南非共和國退出大英國協獨立，由少數的白人統治多數的非白人，政治上充滿歧視和不平等，其中最惡名昭彰的3條法令為人口登記法、集團地區法和原住民土地法。在國際的壓力下，情況漸有改善，終於在西元1991年廢除了這些法律。一生奉獻於反對種族隔離政策，曾在獄中度過27年的曼德拉獲得諾貝爾和平獎的殊榮，並於西元1994年成為南非總統。

曼德拉

年表

非洲國家的動態

▼西元1952年
納瑟推翻了埃及國王

▼西元1953年
埃及共和國成立

▼西元1955年
印尼萬隆召開第一次亞非會議（萬隆會議）

▼西元1956年
埃及政府宣布將蘇伊士運河收歸國有。英法兩國對此不滿，向埃及宣戰，掀起蘇伊士運河戰爭
摩洛哥、突尼西亞脫離法國獨立

▼西元1957年
迦納獨立

▼西元1960年
「非洲獨立年」，這一年非洲大陸誕生了17個新國家

▼西元1962年
阿爾及利亞獨立

▼西元1963年
非洲統一組織成立

蘇聯「解凍」和古巴飛彈危機

赫魯雪夫雖然向美國釋出善意，但在古巴飛彈危機時美蘇雙方瀕臨開戰邊緣

Point

- 蘇聯興起史達林批判
- 「解凍」始於赫魯雪夫採取的和平路線
- 蘇聯欲在古巴部屬飛彈，使美蘇關係惡化

史達林的批判

西元1950年代初期，在蘇聯實行獨裁統治長達約20年的史達林過世後，蘇聯和南斯拉夫達成和解，與西德恢復邦交，在外交面上做出修正，開始和西方接近。

就任共產黨第一書記的赫魯雪夫批評史達林體制下的個人崇拜（《關於個人崇拜及其後果》），採取和西方世界和平共存的路線。其後更進一步解散了蘇聯和東歐國家之間的情報交換機構共產黨和工人黨情報局。這樣的政治轉換被稱作「解凍」，對東歐國家帶來不小的衝擊和混亂。

東歐也「解凍」

作爲呼應蘇聯的「解凍」，波蘭興起了追求民主化的群眾運動。共產黨黨部更換領導人，採行自由化路線。

匈牙利雖然也發生了民主化運動，但因爲受到蘇聯的介入以失敗告終。

因爲不斷有人從東德逃往西德，西元1961年時東西柏林之間築起了柏林圍牆。

古巴欲建設飛彈基地

位於中美洲的古巴，在卡斯楚和格瓦拉的領導下發起古巴革命，推翻了親美的巴蒂斯塔政權。

蘇聯的赫魯雪夫雖然採取接近美國的政策，卻想利用古巴革命的機會在古巴部屬飛彈。此舉激起美國的不滿，兩國的軍事衝突幾乎已

認識當代的一句話

「解凍。」

這個詞出自蘇俄作家愛倫堡創作的小說篇名，描述史達林死後所感到的開放感，以及國際間日趨緩和的緊張關係。

經到了擦槍走火的地步，這個事件就是古巴飛彈危機。

最後，蘇聯以美國不干預古巴革命爲條件拆除飛彈基地，危機才得以解除。

古巴飛彈危機發生的過程

西元1959年　古巴革命	卡斯楚領導的革命推翻巴蒂斯塔政權，成立政府
西元1961年　美國和古巴斷交	美國和古巴以外的拉丁美洲國家結盟
卡斯楚發表社會主義宣言	古巴成為美洲第一個社會主義國家
西元1962年　古巴飛彈危機	蘇聯在古巴部屬飛彈的計畫被美國發現
甘迺迪對古巴進行海上封鎖	美國表示「若遭到攻擊一定會採取報復」→世界籠罩在核戰的陰影下
甘迺迪和赫魯雪夫直接談判	蘇聯拆除部署在古巴的飛彈基地，美國答應不介入古巴革命
西元1964年 美洲國家組織和古巴斷交	

赫魯雪夫

學更多，長知識　世界史ABC

古巴飛彈危機的背景

古巴的政權在西元1940～1950年代時，幾乎掌握在親美的巴蒂斯塔手上。然而在西元1959年時，卡斯楚領導的革命運動推翻了巴蒂斯塔政權，美國毅然和古巴斷交。古巴隨後發表社會主義宣言，向蘇聯靠攏，也為日後蘇聯在古巴部屬飛彈基地埋下伏筆。

卡斯楚

年表

從解凍到危機

▼西元1953年
簽訂《朝鮮停戰協定》

▼西元1954年
日內瓦會議
簽訂印尼休戰協定

▼西元1956年
蘇聯的共產黨大會上批判史達林
採行和平共存政策
解散共產黨和工人黨情報局
匈牙利1956年革命

▼西元1957年
蘇聯開發洲際彈道飛彈（ICBM）

▼西元1959年
赫魯雪夫訪美

▼西元1961年
築起柏林圍牆
美國再度進行核子試驗

▼西元1962年
古巴飛彈危機

▼西元1963年
簽署《部分禁止核子試驗條約》

從印度支那戰爭到越南戰爭，越南從南北分裂走向統一

Point

- 越南民主共和國和越南共和國的衝突
- 北緯17度線為南北越的軍事分界線
- 美國對北越進行的空襲成為越戰的引信

南北分裂

越南民主共和國（以下簡稱北越）和法國之間的印度支那戰爭，在日內瓦會議的決議下宣告結束。根據會議結果，法國需從越南撤軍，南北雙方以北緯17度線作爲軍事分界線，並舉行南北統一的選舉。

然而南方無視會議結果成立越南共和國（以下簡稱南越），並獲得美國的支持。至此越南分裂爲南北兩個國家。

美國從介入越戰到撤退

南越的第一任總統吳廷琰因爲施行獨裁政治，引起國民的反感。南越國內成立了反政府的越南南方民族解放陣線（以下簡稱民族解放陣線）。

吳廷琰在政變中遭到暗殺後，南越的政治局勢陷入不穩定的狀態。

民族解放陣線採取游擊戰對付政府軍，使南越陷入內亂狀態。

北越因爲在背後支援民族解放陣線，導致美國採取軍事介入。美軍對北越進行空襲成爲越戰爆發的直接原因。

越戰看起來對物資充沛的美國較爲有利，然而在蘇聯和中國的援助下，民族解放陣線和北越頑強抵抗，使戰爭陷入僵局。戰火甚至波及到鄰國的寮國和柬埔寨。

美國在越南的軍事介入受到強大的國際輿論壓力，最終停止對北越進行的空襲。簽訂《巴黎和平協約》後，美軍撤出南越。

之後由越南社會主義共和國完成了南北統一。

年表

越戰的背景和結果

- ▼西元1946年 印度支那戰爭爆發
- ▼西元1949年 法國扶植越南
- ▼西元1954年 法軍大敗，以北緯17度線為南北越分界
- ▼西元1955年 在美國支持下成立越南共和國吳廷琰政府
- ▼西元1960年 越南南方民族解放陣線組成
- ▼西元1965年 美軍開始空襲北越，越戰爆發
- ▼西元1968年 美軍停止空襲北越

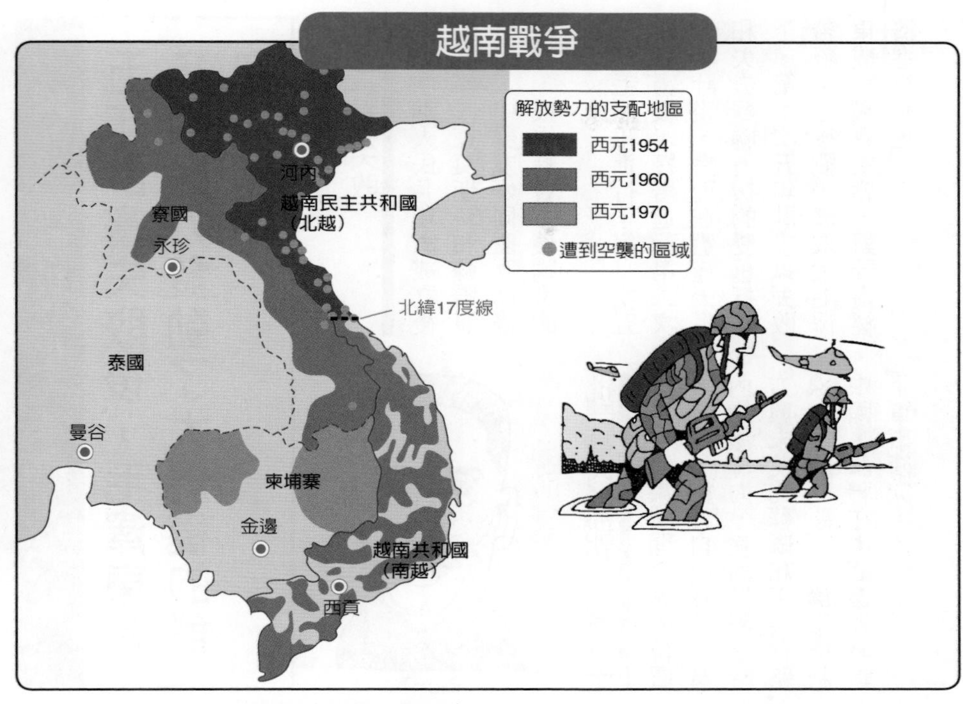

學更多，長知識 世界史ABC

越戰帶來的影響

越戰使越南的國土荒廢，超過100萬人以上死亡，還產生了大量的難民。美軍在越戰時使用橙劑（或稱為落葉劑、枯葉劑）所帶來的危害，越南人民至今仍深受其害。

美軍死於越南戰場上的人數超過5萬人，負傷人數高達15萬人以上。越戰使美國財政惡化，人民對政府失去信心，美國國內還發起了大規模的反戰運動。越戰對美國的社會、經濟都造成很大的影響。

▼西元1973年簽訂《巴黎和平協約》，越戰結束

▼西元1976年成立越南社會主義共和國（首都河內）

五年計畫失敗後，毛澤東為奪回權力發動了大規模的群衆運動

Point

- 第2次五年計畫的失敗對毛澤東帶來沉重打擊
- 劉少奇修正計畫經濟的內容
- 不容許「走資派」的毛澤東發動文化大革命，批鬥黨內幹部和知識分子

五年計畫失敗

中華人民共和國成立後的隔年，在莫斯科和蘇聯簽訂了《中蘇友好同盟互助條約》，成爲社會主義國家的一員。

毛澤東進行了第一次五年計畫後，接著進行第二次五年計畫，然而在遭逢天災和失去蘇聯奧援的雙重打擊下，第二次五年計畫以失敗告終。之後劉少奇取代毛澤東成爲國家主席，對計畫經濟進行修正。

劉少奇

批鬥黨內幹部和知識分子

毛澤東離開主席的位置後，爲了維護自己在共產黨內的領導力，強烈批判當時方興未艾的蘇聯和平共存路線（中蘇交惡）。爲了反制中國，蘇聯在中蘇邊界發動了軍事衝突。

鄧小平

在中國共產黨內部，毛澤東和「走資派」的劉少奇、鄧小平之間出現嫌隙。毛澤東批判劉少奇，向全國鼓吹無產階級文化大革命。這個運動在年輕人之間引起很大的迴響，並組織起擁護毛澤東的紅衛兵。全國範圍內掀起大規模的群衆運動，對共產黨幹部和知識分子進行批判，接受上山下鄉勞改。

文化大革命不但在中國內部造成嚴重的社會動盪，也成爲經濟和文化長期發展

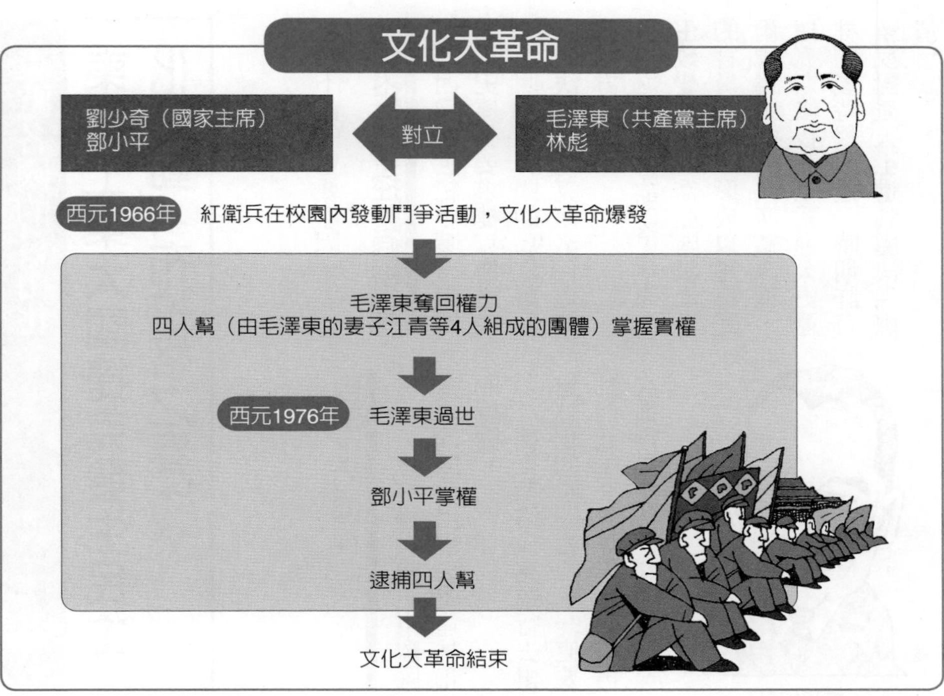
文化大革命
劉少奇（國家主席）
鄧小平
對立
毛澤東（共產黨主席）
林彪
西元1966年 紅衛兵在校園內發動鬥爭活動，文化大革命爆發
毛澤東奪回權力
四人幫（由毛澤東的妻子江青等4人組成的團體）掌握實權
西元1976年 毛澤東過世
鄧小平掌權
逮捕四人幫
文化大革命結束

學更多，長知識 世界史ABC

文革後～天安門事件

文化大革命後，為了加緊建設遲緩的經濟和社會，從西元1970年代末起，以鄧小平為中心進行解散人民公社、引進外國資本的開放經濟改革。然而，學生和知識分子對未見民主化的改革運動感到不滿。西元1989年，大批民眾聚集在天安門廣場，進行要求民主化的示威遊行，結果卻遭到當局的鎮壓。這個事件被稱作「天安門事件」，事件過後中國的「自由化」仍遙遙無期。

年表

二戰後的中國

- ▼西元1949年 中華人民共和國成立
- ▼西元1953年 開始第一次五年計畫
- ▼西元1958年 開始第二次五年計畫
- ▼西元1959年 毛澤東失勢 蘇聯終止對中國的技術援助
- ▼西元1966年 毛澤東發動無產階級文化大革命
- ▼西元1969年 中蘇邊境發生大規模軍事衝突
- ▼西元1976年 周恩來、毛澤東相繼過世 文化大革命結束

東歐工業大國捷克發生民主化運動「布拉格之春」

停滯不前的重要原因。

蘇聯企圖掌控整個東歐

西元20世紀中葉冷戰期間，史達林要求捷克斯洛伐克撤回接受美國的馬歇爾計畫的決策，捷克斯洛伐克答應蘇方的要求。

之後捷克斯洛伐克發生政變，布爾喬亞階級出身的官員下臺，形成以哥特瓦爾德爲中心的共產黨政權，捷克斯洛伐克正式進入史達林主義時代。這一時期許有多反對派人士遭到處決「肅清」。

自由化的進程

史達林過世後，東歐國家之間開始出現去史達林化的行動。

捷克斯洛伐克進行去史達林化的時間較晚，一直要到西元１９６１年，蘇聯再次進行史達林批判之後。

杜布切克

西元１９６８年就任捷克斯洛伐克共產黨第一書記的杜布切克（Dub ek）進行廢除審查制度，允許自由結社的政治改革。此一時期的改革運動稱作「布拉格之春」。

蘇聯對於捷克斯洛伐克的情勢抱持高度關注，最終決定出兵介入。華沙公約組織的五國聯軍入侵捷克斯洛伐克，鎮壓了民主化運動，杜布切克等主事者被帶往蘇聯。

Point

- 史達林要求捷克斯洛伐克撤回接受美國馬歇爾計畫的決策
- 史達林過世後，東歐各國掀起一波自由化運動
- 捷克斯洛伐克發生「布拉格之春」

追求民主和自由的改革受挫，布拉格之春戛然而止。

東歐的匈牙利、南斯拉夫、羅馬尼亞等國也各自展開追求自由化的改革運動。

東歐各國的自由化運動
華沙
波蘭
「波茲南事件」
西元1956年波蘭波茲南市的工人和學生等，因為感到生活困難和沒有自由，對政府的不滿升溫，進而發動抗爭活動，遭到政府鎮壓。華勒沙於西元1980年組成獨立自治工會「團結工聯」
「匈牙利1956年革命」
西元1956年布達佩斯的知識分子、學生和工人因反對史達林主義發起暴動 遭到蘇聯軍隊鎮壓。在卡達爾主政下採取融合政策，推進經濟改革
布拉格
捷克斯洛伐克
布達佩斯
匈牙利
羅馬尼亞
貝爾格勒
布加勒斯特
南斯拉夫
狄托推動具有特色的社會主義路線
索菲亞
西元1965年後希奧塞古採取具有個人特色的外交策略
地拉那
保加利亞
阿爾巴尼亞

學更多，長知識 世界史ABC

由作家們促成的布拉格之春

作家穆納谷（Ladislav Mnacko）主張重新檢視肅清時代，成為捷克斯洛伐克去史達林化的先聲。西元1967年的黨大會時，捷克作家聯盟引用索忍尼辛的信件內容對共產黨第一書記諾沃提尼（Antonín Novotný）進行批判，導致諾沃提尼政治失勢。

年表

捷克斯洛伐克的自由化

▼西元1947年
接受蘇聯撤回美國馬歇爾計畫的要求

▼西元1951年
共產黨內展開肅清活動

▼西元1968年1月
杜布切克就任捷克斯洛伐克共產黨第一書記
自由化運動爆炸性地擴展開來

8月
華沙公約組織的五國聯軍入侵捷克斯洛伐克
布拉格之春結束

波布政權推動激進的社會體制改革

Point

- 受到越戰影響，柬埔寨國內也掀起內戰
- 波爾布特政權推動激進的共產主義政策
- 透過聯合國的幫助，柬埔寨重拾和平再建家園

柬埔寨內戰的爆發

西哈努克國王在越戰時期由擔任柬埔寨國家元首，對外採取中立的立場。然而親美的龍諾將軍以經濟惡化為理由，在西哈努克出訪國外時發動政變。

回國後西哈努克遭到流放，他逃難到中國後，和柬埔寨的共產勢力共同發起反抗龍諾政權的抵抗運動。在波爾布特領導的柬埔寨共產黨和北越的軍事支援下，西元1975年西哈努克陣營占領首都金邊，奪回政權。

西哈努克在成立民主柬埔寨後遠離政治第一線，由波爾布特掌握政治實權。大權在握的波爾布特以毛澤東的文化大革命為藍本，實施極端的共產主義政策，屠殺反對他的異議分子，據統計遭到殺害的人數在一百萬人以上。波爾布特治下的柬埔寨經濟崩潰，大量民眾餓死，柬埔寨難民激增。

從戰亂到和平

反對波爾布特的勢力逃到已經成為社會主義國家的越南，支持反對勢力的越南在西元1979年入侵柬埔寨。為了制裁越南的行動，中國在一個月後無預警的向越南發動攻擊，中越戰爭就此爆發。

越南的軍隊自柬埔寨撤出後，柬國國內局勢仍然動盪不已。柬埔寨人民盼望的和平生活，還得經過11年的等待。

西元1991年在巴黎簽署了《柬埔寨和平協定》，聯合國依此協定設立柬埔寨過渡時期權力機構（United Nations Transitional Authority in Cambo-

●**波爾布特政權**

波爾布特政權下採取極端的毛澤東主義，推動廢除貨幣、禁止宗教、關閉學校和醫院並殺害知識分子等政策。

dia，簡稱UNTAC）。為了能在這個組織下實施選舉活動選出新的領導人，聯合國維持和平部隊在柬埔寨進行維安活動。西哈努克重新登上王位。

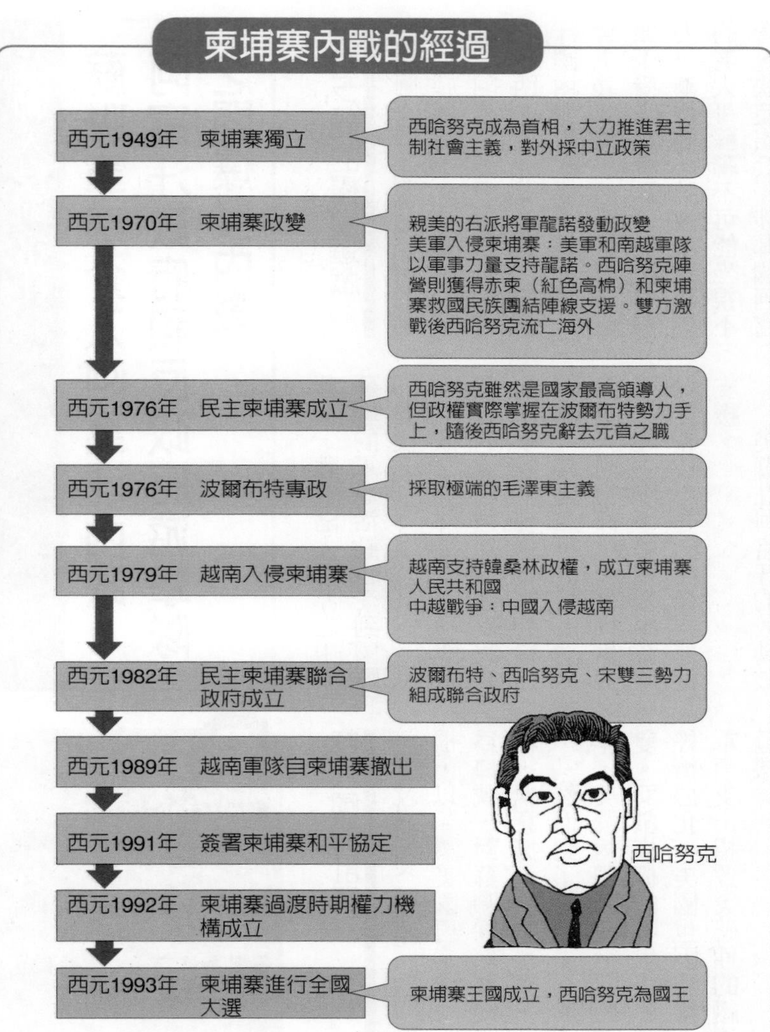

柬埔寨內戰的經過
西元1949年　柬埔寨獨立
西哈努克成為首相，大力推進君主制社會主義，對外採中立政策
西元1970年　柬埔寨政變
親美的右派將軍龍諾發動政變
美軍入侵柬埔寨：美軍和南越軍隊以軍事力量支持龍諾。西哈努克陣營則獲得赤柬（紅色高棉）和柬埔寨救國民族團結陣線支援。雙方激戰後西哈努克流亡海外
西元1976年　民主柬埔寨成立
西哈努克雖然是國家最高領導人，但政權實際掌握在波爾布特勢力手上，隨後西哈努克辭去元首之職
西元1976年　波爾布特專政
採取極端的毛澤東主義
西元1979年　越南入侵柬埔寨
越南支持韓桑林政權，成立柬埔寨人民共和國
中越戰爭：中國入侵越南
西元1982年　民主柬埔寨聯合政府成立
波爾布特、西哈努克、宋雙三勢力組成聯合政府
西元1989年　越南軍隊自柬埔寨撤出
西元1991年　簽署柬埔寨和平協定
西元1992年　柬埔寨過渡時期權力機構成立
西元1993年　柬埔寨進行全國大選
柬埔寨王國成立，西哈努克為國王
西哈努克

學更多，長知識　世界史ABC

柬埔寨的維和行動和日本

西元1993年UNTAC負責指導柬埔寨進行選舉，當時擔任特別代表的人選為曾任聯合國人道事務與緊急援助副祕書長的明石康（日本人）。日本派遣約1300人的自衛隊進入柬埔寨監督選舉活動和進行道路建設，並對當地警察進行指導。這是日本第一次參加聯合國維持和平部隊活動。

蘇聯軍事介入阿富汗內政，阿富汗政府和反政府游擊隊之間爆發內戰

Point

- 爲了扶持親蘇的社會主義勢力，蘇聯入侵阿富汗
- 受到冷戰的影響，阿富汗內戰陷入長期化
- 美蘇雙方領導人透過和談結束東西冷戰

大國之間的權力遊戲

阿富汗國內長期的動亂始於西元1979年的蘇聯—阿富汗戰爭。

西元1978年阿富汗國內發生政變，建立了社會主義政權，然而這個政權並不受人民青睞，反政府勢力日漸增強。社會主義陣營的老大哥蘇聯不可能坐視不管，決定出兵干涉鄰國阿富汗的內政。

蘇聯的如意算盤是一場速戰速決的戰爭，然而游擊隊的激烈反抗使蘇聯的期待落空，戰爭陷入泥淖之中。蘇聯的軍事活動也受到國際的撻伐。

欲削弱社會主義陣營勢力的美國選擇支援反政府的游擊隊。經過越戰的慘痛經驗，美國並不直接派遣軍隊進入阿富汗，而是提供武器，建立軍事學校教導游擊隊作戰技巧等，從後方進行支援。

美蘇在阿富汗的較勁破壞了「緩和政策」帶來的成果，世界再次陷入緊張的局勢中。

超大國的計算

就任美國總統的雷根，以「讓美國再次偉大」爲口號，對蘇聯採取強硬路線，執意擴大軍事預算。

然而到了西元1985年，美蘇兩國的政策開始轉變。歹戲拖棚的戰爭讓蘇聯經濟惡化，美國也因爲擴大軍事支出招致災難性的經濟危機。

雷根和蘇聯的戈巴契夫總書記爲此進行高峰會談，讓世人看見兩大國尋求協調的可能性。同爲經濟狀況所苦的兩國一起摸索結束冷戰的方式。蘇聯從西元1988年5月開始從阿富汗撤軍，到了隔年完全退出。

阿富汗和美蘇的關係

	阿富汗	蘇聯	美國
西元1978年	阿富汗政變後建立共產政權		
西元1979年	蘇聯軍隊入侵阿富汗		
西元1980年		美日等數十個國家抵制莫斯科奧運	
西元1981年			雷根就任美國總統
西元1982年		布里茲涅夫總書記過世	
西元1985年3月		戈巴契夫就任總書記	
10月	戈巴契夫提議從阿富汗撤軍		
西元1988年4月	阿富汗簽署和平協定		
5月	蘇軍開始撤出阿富汗		
西元1989年2月	蘇軍完全撤出阿富汗		
12月		馬爾他峰會（美蘇首腦會談），冷戰宣告結束	

學更多，長知識 世界史ABC

莫斯科夏季奧林匹克運動會

第22屆夏季奧林匹克大會於西元1980年在蘇聯的莫斯科舉行。然而就在舉辦的前一年，蘇聯入侵阿富汗的舉動讓許多西方國家抵制這次奧運。結果美國、日本、韓國、西德和中國等50多個國家都沒有參加此次奧運。對於那些沒有參加這次奧運國家的選手們而言，俄羅斯奧運就像一場夢。

伊朗爆發革命後遭到伊拉克入侵，伊斯蘭國家兄弟鬩牆

伊朗伊斯蘭革命

第二次世界大戰後，美國想要一手掌握石油資源以掌控世界的經濟。擁有大量油田的伊朗一直受到美國的政治介入。

伊朗國王巴勒維推行美國式的經濟和近代化政策。然而西化的結果造成國內貧富差距加大，不滿的群眾發起革命，獲得全國性迴響。這場革命稱作「伊朗伊斯蘭革命」（以下簡稱伊朗革命）。

革命過後巴勒維流亡海外，伊斯蘭教什葉派的何梅尼成爲伊朗的最高統治者。何梅尼以嚴格的伊斯蘭法治國，進行多項改革。其中石油國有化的政策引起美國的不滿，兩國發生對立。惡化的美伊關係發展爲美國駐伊朗大使館被占領（伊朗人質危機）事件。

兩伊戰爭

伊朗的革命才剛結束，伊拉克甫一上任並且實施獨裁統治的總統薩達姆・海珊（Saddam Hussein）就以國境問題爲由入侵伊朗。

聯合國安全理事會在事發後雖然立即發表停戰協定，但伊拉克視若無睹，戰爭往長期化發展。

反伊朗的美國將海珊當作盟友，給予強大的軍事支援。伊朗在戰爭初期曾陷入混亂，隨後卻能團結一致抵禦外侮。

對於聯合國提出的停戰要求，何梅尼因爲將這場戰爭定調爲「聖戰」而拒絕接受。兩國在戰爭中雖各有進退，實爲徒耗國力。西元1988年何梅尼接受了聯合國的停戰協議，曠日費時

Point

- 何梅尼發動革命抵抗伊朗政府西化的近代化政策
- 海珊率軍進攻和伊拉克有國境糾紛的伊朗
- 兩伊戰爭是對雙方而言都是白忙一場

年表

兩伊情勢

▼西元1979年2月
伊朗革命
何梅尼成為最高領導者
7月
海珊就任總統
進行獨裁統治
11月
伊朗人質危機（伊朗德黑蘭美國大使館占領事件）

▼西元1980年9月
伊拉克進攻伊朗
兩伊戰爭爆發

▼西元1988年8月
兩伊停戰

中東的紛爭

的兩伊戰爭終告結束。

伊朗革命和兩伊戰爭導致石油價格高漲，成為第二次石油危機發生的緒端。

學更多，長知識　世界史ABC

革命戰爭

伊拉克入侵伊朗的其中一個理由是擔心伊朗輸出「伊斯蘭革命」。伊朗革命主要由什葉派推動，當時伊拉克的政權雖由遜尼派所把持，但伊拉克國內多數的國民卻屬於什葉派。海珊擔心伊拉克會受到伊朗革命的影響，於是先下手為強入侵伊朗。另外，伊拉克的國民多為阿拉伯人，而伊朗的主要族群為波斯人，波斯人和阿拉伯人之間長久的不合，也成為戰爭爆發的原因之一。

戈巴契夫帶領蘇聯走向民主自由化，世界局勢從緊張走向緩和

Point

- 戈巴契夫推行「經濟改革」和「開放政策」
- 葉爾欽力抗反對戈巴契夫的政變
- 社會主義國家蘇聯走入歷史

戈巴契夫的改革

西元1985年出任蘇聯總書記的戈巴契夫誓言整頓和美國進行冷戰而疲敝的蘇聯，他推行經濟改革、開放政策和新思維外交（結束冷戰），為奉行社會主義的蘇聯帶來巨大的改變。

戈巴契夫的經濟改革企圖重建蘇聯內部的經濟體系和共產黨的統治體制，他允許言論自由，向民主主義改革邁進。

開放政策源自於西元1986年時發生的車諾比核電廠事故。事故發生時戈巴契夫竟然沒有獲得充分的資訊，導致災情擴大惡化到難以收拾的地步。戈巴契夫體會到資訊公開的重要性，廢除了長久以來奉行的祕密主義。

新思維外交的目的是從冷戰的對立走向緩和緊張的對外政策。

政變後蘇聯走入歷史

伴隨經濟改革而來的言論自由讓壓抑已久的民主化運動以燎原之勢展開。

人民對共產黨的批判如潮水般湧來般勢不可擋，為了收拾混亂的局面，戈巴契夫修改憲法，創設了擁有強大權力的蘇聯「總統」一職，並自行行使總統職權。

共產黨內部雖有反對戈巴契夫的勢力企圖發動政變，但在俄羅斯共和國總統葉爾欽和不希望回到過去統治模式的莫斯科市民努力之下，政變以失敗告終。

戈巴契夫隨後解散共產黨，蘇聯也宣告解體。由11個（後來為12個）國家共同組成獨立國家國協。

葉爾欽也從俄羅斯共和

●車諾比核電廠事故

西元1986年4月，烏克蘭共和國基輔地區的車諾比發生了史上最嚴重的核電廠事故。核子反應爐爆炸後，放射線汙染波及白俄羅斯和蘇聯，放射線物質更擴散至東歐和北歐。

年表

蘇聯走入歷史

▼西元1985年3月
戈巴契夫任共產黨總書記

11月
美蘇兩國首腦於日內瓦進行會談

▼西元1986年4月
車諾比核電廠事故爆發

國的總統改爲俄羅斯聯邦的總統。

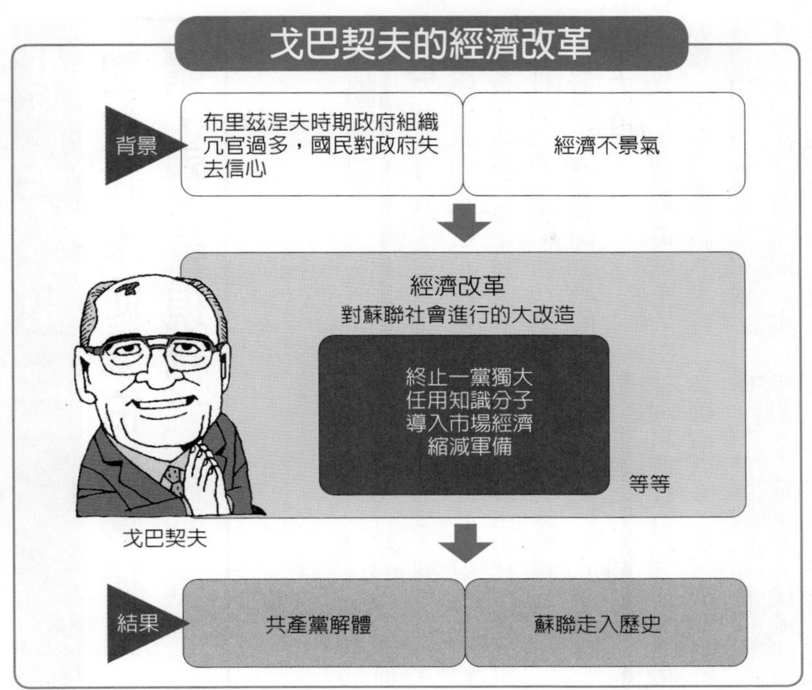

戈巴契夫的經濟改革
背景
布里茲涅夫時期政府組織冗官過多，國民對政府失去信心
經濟不景氣
經濟改革
對蘇聯社會進行的大改造
終止一黨獨大
任用知識分子
導入市場經濟
縮減軍備
等等
戈巴契夫
結果
共產黨解體
蘇聯走入歷史

學更多，長知識 世界史ABC

戈巴契夫的新思維外交

戈巴契夫對美國採取協調路線，力行縮減核武，縮小或終止對海外的軍事支援和介入，對古巴的金援縮水並從阿富汗撤軍。馬爾他峰會（美蘇首腦會談）後冷戰宣告結束，世界局勢朝緩和的方向發展，時代正在改變。不管怎麼說，這種「不花錢的外交」都是源於恢復凋敝經濟所做的選擇。

10月 美蘇兩國首腦於雷克雅維克進行會談

▼西元1989年12月
美蘇兩國首腦於馬爾他島進行會談
冷戰宣告結束

▼西元1990年3月
戈巴契夫就任蘇聯第一任總統

▼西元1991年6月14日
葉爾欽就任俄羅斯共和國總統

8月19日 八月政變

8月21日 八月政變失敗

8月24日 戈巴契夫辭去共產黨總書記一職

12月21日 共產黨解散 蘇聯內的11個共和國組成獨立國家國協

12月25日 戈巴契夫辭去總統

12月31日 蘇聯正式走入歷史

東西德統一

開放政策促成柏林圍牆倒塌，兩德實現統一

柏林圍牆倒塌

西元1961年東德築起阻隔東西德的「柏林圍牆」後，成為社會主義國家集團裡的工業大國。西德則成為資本主義陣營國家中的經濟大國。

受到蘇聯經濟改革的影響，東歐各國開始追求言論自由，以及縮小和西方陣營之間的經濟差距。本來各行其道的東西德在西元1980年代末迎來了統一的契機。

由於從東德逃向西方的人不斷增加，西元1989年時擔任總書記的昂奈克面臨下臺的危機。同年11月9日東西德開放國境，東柏林的市民蜂擁至柏林圍牆，用自己的手拆掉圍牆。

東德的支援活動

東德政府因為迅速失去統治機能，使經濟受到打擊。柏林圍牆倒塌後的隔年年初，大量東德人民流向西德，反抗東德政府的運動越演越烈。民意希冀和西德完成統一。

西元1990年東德進行大選，謀求盡速統一的聯合陣營獲得多數選民的支持。西德得到美、英、法、蘇的同意，以收編東德的形式實現兩德的統一。

二戰後，德國從東西分立到實現統一，共走了45年。

Point

- 受到蘇聯經濟改革的影響，東歐開始追求自由化
- 柏林圍牆傾倒後，東德失去統治能力
- 時隔45年後兩德終於實現統一

年表

東西德統一

▼西元1961年
東德築起柏林圍牆

▼西元1986年
蘇聯進行經濟改革

▼西元1989年10月
從東德逃向西德的人口激增
11月
柏林圍牆開放

▼西元1990年3月
東德進行大選，聯合陣營獲勝
10月
西德以收編東德的方式完成德國統一

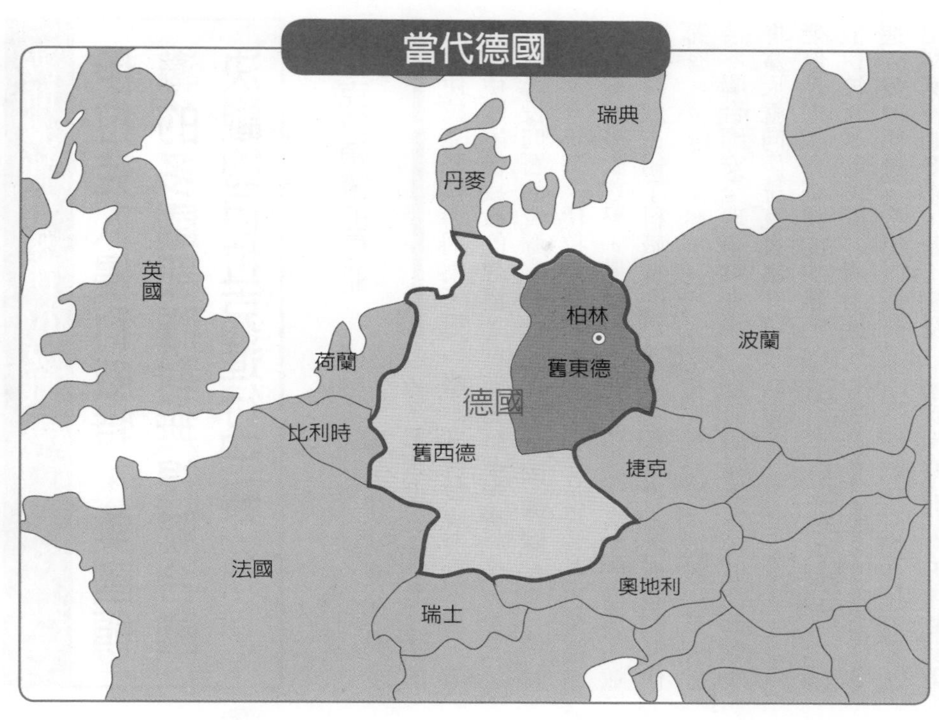

學更多，長知識 世界史ABC

兩德統一的代價

東德雖然在經濟和工業上傲視東歐諸國，和西德之間還是存在相當大的差距。兩德統一後，為了振興舊東德的經濟、解決失業問題以及導入社會保險制度，德國政府必須投入龐大的經費。「統一的代價」使德國經濟停滯不前。

伊拉克入侵科威特，美國領導的多國部隊對無視聯合國決議的伊拉克進行空襲

Point
- 伊拉克無預警入侵科威特
- 多國部隊向伊拉克進行反擊
- 海珊政權未遭推翻，是否保有大規模殺傷性武器受到懷疑

伊拉克無預警的侵略行為

伊拉克總統海珊爲了振興兩伊戰爭後疲敝的經濟，將目光投向石油資源。西元1990年時，伊拉克突然向科威特發動攻擊，僅僅數個小時就占領了科威特的首都。

聯合國安全理事會在事件當天就向伊拉克發出即時無條件撤出科威特的決議，但伊拉克視若罔聞。聯合國進一步向伊拉克提出限期撤出科威特的要求，若不接受將受到聯合國的軍事制裁。

由於伊拉克無動於衷，多國部隊集結於美國的麾下向伊拉克發動空襲，波斯灣戰爭爆發。

多國部隊在一個月內，對伊拉克首都巴格達進行了超過1萬次的空襲，並派遣部隊投入地面戰鬥。伊拉克最終吃下敗戰，無條件自科威特撤軍，波斯灣戰爭結束。

海珊和伊拉克戰爭

同意休兵的伊拉克願意廢棄保有的化學及生物兵器等大規模殺傷性武器。爲了進行確認，聯合國向伊拉克派遣調查團。

然而伊拉克處處阻撓調查，使調查活動不時中斷難以爲繼，拿不出讓人信服的結果。

美國對伊拉克解除武裝的行程過慢感到不滿，且擔心大規模殺傷性武器有擴散的可能性，於是在未經聯合國同意和沒有確鑿的證據能指認伊拉克擁有大規模殺傷性武器的情況下，於西元2003年3月，以解除伊拉克武裝和推翻海珊政權爲

●多國部隊
波斯灣戰爭中和伊拉克進行戰鬥的多國部隊是為「接受聯合國安全理事會的決議和勸告，由各國自主編隊，在經過同意後投入戰鬥的軍隊」。多國部隊第一次編成始於波斯灣戰爭，之後廣泛運用在軍事行動、維和任務和支援人道復興活動中。

●大規模殺傷性武器
大規模殺傷性武器的定義為「能搭載在射程超過150公里飛彈上的核子及生化等武器」。

理由，和英國組成聯軍對伊拉克進行空襲，伊拉克戰爭爆發。

波斯灣戰爭

西元1990年	
8月2日	伊拉克軍隊入侵科威特，占領首都 聯合國安全理事會要求伊拉克即時無條件的撤出科威特
8月6日	聯合國安全理事會通過制裁伊拉克的決議
11月29日	聯合國安全理事會通過行使武力的決議
西元1991年	
1月17日	多國部隊對伊拉克進行空襲，波斯灣戰爭爆發
2月24日	多國部隊投入地面戰爭
2月27日	美國老布希總統宣布波斯灣戰爭勝利
3月	伊拉克國內的庫德族和什葉派發動起義，立即遭到鎮壓
4月	美、英、法設定庫德族保護區，禁止伊拉克軍機飛過其領空
6月	聯合國開始調查伊拉克是否保有大規模殺傷性武器
西元1998年	
12月	伊拉克阻撓聯合國調查團進行調查活動 美英聯軍對伊拉克的軍事設施等進行空襲

學更多，長知識 世界史ABC

波斯灣戰爭和電視影像

波斯灣戰爭時，美國的新聞電視臺以現場直播的方式播放戰爭影像。多國部隊的飛彈擊中目標時，宛如電視遊戲機中出現的畫面一樣，呈現在世人的眼前。

世界史年表

年	歐洲・美洲	年	亞洲・非洲・大洋洲	年	日本
西元前3000年左右	愛琴文明	西元前5000年左右	黃河文明		
		西元前3000年左右	美索不達米亞文明・埃及文明		
		西元前2700年左右	埃及古王國成立		
		西元前2500年左右	印度文明		
		西元前2000年左右	埃及中王國成立		
		西元前1830年左右	古巴比倫王國成立		
		西元前2000年中期左右	殷朝建立		
		西元前1567年	埃及新王朝成立		
		西元前1027年左右	周滅殷		
		西元前1000年左右	希伯來王朝成立（～西元前922年左右）	西元前1000年左右	水稻耕作技術傳入日本
西元前800年左右	希臘建立城邦	西元前770年	春秋時代（～西元前403年）		
		西元前670年	亞述征服埃及		
		西元前625年	新巴比倫成立（～西元前538年）		
		西元前586年	巴比倫之囚（～西元前538年）		

年份	事件	年份	事件	年份	事件
		西元前563年左右	喬達摩・悉達多誕生，創立佛教		
		西元前550年左右	阿契美尼德王朝（波斯第一帝國）成立（～西元前330年）		
西元前509年左右	羅馬共和開始	西元前525年左右	阿契美尼德王朝（波斯第一帝國）統一中東		
西元前500年	波希戰爭（希臘VS波斯～西元前449年）	西元前500年	波希戰爭		
西元前431年	伯羅奔尼撒戰爭（斯巴達VS雅典～西元前404年）	西元前403年	戰國時代（～西元前221年）		
西元前338年	喀羅尼亞戰役（馬其頓VS希臘聯軍）				
西元前334年	亞歷山大發起東方遠征	西元前331年	建設亞歷山大港		
		西元前327年左右	亞歷山大入侵阿契美尼德王朝		
		西元前317年左右	孔雀王朝成立（～西元前180年）		
		西元前312年	塞流卡斯王朝成立（～西元前63年）		
西元前264年	布匿戰爭（羅馬VS迦太基～西元前146年）	西元前304年	托勒密王朝成立（～西元前30年）		

年	歐洲・美洲	年	亞洲・非洲・大洋洲	年	日本
		西元前268年左右	孔雀王朝阿育王即位（～西元前232年左右）		
		西元前221年	秦始皇統一中國（秦～西元前206年）		
西元前60年	羅馬的前三頭政治	西元前202年	漢朝統一中國（前漢～西元8年）		
西元前58年	凱撒遠征高盧				
西元前43年	羅馬的後三頭政治				
西元前31年	亞克興角戰役（奧古斯都VS安東尼・克利奧帕特拉七世聯軍）				
西元前27年	羅馬進入帝政（羅馬帝國）				
西元前4年左右	耶穌誕生（～西元30年左右）				
西元30年左右	基督教成立	西元25年	後漢成立（～西元220年）	西元57年	向後漢派遣使臣
		西元45年左右	貴霜帝國成立（～西元250年左右）		

西元96年	羅馬五賢帝時代（～西元180年）
西元235年	羅馬軍人皇帝時代（～西元284年）
西元313年	米蘭敕令（基督教獲得承認）
西元325年	尼西亞會議（確立基督教的教義）
西元375年	日耳曼民族大遷徙
西元392年	基督教成為羅馬帝國國教
西元395年	羅馬帝國東西分裂（東羅馬帝國＝拜占庭帝國）
西元476年	西羅馬帝國滅亡
西元5世紀後半	法蘭克王國成立
西元529年	修建聖本篤修道院

西元220年	三國（魏、蜀、吳）時代（～西元280年）
西元226年	薩珊王朝成立（～西元651年）
西元304年	五胡十六國（～西元439年）
西元320年左右	笈多王朝成立（～西元550年左右）
西元399年	法顯前往印度求法（～西元412年）
西元439年	中國南北朝時代（～西元589年）
西元570年左右	穆罕默德誕生（～西元632年）
西元581年	隋朝統一中國（～西元618年）

西元239年	卑彌呼向曹魏派遣使臣
西元391年	出兵朝鮮
西元421年	日本向南朝宋派遣使臣
西元538年左右	佛教傳入日本

年	歐洲・美洲	年	亞洲・非洲・大洋洲	年	日本
		西元606年	戒日王朝（～西元647年）	西元600年	遣隋使
		西元610年左右	伊斯蘭教成立		
		西元618年	唐朝成立（～西元907年）		
		西元629年	玄奘前往印度求法（～西元645年）	西元630年	遣唐使
		西元642年	納哈萬德之戰（伊斯蘭軍VS薩珊王朝）		
		西元661年	伍麥亞王朝成立（～西元750年）	西元663年	白村江之戰（日軍敗於唐・新羅聯軍）
		西元676年	新羅統一朝鮮半島		
西元726年	利奧三世推動破壞聖像運動				
西元732年	圖爾戰役（法蘭克王國VS伍麥亞王朝）	西元732年	圖爾戰役		
		西元750年	阿拔斯王朝成立（～西元1258年）	西元753年	鑑真東渡
西元756年	丕平獻土	西元751年	怛羅斯戰役（阿拔斯王朝VS唐朝）		

年代	事件	年代	事件	年代	事件
西元800年	查理曼大帝加冕	西元756年	後伍麥亞王朝成立（～西元1031年）	西元894年	廢止遣唐使
西元843年	《凡爾登條約》（分割法蘭克王國）	西元875年	薩曼王朝成立（～西元999年）		
西元870年	《墨爾森條約》（奠定法、德、義三國領土）	西元907年	五代十國（～西元979年）		
西元910年	修建克呂尼修道院	西元909年	法提瑪王朝（～西元1171年）		
西元911年	諾曼第公國成立	西元932年	布維西王朝（～西元1055年）		
西元962年	神聖羅馬帝國成立	西元936年	高麗統一朝鮮半島		
		西元960年	宋朝成立（～西元1127年）		
		西元979年	宋朝統一中國		
西元1054年	希臘正教成立	西元1038年	塞爾柱王朝成立（～西元1194年）		
西元1071年	曼齊刻爾特戰役	西元1071年	曼齊刻爾特戰役（賽爾柱王朝VS拜占庭帝國）		
西元1077年	卡諾莎之行	西元1115年	金朝於滿州成立		
西元1096年	十字軍東征（～西元1291年）	西元1127年	南宋成立（～西元1279年）		

年	歐洲・美洲	年	亞洲・非洲・大洋洲	年	日本
		西元１１６９年	埃宥比王朝成立（～西元１２５０年）		
西元１２１５年	英國制定《大憲章》	西元１２０６年	成吉思汗建立蒙古帝國		
西元１２４１年	列格尼卡戰役（蒙古軍VS德波聯軍）	西元１２４１年	列格尼卡戰役		
西元１２６１年	拜占庭帝國復興	西元１２５０年	馬木路克王朝成立（～西元１５１７年）		
西元１３０９年	教皇成為亞維儂之囚（～西元１３７７年）	西元１２７１年	忽必烈汗改國號為元	西元１２７４年	文永之役：元朝入侵
西元１３３９年	英法百年戰爭（～西元１４５３年）	西元１２９９年	鄂圖曼帝國成立（～西元１９２２年）	西元１２８１年	弘安之役：元朝入侵
西元１３４６年左右	黑死病大流行	西元１３６８年	明朝成立（～西元１６４４年）		
西元１３７８年	天主教會大分裂（～西元１４１７年）	西元１３７０年	帖木兒帝國成立（～西元１５０７年）		
西元１３９６年	尼科波利斯戰役（鄂圖曼帝國VS十字軍聯軍）	西元１３９２年	李氏朝鮮成立（～西元１９１０年）		
西元１４５３年	鄂圖曼帝國消滅拜占庭帝國	西元１３９６年	尼科波利斯戰役		
西元１４５５年	英國玫瑰戰爭（～西元１４８５年）	西元１４０２年	安卡拉之戰（帖木兒帝國VS鄂圖曼帝國）	西元１４０４年	與明朝進行勘合貿易

西元1479年	西班牙王國成立	西元1453年	鄂圖曼帝國消滅拜占庭帝國		
西元1492年	哥倫布發現新大陸				
西元1498年	達伽馬發現印度航路				
西元1517年	路德的宗教改革	西元1501年	薩法維王朝成立（～西元1738年）		
西元1534年	耶穌會創立	西元1526年	蒙兀兒帝國成立（～西元1858年）		
西元1538年	普雷韋扎海戰（鄂圖曼帝國VS西班牙聯軍）	西元1538年	普雷韋扎海戰	西元1543年	火器傳入日本
西元1562年	法國胡格諾戰爭（～1598年）			西元1549年	傳教士沙勿略來日
西元1571年	勒班陀戰役（西班牙VS鄂圖曼帝國）	西元1571年	勒班陀戰役	西元1582年	派遣天正少年使節團
西元1598年	法國國王公布南特敕令	西元1600年	英國東印度公司成立	西元1592年	文祿之役對朝鮮出兵（～西元1596年）
西元1613年	羅曼諾夫王朝成立			西元1597年	慶長之役對朝鮮出兵（～西元1598年）
西元1618年	德國三十年戰爭（～西元1648年）				
西元1620年	朝聖先輩登陸北美	西元1636年	後金將國號改為清		
西元1642年	英國清教徒革命	西元1644年	清朝統一中國（～西元1912年）		

年	歐洲・美洲	年	亞洲・非洲・大洋洲	年	日本
西元1648年	《西發里亞和約》簽訂後荷蘭獨立				
西元1652年	英荷戰爭（～西元1616年）				
西元1688年	英國光榮革命（～西元1689年）	西元1689年	中俄簽訂《尼布楚條約》		
西元1701年	普魯士王國成立				
	西班牙王位繼承戰爭（～西元1713年）	西元1727年	中俄簽訂《恰克圖界約》		
西元1732年	建立北美13州殖民地				
西元1740年	奧地利王位繼承戰爭（～西元1748年）				
西元1756年	七年戰爭（英法北美戰爭～西元1763年）				
西元1757年	普拉西戰爭	西元1757年	普拉西戰爭（英法殖民地戰爭）		
西元1764年左右	英國進入工業革命				
西元1773年	俄國普加喬夫起義（～西元1775年）				
	波士頓茶黨事件				

西元1775年	美國獨立戰爭（～西元1783年）				
西元1776年	《美國獨立宣言》				
西元1787年	制定美國憲法				
西元1789年	法國大革命、《人權宣言》			西元1792年	俄羅斯使節訪日
西元1796年	拿破崙遠征				
西元1804年	拿破崙稱帝	西元1802年	阮朝統一越南		
西元1805年	特拉法加海戰（英VS法西） 奧斯特里茲戰役（法VS俄奧）				
西元1806年	萊茵聯盟成立，神聖羅馬帝國滅亡			西元1808年	費頓號事件
西元1812年	美國第二次獨立戰爭（～西元1814年）				
西元1814年	拿破崙退位、召開維也納會議				
西元1815年	滑鐵盧之戰（英普荷VS法）				
西元1823年	門羅宣言			西元1825年	公布異國船驅逐令
西元1830年	巴黎七月革命			西元1828年	西博德事件

年	歐洲・美洲
西元1834年	德意志關稅同盟成立
西元1837年	英國憲章運動（～西元1858年左右）
西元1840年	鴉片戰爭
西元1848年	巴黎二月革命 柏林三月革命 法蘭克福國民議會
西元1849年	羅馬共和國成立
西元1853年	克里米亞戰爭（～西元1856年、鄂圖曼VS俄）
西元1856年	第二次鴉片戰爭
西元1859年	義大利統一戰爭
西元1861年	義大利王國成立 美國南北戰爭（～西元1865年）
西元1863年	林肯發表《解放奴隸宣言》
西元1866年	普奧戰爭

年	亞洲・非洲・大洋洲
西元1840年	鴉片戰爭（～西元1842年、英VS清）
西元1841年	越南併呑柬埔寨
西元1851年	太平天國之亂
西元1855年	英國和泰國簽訂《英暹通商條約》
西元1856年	第二次鴉片戰爭（～西元1860年、英法VS清）
西元1857年	印度土兵兵變（～西元1859年）
西元1858年	印度成為英國屬地
西元1860年	清政府與多國簽訂《北京條約》

年	日本
西元1837年	摩里森號事件
西元1844年	荷蘭勸告日本開國
西元1853年	培里來日
西元1854年	日美和親條約（《神奈川條約》）
西元1858年	《日美修好通商條約》
西元1863年	薩英戰爭

西元1868年	古巴獨立運動				
西元1870年	義大利完成統一 普法戰爭（～西元1871年）				
西元1871年	德意志帝國成立	西元1871年	《中日修好條規》	西元1871年	《中日修好條規》
		西元1875年	江華島事件（朝鮮沿岸）	西元1875年	江華島事件
		西元1876年	《江華條約》（《日朝修好條規》）	西元1876年	《江華條約》（《日朝修好條規》）
西元1877年	俄土戰爭（～西元1878年）	西元1877年	印度帝國成立		
西元1882年	三國（德奧義）同盟	西元1883年	越南和法國簽訂《順化條約》		
西元1884年	召開柏林會議	西元1884年	召開柏林會議（制定瓜分非洲的規則） 中法戰爭（～西元1885年）		
		西元1885年	召開印度國民大會		
西元1891年	法俄同盟	西元1894年	朝鮮李朝東學黨起義（甲午農民戰爭）、甲午戰爭（～西元1895年）	西元1894年	甲午戰爭（～西元1895年）

世界史年表

年	歐洲・美洲
西元1898年	美西戰爭
西元1902年	英日同盟
西元1904年	日俄戰爭（～西元1905年） 英法協商成立
西元1905年	血腥星期日、第一次俄國革命
西元1907年	簽訂《英俄條約》
西元1912年	第一次巴爾幹戰爭（～西元1913年）
西元1914年	賽拉耶佛事件、第一次世界大戰爆發（～西元1918年）

年	亞洲・非洲・大洋洲
西元1895年	簽訂《馬關條約》
西元1898年	法紹達事件
西元1899年	波耳戰爭（～西元1902年）
西元1900年	義和團事件（～西元1901年）
西元1905年	孟加拉分治
西元1911年	辛亥革命（～西元1912年）
西元1912年	中華民國成立

年	日本
西元1895年	簽訂《馬關條約》
西元1902年	英日同盟
西元1904年	日俄戰爭（～西元1905年）
西元1905年	簽訂《朴茨茅斯條約》
西元1914年	第一次世界大戰爆發

西元1917年	俄國革命
西元1919年	召開巴黎和會 德國制定威瑪憲法
西元1920年	創立國際聯盟
西元1921年	召開華盛頓會議（～西元1922年）
西元1922年	蘇維埃社會主義共和國聯邦成立
西元1926年	義大利墨索里尼實行獨裁政治
西元1929年	經濟大恐慌
西元1933年	美國羅斯福新政（～西元1935年）
西元1934年	希特勒當選德國總統

西元1915年	日本向中國提出二十一條要求
西元1917年	中國新文學運動
西元1919年	甘地提倡非暴力、不合作運動 中國五四運動
西元1921年	中國共產黨成立
西元1922年	埃及王國成立
西元1923年	土耳其共和國成立
西元1927年	南京國民政府成立
西元1931年	九一八事變（滿州事變）
西元1932年	沙烏地阿拉伯王國成立 偽滿州國成立
西元1937年	中日全面戰爭（～西元1945年）

西元1915年	向中國提出二十一條要求
西元1919年	簽署《凡爾賽條約》
西元1931年	九一八事變（滿州事變）
西元1933年	退出國際聯盟
西元1937年	中日全面戰爭（～西元1945年）

年	歐洲・美洲	年	亞洲・非洲・大洋洲	年	日本
西元1939年	第二次世界大戰爆發（～西元1945年）			西元1939年	諾門罕戰役
西元1940年	德意日三國同盟			西元1940年	德意日三國同盟
西元1941年	德蘇戰爭 公布大西洋憲章 太平洋戰爭（～西元1945年）			西元1941年	太平洋戰爭（～西元1945年）
西元1943年	義大利無條件投降 德黑蘭會議／開羅會議	西元1943年	開羅會議		
西元1945年	雅爾達會議 德國無條件投降 波茨坦會議 聯合國成立 德國紐倫堡審判			西元1945年	接受《波茨坦宣言》，無條件投降
		西元1946年	印度支那戰爭（～西元1954年）	西元1946年	遠東國際軍事法庭（東京審判）
西元1947年	杜魯門主義 馬歇爾計畫 共產黨和工人黨情報局成立				
西元1948年	柏林封鎖	西元1948年	以色列發表建國宣言		

西元1949年	經濟互助委員會成立 北大西洋公約組織（NATO）成立 德國分裂為東、西德
西元1955年	華沙公約組織成立
西元1957年	歐洲經濟共同體（EEC）成立
西元1962年	古巴飛彈危機
西元1967年	歐洲共同體（EC）成立
西元1968年	布拉格之春

	第一次中東（巴勒斯坦）戰爭（～西元1949年） 朝鮮半島南北對峙
西元1949年	中華人民共和國成立
西元1950年	韓戰爆發（～西元1953年）
西元1953年	埃及共和國成立
西元1954年	發表和平共處五項原則
西元1955年	萬隆會議（第一次亞非會議）
西元1960年	非洲獨立年（十七個國家獨立建國）
西元1963年	非洲統一組織成立
西元1965年	越戰爆發（～西元1973年）
西元1966年	中國無產階級文化大革命
西元1973年	第四次中東戰爭（石油危機）

西元1951年	簽署《舊金山和平條約》 簽訂《美日安保條約》（舊版）
西元1956年	加入聯合國
西元1960年	簽訂《美日安保條約》（新版）
西元1964年	舉辦東京奧運
西元1972年	沖繩回歸

年	歐洲・美洲	年	亞洲・非洲・大洋洲	年	日本
		西元1976年	越南社會主義共和國成立		中日建交
			柬埔寨波爾布特政權成立（～西元1979年）		札幌市舉辦冬季奧運
西元1979年	蘇聯入侵阿富汗	西元1979年	中越戰爭	西元1978年	簽訂《中日和平友好條約》
			伊朗革命		
西元1986年	蘇聯戈巴契夫進行經濟改革				
	蘇聯發生車諾比核子事故	西元1980年	兩伊戰爭（～西元1988年）		
西元1989年	美蘇首腦於馬爾他峰會宣布冷戰結束	西元1989年	中國天安門事件		
西元1990年	東西德統一	西元1990年	伊拉克入侵科威特		
西元1991年	蘇聯瓦解	西元1991年	波斯灣戰爭（多國部隊VS伊拉克）		
			柬埔寨和平協定	西元1992年	通過聯合國和平維持活動協力法
西元1993年	歐盟（EU）成立	西元1993年	巴勒斯坦簽署臨時自治安排原則宣言		
		西元1997年	香港回歸中國		

年代	事件
西元1998年	科索沃戰爭
西元1998年	印度和巴基斯坦進行核子試驗
西元1998年	長野縣舉辦冬季奧運
西元1999年	澳門回歸中國
西元2000年	南北韓高峰會
西元2001年	美國同時發生多起恐怖攻擊事件
西元2002年	日韓共同舉辦國際足總世界盃

索引

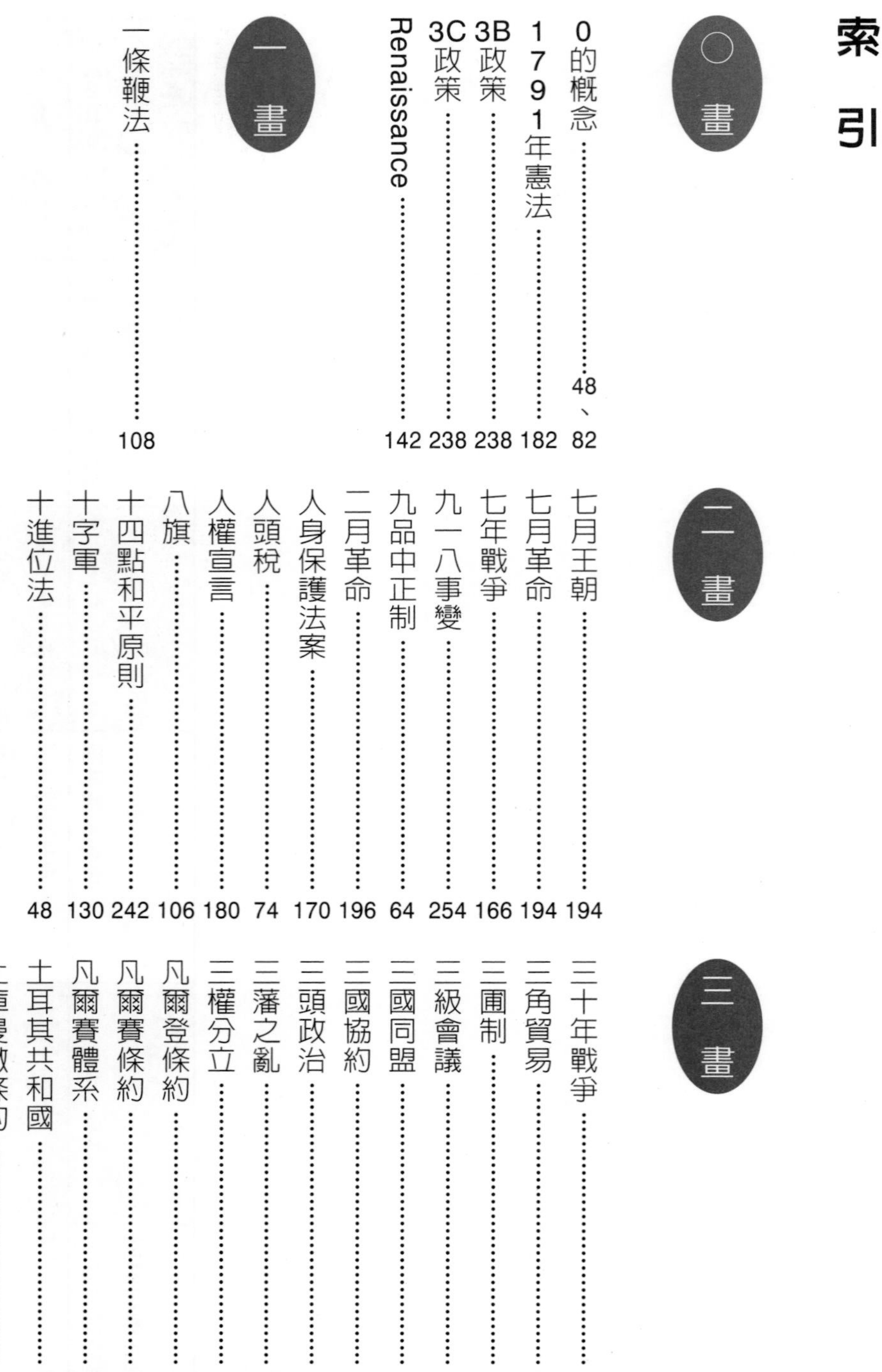

〇畫

一畫

二畫

三畫

四畫

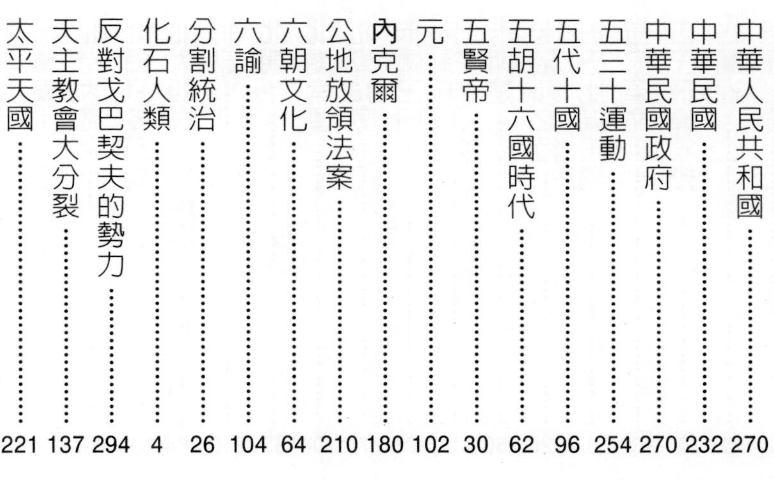

五畫

六畫

七畫

八畫

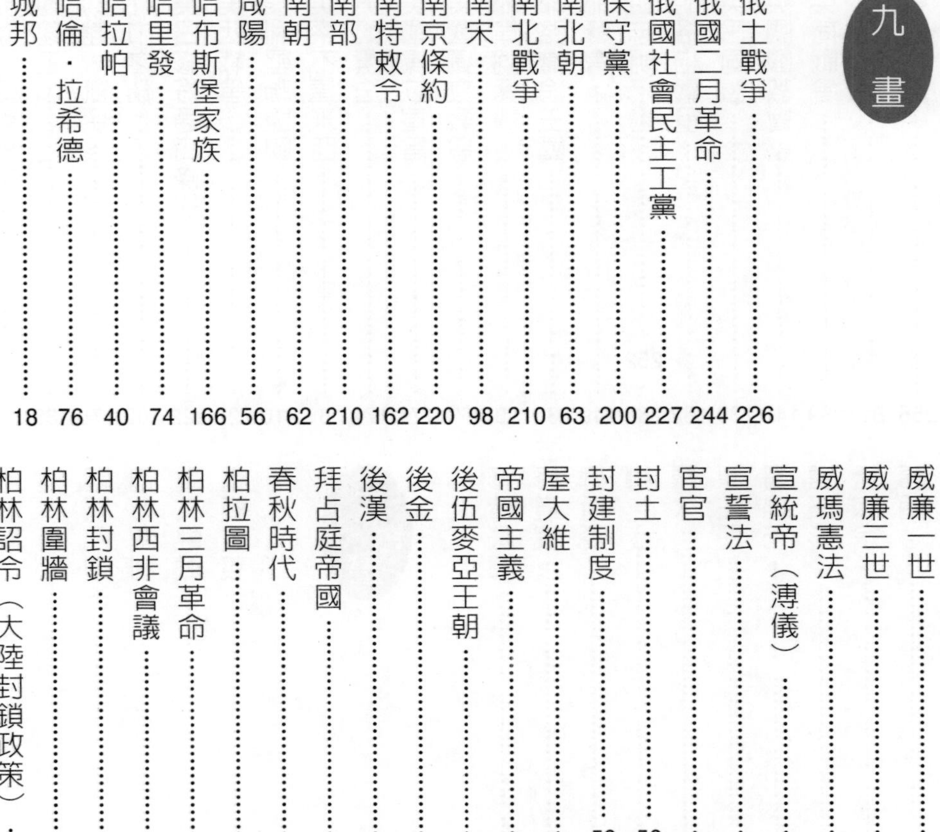

九畫

十畫

十一畫

十二畫

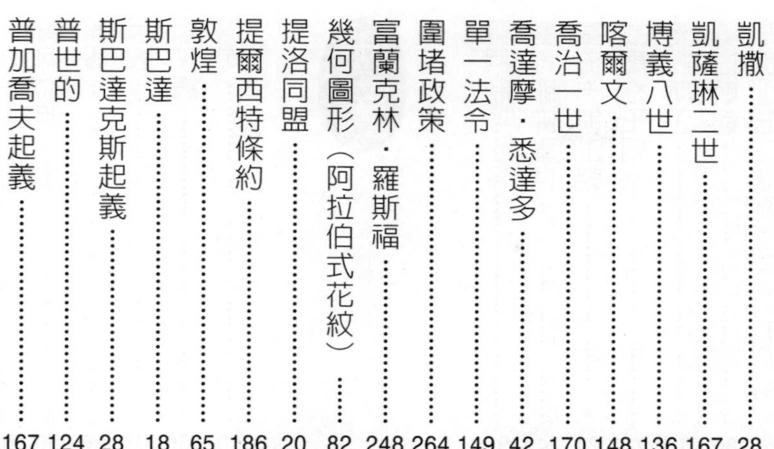

十三畫

十四畫

十五畫

十六畫

十七畫

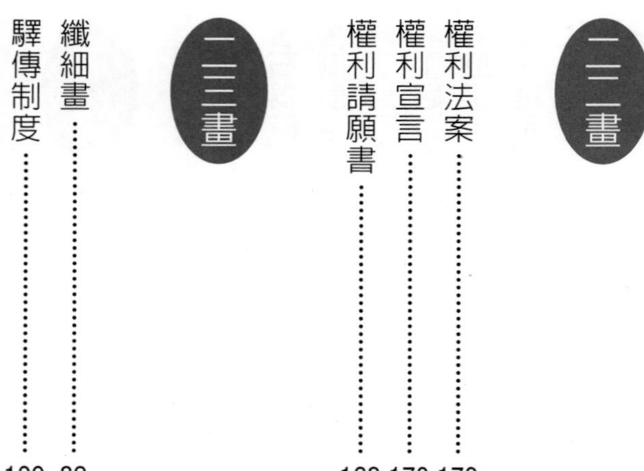

二二畫

二三畫

國家圖書館出版品預行編目資料

超圖解世界史／馬養雅子，堀洋子著；林巍翰譯. 一一初版. 一一臺北市：五南圖書出版股份有限公司，2018.07
面；　公分
譯自：図解 世界史
ISBN 978-957-11-9775-3（平裝）

1.世界史

711　　107008879

1WM5

超圖解世界史

原書名 — 図解 世界史
作者 — 馬養雅子、堀洋子
協力寫作者 — 堀之內憲
協力編輯者 — 宍倉昌和、池田美恵子、山口恵美
插圖 — 榊原唯幸
設計 — 志岐設計事務所

譯者 — 林巍翰
發行人 — 楊榮川
總經理 — 楊士清
總編輯 — 楊秀麗
副總編輯 — 黃文瓊
責任編輯 — 吳雨潔、黃懷萱
封面設計 — 王麗娟
出版者 — 五南圖書出版股份有限公司
地址：106台北市大安區和平東路二段339號4樓
電話：(02)2705-5066　傳真：(02)2706-6100
網址：https://www.wunan.com.tw
電子郵件：wunan@wunan.com.tw
劃撥帳號：01068953
戶名：五南圖書出版股份有限公司

法律顧問　林勝安律師

出版日期　2018年7月初版一刷
　　　　　2023年11月初版二刷

定價　新臺幣450元